最美不过林徽因

跟林徽因学做完美女人

韦甜甜 ◎ 著

台海出版社

图书在版编目(CIP)数据

最美不过林徽因 / 韦甜甜著.---北京：台海出版社，2015.6

ISBN 978-7-5168-0626-5

Ⅰ.①最… Ⅱ.①韦… Ⅲ.①林徽因(1904~1955)–生平事迹 Ⅳ.①K826.16

中国版本图书馆 CIP 数据核字(2015)第 113756 号

最美不过林徽因

著　　者：韦甜甜

责任编辑：王　品

装帧设计：张红伟　　　　　版式设计：通联图文

责任校对：晁　凡　　　　　责任印制：蔡　旭

出版发行：台海出版社

地　　址：北京市朝阳区劲松南路 1 号，邮政编码：100021

电　　话：010-64041652(发行，邮购)

传　　真：010-84045799(总编室)

网　　址：www.taimeng.org.cn/thcbs/default.htm

E-mail：thcbs@126.com

经　　销：全国各地新华书店

印　　刷：北京柯蓝博泰印务有限公司

本书如有破损、缺页、装订错误，请与本社联系调换

开　本：640mm×960 mm　　　　1/16

字　数：220 千字　　　　　　　印　张：18

版　次：2015 年 7 月第 1 版　　　印　次：2015 年 7 月第 1 次印刷

书　号：ISBN 978-7-5168-0626-5

定　价：39.80 元

版权所有　翻印必究

前言

1

若有人问：完美女人的标准是什么？恐怕多数人会告诉你三个字：林徽因。她集美貌、才华、智慧于一身，已经成为时代的传奇，是供人仰望的绝世女子。

林徽因是一个传奇。在近现代史上，还鲜有哪个女人能像她那样，活着的时候，有那么多人，而且都是名人围绕着她，爱着她；离开后，仍有越来越多的人关注着她的故事。有人说，做女子当如林徽因，俨然，这似乎已成为一个完美女人的标准。

在古今中外的才女史上，林徽因是朵亮丽的奇葩，从始至终都是那么婀娜多姿，令人驻足观赏，离开后又回味无穷。名门之后，名人之妻，在她的生命历程里，还有一个风流倜傥、才华横溢的诗人和一个名垂青史的哲学家。一个原本柔柔弱弱的女子，已经承载了常人所不能承受之重，然而林徽因却能拿捏得恰到好处，她不但没有为此所累，反而走出了人生最美的弧线。

她是冰心眼中的"美丽的女子",是胡适眼中的"第一才女",是沈从文眼中的"绝顶聪明的小姐",她几乎是一个时代的标志。出众的才,倾城的貌,情感生活也像一个春天的童话,幸福而浪漫。

她气质如兰,人艳如花。20世纪30年代,金岳霖曾为她题"梁上君子,林下美人"的对联;冰心提及林徽因,开口便说"她很美丽,很有才气"。就连徐志摩之妻张幼仪也说:"徐志摩的女朋友是另一位思想更复杂、长相更漂亮、双脚完全自由的女士。"与林徽因一起长大的堂姐堂妹,几乎都能细致入微地描绘出她当年的姣美容貌,衣妆打扮是如何令她们倾倒。

她是中国功绩卓著的女性建筑家,是中华人民共和国国徽设计的参与者,是人民英雄纪念碑的设计者之一,是传统景泰蓝工艺的拯救者。她傲然于世,关注自我,坚守信仰。她亦是一位富有才情的作家,一生写了许多令人回味无穷的散文、诗歌,她的小说、剧本、译文与书信等作品,亦属佳作,让无数人品吟玩味。她以花为容,诗为骨,智为魂,无论时代如何更迭,世事如何变迁,她都拥有莲花般的雅致;清新、美丽、坦荡、淡然、坚强、独立、坚守信念、理智且富有诗情地在人生舞台上,演绎着属于自己的人生华丽篇章,成为时代天空中一颗璀璨耀眼的"启明星"。

可以说,林徽因是骄傲的,亦是幸福的。她不仅拥有美丽的容貌、天生的聪慧,极富才华,而且还拥有热爱的事业,令人敬仰的辉煌成就,美满的家庭,志同道合的爱人,还拥有真挚的爱情。天下的男人为之仰慕,天下的女人为之羡慕。

所以,要做完美女子,林徽因是我们不可不学的一个典范。

2

不可否认,林徽因是众人眼中的传奇,亦是当今男人心目中的一个理想符号。从古至今,很少有像林徽因那样的女子:活着的时候被众多人仰望和爱慕;离开后,仍有人寻觅她的足迹,抒写她的故事,只希望她芳香四溢的人生能在我们身边一次次得以绝美地绽放。

她只活了51岁,但她的生命灿烂而且夺目,她是站在塔尖上的女子,集美丽、才华、家世于一体,她有爱情、有事业、有婚姻,当今女性所渴求的一切她都拥有,这样一个近乎完美的女人,实在是令世人惊叹!

世上有一种美总是让人难以忘怀,纵然已被时光覆盖,那斑驳的历史,仍然难掩她璀璨耀眼的光辉。林徽因就是有着这样一个美丽光华的人。

每个女人都渴望像林徽因般完美,面对生活沉着、冷静、坚定、执著,面对工作敬业、精明、干练、独立。女人是否完美,不在于她的出身有多高贵,也不在于她的容貌有多靓丽,更不在于她的地位有多尊贵,而在于她是否有着大方得体的形象,简洁优雅的品味,天资过人的头脑,勤劳节俭的德行……

要做完美女人,就要像林徽因般做到内外兼修。

但是,身为女人,你也许会整日自怨自艾,慨叹自己不够完美,身材不够苗条,相貌不够夺目,才华不够出众,头脑不够聪明。追求完美,是个体生命成长过程中的一项艰巨任务。每个人衡量完美的标杆都有所不同。那么,什么才是真正意义上的完美呢?在追求完美的人生之路上,人又该怎样做呢?

林徽因的经历告诉我们:命运的长度无法改变,但我们能够改变

生命的宽度和高度。自己的命运掌握在自己手中,只有怀揣积极向上的人生态度,努力演绎出完美的自我,才能拥有成功的人生。女人是上帝洒落人间的花朵,因此,女人要像花一样美丽动人。女人的一切都应该是美丽的,美不单单是指容貌、形象等外在美,更强调心灵、思想等内在美。漂亮是上天赐给女人精致的外衣,而修养则是女人真正的灵魂,想要成为一个完美女人,就要全方位去打造自己,使自己拥有独特的"味道"和魅力。身为女人,你若无法改变你的出身,那就让自己来一场锲而不舍的修行吧。

修炼成一个完美的女人,让自己从性格修养、品格道德、言行举止等方面都能够绽放出迷人的光彩,在人际交往中可以顺风顺水、魅力四射,不仅受上司、客户、同事的欣赏,还可以受亲朋好友的喜欢,最终不断地提高自己的影响力和地位,不断地创造属于自己的幸福快乐人生。

3

静,可婉约;动,可欢悦。

世间凡人百态,皆不是她。时钟的指针一圈圈走了这么久,昼夜交替,春秋变换,却再未能有一个她出现,用智慧的眸子审视大地万物,用哲人的思维盘点风云变幻,用热情的文字赞美生命,思索万物,也再没有人,能如她这般,惊艳这世界,温柔这岁月。

在20世纪,知识分子本就不多,像林徽因这种出身名门,受到良好教育,又才貌出众的女子,更是凤毛麟角。依照当时的社会风气,她本

应嫁一名门富人,过幽静闲适的生活,可她偏偏选择了回国做建筑,拖着病弱之体,陪丈夫颠沛流离。在极其艰苦的条件下,也不为物欲所动,不随波逐流,在困境中仍旧坚定自己的信仰和追求,固守内心的纯净,这样的女人,值得任何一个男人去宠、去爱。

抗战时期,在生活和生存面临极大威胁的时候,她仍能充满激情、活力四射,乐观地生活,同时还用快乐感染周围的人。对痛苦、忧愁、悲伤,甚至死亡,她都能淡然视之,并为生活而歌。

在任何时候,她都不放纵自己,更不会庸碌,甚至生命的最后几年里,她也不让自己停歇。写诗歌、做建筑研究,让生命的每一分每一秒都过得丰富而有意义。可谓生得繁华,死得淡然。

人生对每个女人而言,都不是一帆风顺、平平坦坦的,会有起伏跌宕,会有生离死别,会有名利诱惑,会有否定怀疑,林林总总的一切,无不在岁月的流逝中,侵蚀着女人的内心。当心在时光的雕刻中,因畏惧疼痛而退缩了,枯萎了,生命便无法绽放光华。唯有学会经营生活、经营自己、经营心情,才可以做一朵常开不败的铿锵玫瑰。

读一读她的文字,听一听她的故事。她不再是神坛之上,不食人间烟火、不可触碰的神。她和她的过往,她的感性与理性,她的明朗与消沉,就在此刻,尽显眼前。

她轻柔地提醒世间所有热爱生命、热爱美好生活的女性——

要学会用微笑来经营生活。无论它把你带到哪儿,赐予你怎样的苦难,都不要抱怨。幸与不幸,就只在一念间,过去的种种,忘不了也要记得放下。说到底,生活活的是一种心境。

学会用真诚来经营情感。你可以不够美丽,但可以选择做一个美好的女人。当你成为一个内心丰盈、懂得付出与经营爱的女人时,自会遇到那个对的人,相依相偎一辈子。

学会用宽容来经营人际。随缘自适,不要太较真,人与人相遇不是为了生气,而是为了感受生命的喜悦。每个生命的成长,都会经受眼泪和伤害,胸怀就是委屈撑大的。

　　学会用淡定来经营心灵。身处尘世的烟火中,名利欲望太多,唯有修炼一颗强大的内心,才能在滚滚红尘中,坚守最真实的自我。

　　花红不为争春春自艳,花开不为引蝶蝶自来。努力修炼自己、完善自己吧!让性情更优雅,让心灵更平和,让生活更美满!请记住:你若安好,便是晴天!

目录

■第一章　美人如酥，绽放最美的容颜　　1

　　林徽因那一卷书，一炷香，一袭白色睡袍，可以让任何一个男人为之倾倒，正所谓"人靠衣装，佛靠金装"，衣着打扮是绽放美丽的必要条件。

　　1. 服饰得体，能提升你的气质　　2
　　2. 绽放自己的美丽　　9
　　3. 将美貌升华为气质　　13
　　4. 修炼来的美丽才会光彩焕发　　19
　　5. 不是最美丽，却可以最美好　　23

■第二章　心如阳光，你就是一道最美的风景　　29

　　如诗一般浪漫的林徽因，在任何时候，都会让自己保持清醒，虽然生活中大多是琐碎和病痛，但她的心底贮满阳光，从未让幸福在生活中缺席。

　　1. 爱笑的女人运气都不赖　　30
　　2. 男人都无法抗拒直率的女人　　34
　　3. 为生命而歌，永葆生命的鲜活　　38

4.自信的女人最迷人　　　　　　　　　　　　43
　　5.外表可以柔弱,内心却要强大　　　　　　　49

■ **第三章　秀外慧中,魅力源自你的底蕴　　　　55**
　　林徽因之所以能让诸多才子仰慕,除了她的外貌、穿着外,更重要的在于她的学识、才艺、气质、谈吐……而这些都是她从书香中熏染出来的。

　　1.不断地为自己充电　　　　　　　　　　　56
　　2.坐拥书香,优雅源自于你的底蕴　　　　　59
　　3.培养几样让自己着迷的爱好　　　　　　　66
　　4.智慧谈吐,让好口才为气质加分　　　　　71
　　5.走出去,看真实的世界　　　　　　　　　75

■ **第四章　吐气如兰,举手投足间尽显迷人本色　　82**
　　一个女子,她很温柔,很妩媚,她有智慧,善解人意,同时她也很幽默,这样的女人无疑是非常有吸引力的,她就是林徽因。

　　1.具有幽默气质的女人更有人气　　　　　　83
　　2.优雅的谈吐让你的气质更迷人　　　　　　87
　　3.做话题的"引领者"　　　　　　　　　　　92
　　4.重视别人,别人才会重视你　　　　　　　96
　　5.女人更需要有一个真正坦诚的"男闺蜜"　101
　　6.闺蜜:遥想当年春衫薄　　　　　　　　　107

■ **第五章　绽放真我,保持高贵而独立的灵魂　　112**
　　林徽因是个有品味、有智慧,时刻关注自我灵魂,活出自我的女子。她始终以梦想为导航,以更新自我为风帆,走出了人生最美的弧线。

1.适合自己的格调,才是自己的生活格调　　　113
2.保持本色,人性的美丽在于真实的个性　　　118
3.学会欣赏自己的美,自恋不是罪　　　123
4.坚持自我,不为取悦任何人　　　127
5.自爱,才会更让人爱　　　132

■第六章　好好修养爱,不做爱情的守望者　　138

爱情是林徽因一生最出彩的地方。徐志摩视她为诗意的源泉,金岳霖为她终生未娶,梁思成为她终其一生情致……

1.男人没有最好,只有最合适　　　139
2.有一种爱叫做放手　　　143
3.偷来的爱情迟早要还的　　　149
4.适可而止的爱情是一种幸运　　　153
5.爱,要落地生根　　　157

■第七章　琴瑟和谐,婚姻用情,更需用"心"　　164

婚姻的成功,是林徽因人生道路上最为重大的成功。她从容冷静地选择了一个适合自己的人生伴侣,并同时与爱慕者保持恰当的距离。

1.两个人相处,距离最好在转身之间　　　165
2.爱,是两人同站一个角度　　　171
3.给婚姻加点料:像"炒菜"一样吵架　　　176
4.握住幸福的沙漏——理解和包容　　　184

■第八章　淡定娴静:形如云水淡如菊　　192

淡定,是智慧的不争,是宠辱不惊,也是对简单生活的一种追求,亦如林徽因一样,她只追求自己认定的幸福。

1.活在当下更快乐　　　　　　　　　　193
2.笑对人生的起起落落　　　　　　　197
3.不抱怨命运的不公　　　　　　　　203
4.不在得失之间挣扎　　　　　　　　208
5.活出一种洒脱的姿态　　　　　　　213

■**第九章　红颜不老,梦想在心中流淌**　　　**219**

　　林徽因的一生有着明确的理想与追求,她在十几岁时就树立了远大的志向,并且用一生的时间来坚持自己的选择。

1.让梦想在生命里开花　　　　　　　220
2.在自己的领域里成为专家　　　　　224
3.对自己的工作充满爱　　　　　　　228
4.对工作倾注极大的热情　　　　　　232
5.构筑梦想,做一个有价值的女人　　239

■**第十章　清如秋水,闲庭信步品味人生**　　　**244**

　　女人当如林徽因,既可以看尽青春年少的繁华,又能甘心归于生活的平淡。

1.扮演好各种角色　　　　　　　　　245
2.生活就是在风花雪月与柴米油盐中穿行　250
3.善待那些爱你的人　　　　　　　　255
4.经得起繁华,归得起平静　　　　　259
5.爱孩子的前提是尊重　　　　　　　263
6.在感性与理性之间优雅地穿越　　　267

第一章 美人如酥，绽放最美的容颜

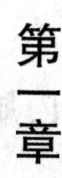

林徽因那一卷书，一炷香，一袭白色睡袍，可以让任何一个男人为之倾倒，正所谓"人靠衣装，佛靠金装"，衣着打扮是绽放美丽的必要条件。

都说女为悦己者容。身为女人，当如林徽因一样勇于将美丽绽放出来，才能让你焕发光彩。一个懂得绽放的女人是最迷人的。所以，你应该美出自己独特的气质，这样，无论谁见到你，都不仅会获得美的享受，而且会得到发现的乐趣。

1.服饰得体,能提升你的气质

都说"三分样貌,七分打扮"。可见衣着对人们的影响,尤其对于女人来说,如果她们风姿绰约、妩媚动人,那么所到之处定会迎来一片瞩目和赞美。

不管女人们追求一种什么样的生活,但她们终身的目标,不外乎做个精致美丽的女人,或优雅得美丽,或婉约得温柔,或干练得帅气,或妩媚得风情,或淡雅得飘逸,或清纯得自然、或慵懒得高贵。每一个女人在心里,都想着做个千娇百媚的万人迷。

林徽因是个美女,但也和所有爱美的女人一样,对服装情有独钟。1927年,与梁思成结婚时,她一反常规、亲手设计了有东方神韵的婚礼服,对比设计东方式结婚礼服、穿旗袍的林徽因,再对比身穿西服、摩登漂亮的林徽因,现代与传统、西方与东方就这样奇妙而和谐地融合在一起,一时间让万人侧目。那身礼服有林徽因内在的、一致的审美趣味,即基本摒弃了西式服装的元素,以不合常情的大胆想象,塑造出古雅、浓郁、特异的东方风格。这种美丽不需要语言,却让人过目不忘,甚至超越国界。林徽因的结婚礼服,吸引了大批的新闻摄影记者。服饰,在林徽因身上,是一种文化。

据说,在这之前,林徽因也曾尝试研究过中国古代的妇女服装。1925年,在美国留学的闻一多策划创办了一个有关各种艺术门类的杂志,拟取名《雕虫》或《河图》,在拟定的四期目录中,向林徽因预约的稿件就有三篇,分别为《帕敷罗娃的艺术》、《帕敷罗娃舞蹈摄影》以及《中

第一章
美人如酥,绽放最美的容颜

国妇女服装问题》(闻一多致梁实秋信,《闻一多全集》),只是闻一多的杂志最后不知踪影何在,林徽因的《中国妇女服装问题》一文也难现庐山真容。

到1936年,发表于《中国营造学社汇刊》的古建筑考察报告的心得中提及到古代服饰:两种飞仙,一种"印度湿折的衣裳而露脚","肥笨而不自然";一种"短衣长裙,衣沼简而不韵,肩带长而回绕","轻灵飘逸,极能表现出乘风羽化的韵致",林徽因对服饰判断着"印度式短裙"、斋浓重异国色彩的是前期刻像,还停留在描摹印度飞仙的水平;而"体态修长","短衣长裙",肩上飘带曲折回绕,衣沼"简而有韵"的,能体现出"中国神情美感",显然是后期融会成熟的作品。两相比较,林徽因个人喜好,不言自明,从服饰角度考证云岗石刻,深入浅出,看似简单,凭借的却是多年的研究经验与眼光。

由美术到服饰,再到建筑,林徽因的路,走得令旁人望尘莫及,她对服饰的喜好,也显得不同一般了。

女人对服装的追求是永无止境的。在她们追求美的同时,也让我们周围的环境变得更美了。环顾街头,那或飘逸、或婀娜、或娇艳、或淡雅的衣裙飘飞,它们就好像没有声音的音符,上下左右地跳动,让我们的生活也随之律动起来。

不是每一个女人都有着天然的美丽、混若天成的气质,所幸,先天的容貌虽然很难改变,但我们的服装却是可以改变的。

温雨馨有一次去外地参加一个会议。在会议上,有一位穿着十分考究的女士,她看起来十分年轻,穿着有魅力,但不张扬,因此温雨馨对她过目不忘。

当天,主办方刚好安排该女士和温雨馨住在同一个房间,温雨馨

最美不过林徽因

很高兴,她十分想认识这位有魅力的女人。

晚上两人回到住处,准备洗漱之后睡觉。等到这位女士卸了妆,穿上睡衣走出来时,温雨馨大吃一惊。虽然她的睡衣也很考究,但她没有化妆的脸和白天的她看上去很不一样。这会儿的她相貌平平,只是很平凡的人,根本不像白天那么有魅力、有味道。

温雨馨的表情被该女士看到了。她直接说:"女人谁不爱美呢?但是我天生就长这样,只好自个儿补救啦。"这句话让温雨馨十分欣赏,两人开始了聊天。

其间,这位女士的几句话令温雨馨记忆犹新,也很受用。她说:"女人的美总是和衣服联系在一起,女人若穿着得体,就会光彩照人。一个人不太漂亮没关系,只要会穿衣服,就会变得引人注目。"

温雨馨恍然大悟。第二天一早,她们出门的时候,温雨馨看着她换了一套衣服,瞬间就又显得她光彩夺目,加上精致的妆容,给人一种很有魅力的感觉。

女人穿衣,是一种选择,一身得体的穿着不仅可以让女性显得更加美丽,还可以体现出一个女人独到的魅力。穿着不仅体现着一个人的审美情趣,更是一个人气质和内在素质的无言名片。有眼光的女人,无论穿哪件衣服对她们来说都是锦上添花。会穿衣服的女人,能将衣服穿出女人味,使自己看上去更加完美,更加迷人。

"女想衣裳花想容"。女人如花,衣服是人的第二皮肤,对女性来说,无论是其衣服的造型还是制作,都要追求独具匠心,确立自己的着装风格,并通过这种创造演绎出一种令人难忘的个人风情。

林徽因那一卷书、一炷香、一袭白色睡袍,可以让任何一个男人为之倾倒,正所谓"人靠衣装,佛靠金装",衣着打扮是绽放美丽的必要条件。我们大可不必刻意地去追随潮流,也不需要特别地去模仿

第一章
美人如酥,绽放最美的容颜

谁,只需要找到属于自己的穿衣风格,色调层次适合自己的个性就行了,有时候简单反而就是一种时尚,是一种属于自己的时尚,是一份与众不同的美丽。

服饰也有个性。要学会用能表现自己独特气质的服饰装扮自己,使装扮与自己相符,内在的气质与外表相一致,就看着顺眼、舒服。比如,文静偕清淡简洁、活泼伴鲜明爽快、洒脱宜宽缓飘逸、高傲忌繁复的装饰和柔和的暖色,等等。你一定有过这样的经历,穿上一身得体的衣服,心情会立刻好起来,头不扬自起,胸不挺自高,步子迈得比平时轻盈,人也特别有信心,无论是走在街上、进到商场,还是坐在办公室,好像普天之下没有什么办不成的事。

其实,衣着打扮并不神秘,任何人只要肯留心,都能掌握最基本的要领。我们平时所讲的"风度",就是内在气质与外在表现相互衬托、彼此辉映的结果。风格的形成越早越好,因为有了风格,你的体貌特征才能与服饰间出现规律性的结合,使你的形象给人带来无与伦比的贴切感。有风格还不怕老,因为越老风格越成熟、越突出。有风格一定会带来自信,因为风格是个性的东西,别人可以羡慕,却无法效仿,这样,你就可以成为时尚独立的载体。

生活中,我们很少将风格与自身的特点及其穿衣方法统一起来,因此人们才会面临着无数的装扮烦恼:我该留什么样的发型,穿哪种款式的衣服,戴多大的耳环,穿什么样的鞋型,为什么今年流行的那款裙子我穿着不对劲,等等。你会发现这些烦恼都来自一个问题,那就是我到底适合什么。

我到底适合什么?要解决这个问题,首先要搞明白"我是谁"。

首先,你要了解自己的外形特征,这里分为外形的轮廓特征和体量特征;其次,要了解由自己的面部、身材、神态、姿态及性格等与生俱来的元素所形成的气质和氛围给人带来哪类的视觉印象,即周围人往

往用哪类形容词来形容你,以此找到自己的风格类别归属;最后,通过对女性款式风格类型的理解去对号入座,按自己的风格类别归属去扮靓自己。

根据行为、举止、性格、受教育程度等特点,通常把女人分为高贵典雅型、传统典雅型、利落大方型、罗曼蒂克型、自然主义随意型、自然主义异域风情型、楚楚可人型、前卫少年俊秀型、前卫少年睿智型、前卫戏剧型十种气质型。

(1)利落大方型

年轻、时尚、利落、能干、前卫、行动力。这种类型的女性适合以直线与曲线相结合的剪裁,形成时尚、简约的式样。颜色以黑、白、灰以及五彩色为主。整体给人感觉简洁大方、时尚、摩登,有与时俱进的现代气息。

材质与花样为天然的毛料、真丝或高科技合成面料,以素色为主;也可选择简单的条纹、几何纹、花、叶、树纹、动物皮纹、抽象图案等。

(2)高贵典雅型

端庄、知性、圆润、优雅、高贵、成熟、大家闺秀。这种类型的女性适合以曲线剪裁为主的款式,或曲线趋于直线的款式,使其具有自然的肩线,强烈的腰线。这种优雅而简单的造型,能够体现出精致、优雅的品位,成熟高贵的气息。非常适合洋装、线条流畅柔美的套装或针织套衫等。材质与花样为高品质的天然材质,柔软、光滑但不贴身的面料。正式场合以素色相搭配,休闲装可用树叶、花朵、波浪或小的商标等花样来点缀。

(3)传统典雅型

端庄、知性、硬朗、成熟、能干、严谨、有责任心。这种类型的女性适合以直线剪裁为主的款式,适合柔和的垫肩和做工精细合体的套装。领型适合V字领、小方领、西服领等。要注意回避过分曲线剪裁的款式,

第一章
美人如酥,绽放最美的容颜

如荷叶边、青果领等,但可以不受潮流影响,给人以古典精致、端庄有分量的感觉。材质为高品质的天然材质或柔软适度、有型的面料,以中性色为主色调;可用点状、条纹、方格、花朵、树叶等花样来点缀。

(4)罗曼蒂克型

浪漫、性感、成熟、大家闺秀、热烈。这种类型的女性适合以曲线剪裁为主的、非常合体而圆润、给人浪漫感觉的款式,特别是要强调腰部、胸部、背部的曲线,应贴身而体现妩媚与性感。靠近脸部要做曲线型的领。最适合裙装,如收紧的包裙、大波浪裙子,且适合曲线的褶皱、荷叶边或华丽、线条流畅、有蓬松感的衣服。需要体现含蓄隐藏的性感。材质为豪华的丝绒、丝绸、金银线的织物,或选用柔美、轻盈、透明、质地柔软、悬垂性好、华丽、质感的面料,以体现女人味。选择可爱、优美的花样,波浪型、象形图案等,如动物、树的纹路、叶子、梦幻般模糊不清的流线形花朵图案、绣花类、镂空花样等。

(5)自然主义随意型

亲切、自然、平和、中庸、返璞归真。这种类型的女性多穿着有都市感却又平凡普通的服装,追求舒适与随意,简单不花哨,自然易活动的款式,如套头的高领毛衣、牛仔裙(直线剪裁的A字裙、吊带长裙),也可穿大一号的款式。材质为亚麻、棉质、牛仔布、灯芯绒、磨砂皮等天然材质为宜;颜色选择不太鲜艳,以趋向于自然的色系为好。格状条纹、几何图案都是最佳选择,还可有动物图纹、大自然的花纹、编织纹等。

(6)前卫少年睿智型

帅气、中性、直爽、前卫、知性、有责任感。这种类型的女性适合直线剪裁的服装,着裤装比裙装好看。适合穿中性十足的中式立领或多扣式以及在细节上有明线、明兜、拉链、开领背帽等款式的服装。材质为粗的灯芯绒,薄的毛料、呢、皮革,有硬度的绸缎等。花样适合民族风格的图案,或格子、斜纹、几何图案等,也可以素色为主色调,但不可太艳丽。

(7)前卫戏剧型

前卫、夸张、大气、醒目、存在感强。这种类型的女性拒绝平庸的服饰,而用引人注目、夸张、醒目、华丽、大气的款式,剪裁可曲可直。材质可选择硬挺的皮革或高科技合成的面料,以及呢料绒面、闪光面料、透明飘逸的丝质绸缎等。花样可选择大气的几何图案,动物纹路或大花朵的图案。

(8)自然主义异域风情型

艺术、夸张、别致、异国情调。这种类型的女性适合能体现女人艺术、表现夸张,可直可曲的剪裁,且适合把一切不和谐的东西穿在身上。这样的穿着打扮乍看随意,但细品后却发现是经过深思熟虑后的搭配,显得大胆、狂野、陌生的异国情调。同时,这样的女人也适合穿着历练千古的民族风味款式。材质为亚麻、棉质、蜡染或华丽的纱、绸等;图案选择传统艺术或夸张、有异国情调的花样。

(9)楚楚可人型

可爱、圆润、天真、优美、怜爱。柔和、流畅、飘逸的款式最能表现可爱和轻盈的气质。这样类型的女性适合小曲线、有褶皱的款式,如小型蕾丝花边、细小的花朵、蓬松的灯笼袖等服装。材质为柔软、细腻、透明的材质,如丝质、纱质、蕾丝等。回避过重、粗糙的麻质服装;花式选择水滴型的、蝴蝶结的、卡通的或花朵等有规律感的图案。

风格是每个人都拥有的,千万不要认为只有漂亮的女性才能谈风格。风格绝对是每个人自身散发出来的一种与生俱来的气质,是你区别于其他任何人的个性标志,也是你要进行打扮的"底子"。无论你身材如何,五官如何,你都会有你确定性的风格和魅力。风格不是"我想怎么样"、"我要怎么样",而是"我是什么样的"、"我就是这个样的"问题。因此,我们不用羡慕别人的身高和美腿,也不用模仿他人的发型,

第一章
美人如酥，绽放最美的容颜

更不能盲目地跟随流行。不把"底子"弄明白就往上添加东西，结果可想而知。应该说，每个人都有属于自己的美，也就是自己的个性魅力。只是人总到别人身上去挖宝，却不知道真正的宝藏就是自己。

2.绽放自己的美丽

林徽因之所以一生能被三个优秀的男人围着、宠着、爱着，除了她天生丽质的外貌外，还在于她懂得恰到好处地绽放自己的美丽。

她精致的五官、神采奕奕的双眸以及不逝的笑靥，再加上合体的穿着、打扮，无不让人一见倾心。与林徽因一起长大的堂姐堂妹，几乎都能细致入微地描绘她当年的衣着打扮、举止言谈是如何地令她们倾倒。也难怪，当年她的慕求者之多有犹如过江之鲫，能让大诗人神魂颠倒，让优秀的梁思成为能得到她的芳心而骄傲。

林徽因深知自己的美丽，同时，她也懂得绽放自己的美丽。

林徽因是美丽的，两条极富代表性的小辫，永远神采奕奕的双眸，仿佛被精心雕琢过的五官，脸颊上永远荡漾着笑容，还有半袖短衫与黑色绸裙的典型民国女性着装，构成了她清逸鲜活的形象。

她懂得用时尚的衣着打扮自己，成为当时众多女性观摩的偶像。美丽的外表加上不凡的谈吐，难怪能让众多男性都以一睹她的芳容为荣耀。

当然，林徽因的美丽还在于她思维的活跃性、独具一格的见识、清新的文风和她那难得的智慧，她的美丽是绽放着的，是超越其年龄，永

最美不过
林徽因

存于世人心间的。她的美丽有灵性,也富有人格魅力。

在梁思成心中,"文章是老婆的好,老婆是自己的好",这颠覆了民国时期在文人中普遍流行的那句俏皮话:"文章是自己的好,老婆是人家的好。"林徽因的美,是公认的,和梁思成一起在美国留学的同学也说:"思成能赢得她的芳心,连我们这些同学都为之自豪,要知道她的慕求者之多犹如过江之鲫,竞争可谓激烈异常。"

美丽是一方面,恰到好处地绽放自己的美丽却是需要一些智慧的。

林徽因不光美丽,她也知道自己的美,更懂得自己的美。据说,在上个世纪三十年代初期的北京香山,一卷书、一炷香、外加白色睡袍,林徽因对自己的状态很是满意,甚至有些自恋。她对梁思成说,看到她这个样子,任何一个男人进去都会晕倒。有此番情调来欣赏自己,的确很可爱,一下子就把别人的注意力吸引到她的美丽上来,弄得梁思成很陶醉地说:"我就没有晕倒。"其内心的喜悦可想而知。

在那个几乎没什么色彩的年代里,一个女子,吸引了最具浪漫气息的诗人,最优雅矜持的哲学家和最理智的建筑学家,令诗人因她而较早地离世,令哲学家为之单身一生,令名门之后的公子爱她一世,林徽因的美丽,几乎达到了人生的极致。虽然她的美丽期限并不那么长,但却拥有了丰富充实的过程,叠加在她身上的幸福恐怕是任何女子都不能比的。

红尘滚滚中,一个美丽的女子能够拥有独立的自我已是不易,却还能绽放美丽,如一朵草丛中的亮丽奇葩,独自盎然开放,独自地美丽着她的美丽,幸福着她的幸福。林徽因在诗歌《莲灯》中说:"如果我的心是一朵莲花,正中擎出一枝点亮的蜡。荧荧虽则单是那一剪光,我也要它骄傲地捧出辉煌。"无疑,她是绽放美丽的高手,她把哪怕是"那一剪光","也要它骄傲地捧出辉煌",她把美丽最大化地绽放出来,给了它足够的关照与空间。

第一章
美人如酥,绽放最美的容颜

美丽是需要绽放的,这一点可能很多人都不怀疑。绽放自己的美丽,起初源于看到自己的美丽、认可自己的美丽和欣赏自己的美丽。

诚然,所谓美丽并不是指漂亮的面庞,面相要好自不待言,但让人心悦诚服的美丽还需要一种内在气质的修炼和持久知性的支撑。

林徽因往自己的美丽里注入了丰富的血液,她的智慧、灵性、优雅,都成了美丽的元素。她的美丽是一种姿态,是一种生活方式,是对自我和她所生活的世界的肯定与赞赏,她在她的有生之年绽放出了生命中全部的美丽,活出了完美的自我。

美丽是一个古老而有活力的词语,永不过时。但古往今来,多少美丽的女子获得了幸福?多少美丽的女子自在地绽放了自己的美丽?又有多少美丽的女子因美丽而葬送了自我?有几个能像林徽因那样,在绽放美丽中收获幸福呢?

美丽是一种资产,但驾驭不了美丽反而会为它所累,甚至由于不懂得分辨情感或者被慕名而来的感情冲击到,荒废了青春,透支了幸福,到头来身心俱疲。美丽褪色之时却又不甘心被冷落,把自己折腾成了美丽的怨妇,这样的女人有很多,而唯有饱满的精神才能真正支撑起浪漫的美丽,才能持久地维持美丽的色彩,才能让美丽具有永不变质的吸引力。

林徽因虽家境优越,但身处乱世,她有着强大的责任感与使命感,她并不追求物质生活的丰裕,也不图名图利,当然更不会自怨自艾,抱怨命运的不公,她的精神世界是美丽的。

在上手术台之前,是她最脆弱的时候,因担心手术失败而意外离开,可是这时她还不忘记安慰亲人:"如果有点感伤,你把脸掉向窗外,落日将尽时,西天上,总还留有晚霞。"(《写给我的大姐》)

当她准备好与亲人诀别时,面带微笑,并没有一丝悲戚之感,反而将最后的美好寄托于晚霞的美丽,这样的美,无法不让人感动。

最美不过
林徽因

美丽并不是浓妆艳抹,也不是花枝招展,而是懂得装扮自己,使自己的秉性气质相协调,做到内在与外表相统一。但这并不是说美丽不需要外在装扮了,一身靓丽的衣服,一个时尚的包包,一双美丽的鞋子,一件精致的配饰,都是绽放美丽的方法,这些往往是我们个人自信和修养的外在流露。

除了绽放外在的美丽,林徽因还懂得绽放自己内在的美丽。她有着极高的文化修养和底蕴,对任何事情都有独到的见解,经常能口吐莲花,引得沙龙上的男性静神凝望。她见多识广,精神活跃,无论走到哪里都能散发出迷人的风采。

梁思成给了她最完美的婚姻,给了她平凡的踏实,她是富有诗性的女子,她火热的内心需要激情的迸发。于是,她到各种场合展现自我才华,出没在任何可以发挥她个人美丽和才情的地方,用她的不凡的气质和才情博得众人的赞叹,引来仰慕的目光。

她给任何一个当时有才华的文人写信,邀请他们参加她的"太太的客厅"聚会。没有哪个男子能推却这样美丽的邀请,于是纷至沓来。她在众多的围观下流光溢彩,挥洒自我才华。

她在诸多文人面前口若悬河,没有任何人可以插上半句嘴。因为他们只需用心聆听,根本不需要去发表任何看法或见解,在这个光彩夺目的女子面前,他们显得太过平庸、太过平凡。有人说,林徽因是一个可以将张扬变成典雅风范的女子,她在众人面前自我展示,张扬得不让人讨厌,只让人驻足欣赏。所以,她的美丽是驻入心间的,是富有灵性的,也是富有人格魅力的。

都说女为悦己者容。身为女人,要勇于将美丽绽放出来,才能让自己焕发光彩。一个懂得绽放自我的女人是最迷人的。

美丽是女人的专属配置,每个年龄段都可以绽放我们的美丽,透过美丽晒出女人的高贵与优雅,晒出丰富的内心、细腻的感情和优雅

第一章
美人如酥,绽放最美的容颜

的气质。

如果说鲜花是用来看的,那女人的美丽就是用心来品味的。美丽女人的身上一定有一种属于自己的味道,这种味道是我们个性的标志,总是给人以独特的回忆,令人回味无穷,就像一本内容丰富的书,让人越看越上瘾,越读越有趣,越品越有味儿。

美丽可以帮我们过滤时间的痕迹,岁月可以冲走漂亮,但却带不走美丽,美丽在我们的身上已经不单单是靓丽的青春,而是一种迷人的气质。

一个真正懂得绽放自我的女人,是有一定涵养的,从持家有道中,从布置得温馨整洁有情调的房间中,让男人们读出其内在的美。一个有魅力的女人,不仅会装扮自己,还要会打理家,懂得照顾家人,这样的女人才是真正美丽的女人。

同时,身为女人,也一定要懂得沉淀自己,然后再适当地绽放自己。花于无声处绽放最美,人于宁静里凝香愈浓。与其华贵外表,不如优雅谈吐,就如林徽因一般,内在的才华和学识会让容颜不老,青春永驻。

3.将美貌升华为气质

美是什么?不同的人有不同的感受,不同文化的人的理解也有不同的认知。美是一种主观认识,但人类还是有着一些共同的体验与感受。如见到某个美女,可能大多数人都会认为其是美女,只有一少部分人会认为她不是。这种感觉只可意会不可言传,要说清楚美是什么很

最美不过林徽因

难,因为美可以看见,却无法描绘;可以感受,却难以说清。

我们现在看到林徽因的旧照片时,第一反应是很清秀,这是个长得非常端正的女子,但若要用时下的审美观来看待,似乎也难以和"第一"或"绝世"这样的词汇联系在一起。可是,她却是那个时代当之无愧的美女,仔细观看她的面容,竟觉得越看越令人惊艳,也许是她沉淀下来的那份美感,竟然突破了时光的阻隔,隔着那遥远的时空,竟也感觉到了她生命的张力,也许,这就是美女气质吧。

只要是女人,就都想当美女,但是每个时代美女的标准皆不同,什么样的女人才能称得上是美女呢?一个美女,不仅是有美貌就够了,还要有动人的身材,配合知性、个性才行。

林徽因是那个时代公认的美女,姣好的面貌、良好的修养、得体的举止以及渊博的知识,使她有"民国第一美女"之称。不少曾经见过林徽因的人,都为她的美貌而倾倒。与林徽因一起长大的堂姐堂妹们,几乎都能将她当年的衣着打扮、举止言谈细致入微地描绘出来,当年还是个小姑娘的林徽因已足以令她们倾倒。后来,有人询问与林徽因生活在同时代的著名女作家冰心:"林徽因与陆小曼谁更美?"冰心回答说:"林徽因俏,陆小曼不俏。"

1935年,云南大学中文系全振寰教授在国立北平大学女子文理学院就读,当时林徽因在外语系教英国文学课,全教授修读过她上的这门课,忆起当年的情况,她说:"林徽因每周来校上课两次,用英语讲授英国文学。她的英语流利、清脆悦耳,讲课亲切、活跃,谈笑风生,毫无架子,同学们极喜欢她。每次她一到学校,学校立即轰动起来。她身着西服,脚穿咖啡色高跟鞋,摩登、漂亮而又朴素、高雅。女校竟如此轰动,有人开玩笑说,如果是男校,那就听不成课了。"

作家萧乾是林徽因的好友之一,她的夫人文洁若曾在所著的《才

第一章
美人如酥,绽放最美的容颜

貌是可以双全的——林徽因侧影》一书里说:"林徽因是我生平见过的最令人神往的东方美人。她的美在于神韵——天生丽质和超人的才智与后天良好高深的教育相得益彰。"

作家陈衡哲之妹陈衡粹提起初次见到林徽因时的情景,那是1930年的春夏之交,在香山上,她被林徽因的美貌所震惊:"有一天同一位朋友上山游览,半山上一顶山轿下来,我看见轿子里坐着一位年轻女士。她的容貌之美,是生平没有见过的。想再看一眼,轿子很快下去了。我心中出现'惊艳'两字。身旁的人告诉我,她是林徽因。用什么现成话赞美她?'闭月羞花'、'沉鱼落雁'等都套不上,她不但天生丽质,而且从容貌和眼神里透出她内心深处、骨头缝里的文采和书香气息。"

在同代人的记忆中,林徽因的美有如传奇。在众多的赞誉中,徐志摩的原配夫人张幼仪对林徽因的评价道出了她之所以为人所赞赏的真正原因:"徐志摩的女朋友是另一位思想更复杂、长相更漂亮,双脚完全自由的女士。"

用文洁若的话来说,林徽因的美是"天生丽质和超人的才智与后天良好高深的教育相得益彰"。虽说青春逝去,但林徽因的美却经住了时光的磨蚀。文洁若提起1948年在清华大礼堂见到已经44岁的林徽因时的情景说:

"一会儿,林徽因出现了,坐在头排中间,和她一道进来的还有梁思成和金岳霖。开演前,梁从诫过来了,为了避免挡住后面观众的视线,他单膝跪在妈妈面前,低声和妈妈说话。林徽因伸出一只纤柔的手,亲热地抚摸着爱子的头。林徽因的一举一动都充满了美感。"

文洁若还感慨道:"没想到已生了两个孩子,年过40的林徽因,尚能如此打动同性的我。"是怎样的一种美丽,竟然让身为同性的人都那样念念不忘?

最美不过林徽因

林徽因和梁思成的学生、梁思成后来再娶的夫人林洙也是一位大美人,她回忆起初见林徽因时说:"啊!我终于见到了这位美人。我不想用细长的眉毛,大大的眼睛,双眼皮,长睫毛,高鼻梁,含笑的嘴,瓜子脸这样的词汇来形容她。不能,在我可怜的词汇中找不出可以形容她的字眼,她给人一种完整的美感:是她的神,而不全是貌,是她那双凝神的眼睛里深深蕴藏着的美。当我正在注视这张照片时,只听卧室的门'嗒'的一声开了。我回转身来,见到林先生略带咳嗽、微笑着走进来,她边和我握手边说:'对不起,早上总是要咳这么一大阵子,等到喘息稍定才能见人,否则是见不得人的。'"即使是对病中的林徽因,她也是印象深刻:"林先生是我所见过的女子中最美的一位,虽然患肺病,很瘦弱,但还是极美,她的精神特别感人,透过她的身影,可见她的精神之光。"

美貌并不只是一瞬的永远,还要经得住岁月的推敲,美,就要像林徽因那样,美出气质才行。这种气质或许是人淡如菊的优雅,或许是来自于骨子里的自信,也或许是那清爽的走路的样子,以至于全身能散发出不同于他人的精气神。

气质是女人的经典品牌,这是现代人的共识。相对美丽的容貌而言,气质则是厚重的、持久的。气质是文化底蕴、素质修养的升华。现代的女性越来越讲究"内外兼修",在气质的修炼上纷纷找准从"文化"入手的捷径。于是,女人的气质便演化为高贵、性感、情趣、妩媚甚至神秘,让人们在欣赏女人时怀着一种敬畏,一种仰慕。

气质是指人相对稳定的个性特征、风格以及气度。性格直爽、潇洒大方的人,往往表现出一种聪慧的气质;性格开朗、温文尔雅,多显露出高洁的气质;性格不羁、风格豪放的人,气质多表现为粗犷;性格温和、秀丽端庄,气质则表现为恬静……无论聪慧、高洁,还是粗犷、恬

第一章
美人如酥，绽放最美的容颜

静，都能产生一定的美感。

美貌不等于气质，从美貌升华到气质要经过修炼和沉淀，著名影星张曼玉显然已经完成了一个女人从美丽到气质的升华。

张曼玉刚刚出道的时候，几乎没有什么特色，她的相貌也算不上国色天香。后来，张曼玉拍了很多片子，给别人的印象是她是好看的、有灿烂笑容的女人。

经历过人生的风雨之后，张曼玉懂得，明星只是一时，而演员才是永远的。有了这种意识后，张曼玉懂得珍惜更多朴素的东西，从而变得更加豁达，更加深刻。她已经不再是刚刚进入娱乐圈时的那个花瓶了，她完成了从美丽到气质的升华，逐渐散发出一种让人难以抗拒的魅力。

正是这样从内而外的升华，使张曼玉成为炙手可热的明星。1991年的《阮玲玉》将她送上了事业的巅峰。在后来的《人在纽约》又名《三个女人的故事》中，张曼玉不愠不火的表演令她迅速出线，成为耀眼的明星，也为她赢得了人生中的第一个奖项——第27届台湾金马奖"最佳女主角"奖。此后的她在戏里戏外都成了引人注目的女人，吸引男人，也吸引女人。她那惟妙惟肖、出神入化的表演让她"浑身都是戏"，让人们忘了这是在演戏，仿佛就是发生在我们身边的故事。这正是张曼玉登峰造极的气质带给人心灵的震动。

当她从镁光灯下走出之后，我们看到的那个真实的张曼玉，身上兼有东方的素静神韵与西方的明艳光彩，从无虚饰与矫情，自然流露出她清澈而深沉的内在气质。

2003年，随着张艺谋的大片《英雄》在全国热映，人们看到了一个在大漠风沙中明艳逼人的张曼玉。人们不由感慨她风采依旧，年龄不但没有成为她演艺事业的障碍，反而成为她征服越来越多观众的内涵与气质。

张曼玉的气质来源于内心自我的清醒、独立的认识,时光沉淀下来的苦涩与神韵让她完成了气质的升华。银幕下的张曼玉无论在任何场合都是沉静、微笑的,淡妆素服,不见一丝浓艳。她从不在传媒面前张扬,只是静静地微笑。裙裾之间,女人的优雅尽在不言中;举手投足间,巨星风采翩然而至。

这种气质的女人就是花丛中的一朵嫣红,最后终于变成最精粹的一滴金黄色的花蜜,让你在惊叹中慢慢地回味。

在现实生活中,有相当数量的女人只注意穿着打扮,并不怎么注意自己的气质是否给人以美感。诚然,美丽的容貌、时髦的服饰、精心的打扮,都能给人以美感。但是这种外表的美总是肤浅而短暂的,如同天上的流云,转瞬即逝。如果你是有心人,则会发现,气质给人的美感是不受年纪、服饰和打扮局限的。

气质美是丰富的内心世界的外露,它包含了文化素质、知识和经验的沉积以及品德和修养的凝练,品德则是锻炼气质的基石。为人诚恳、心地善良、胸襟开阔、内心安然是不可缺少的。

气质美看似无形,实为有形。它是通过一个人对待生活的态度、个性特征、言行举止等表现出来的。一个女子的举手投足,走路的步态,待人接物的风度,皆属气质。朋友初交,互相打量,立即产生好的印象。这种好感除了来自言谈之外,就是来自作风举止了。热情而不轻浮,大方而不傲慢,就表露出一种高雅的气质。狂热浮躁或自命不凡,就是气质低劣的表现。

气质美还表现在性格上。这就涉及到平素的修养。要忌怒忌狂,能宽容谦让,能关怀体贴别人。宽容并非纵容,更不是逆来顺受,毫无主见。相反,开朗的性格往往透露出大气凛然的风度,更易表现出内心的

第一章
美人如酥,绽放最美的容颜

情感。而富有感情的人,在气质上当然更添风采。

高雅的兴趣是气质美的又一种表现。例如,爱好文学并有一定的表达能力,欣赏音乐且有较好的乐感,喜欢美术而有基本的色调感,等等。

气质美在于美的和谐与统一,在于对待事物的认真、执著、聪慧、敏锐,在于淡然之中透出明朗而又深沉悠远的韵味,在于她心中有一座储量丰富的智能矿藏,并且随着时间的推移,不断更新和积淀更丰厚的内涵,任岁月荏苒,亦能给人一种常新的美丽。

4.修炼来的美丽才会光彩焕发

美丽不是漂亮。漂亮会随着时光的流逝飘然而去,而美丽则会随着生活的历练与修养的滋润而永远散发着崭新的气息,是会永恒的。

就如居里夫人说的:17岁时,你不漂亮,你可以怪罪于你的母亲,她没有遗传给你好的容貌;但是,30岁了你依然不漂亮,你就只能责怪你自己了,因为在那么漫长的日子里,你没有往你的生命里注入新的东西。

姣好的容貌远远没有气质有吸引力,而气质是知识与修养的结合,不由自主地散发出的魅力,一个没修养的美女,大家都称之为花瓶;而一个满腹经纶的女子,即便她很丑,她的人格魅力也会令许多人折服。生活中,比美丽的容貌重要的东西还有很多很多。奉劝美貌的女

最美不过林徽因

子,镜子并不是你的出门通行证,男人也不是你生活的唯一体验。真正的美丽是在漫长的岁月里不断修炼出来的。

美丽是坚持追求美丽这个好习惯得到的结果,修炼的美才会越来越光彩焕发。

林徽因秀外慧中、多才多艺、才貌双全,是美貌与智慧并存的鲜有化身。林徽因的容貌,既秉有大家闺秀之风度、江南女子之秀气,又有着中国传统女性所稀有的独立精神和现代气质,而智慧就更不用说了。

林徽因的容貌绝对不是天下无双的,她的智慧也绝对不是古今中外历史上女人世界的旷世奇葩,但唯有她,让大诗人徐志摩想念一生,让梁启超之子梁思成宠爱一生,让大哲学家金岳霖记挂一生,也不知让多少后来的男子仰慕着。

有人说,比林徽因漂亮的女子没有她有才,比她有才的女子没有她漂亮,而既漂亮又有才的女子大多是交际花。在文学创作史上,漂亮的女作家的确不多,有一种说法是,漂亮的女子多陶醉于自身姿色,光凭漂亮的容貌就会有无数名士达人围绕左右,衣食无忧,白白让自己的容貌成为掘取人生财富的资本,而没有像林徽因那样插上智慧的翅膀,从而让人生大放异彩。

林徽因的智慧处处可见。她是中华人民共和国国徽的主要设计者之一,人民英雄纪念碑图案的主要设计者之一,且为抢救民族工艺品景泰蓝做出了不懈努力。身为一个大国的顶级建筑师,任何一项成就都足以让她名垂青史,更不用说她在诗作方面的成就了。

林徽因20岁就以卓越的才华闻名于北京上层文化圈,她业余创作出的文学作品甚至超过了专业水准,其题材更是涉及诗歌、散文、小说、戏剧多个领域,在当时的作家圈中声名大作。显然,她是个既有容

第一章
美人如酥,绽放最美的容颜

貌也有智慧的女子,在她的一生中,没有人能够轻视她的存在。

如果林徽因没有较好的容貌,缘何会让风流诗人徐志摩那么狂热地迷恋她呢?即便是情人眼里出西施,一个十几岁的女子除去青春的活力,恐怕就是容貌不凡使然吧。而林徽因的容貌也绝对不是仅有姿色而已,更多的还是有一种内在气质的流露。

王贵祥在《林徽因先生在宾夕法尼亚大学》中讲到一个美国女孩心目中的林徽因,"一位高雅的、可爱的姑娘,像一件精美的瓷器"。当时在美国留学的林徽因,正值青春年华,如此形容,虽简练,却也形象传神。

不仅青涩时代如此,结婚生子后的林徽因也依旧是容光不变。有文为证,郭心晖女士形容说:"1932年或1933年,林徽因到贝满女中为我们讲演'中国建筑的美'。她穿的衣服不太多,也不少。该是春天或秋天,当时这类活动一般都排在上午,在大礼堂。我们是教会学校,穿着朴素,像修女似的。见到林徽因服饰时髦漂亮,相貌又极美,真像是从天而降的仙女。林徽因身材不高,娇小玲珑,是我平生见的最美的女子。她讲话虽不幽默,却吸引人。当时我们似乎都忘了听讲,只顾看她了。"

当时的林徽因正值而立之年,风姿绰约,如果单靠外貌恐怕难以给人留下此印象。

女子凭着一张俊俏的脸可能会赢得他人的赞叹,但如果缺少了智慧的"扶持",就很难让自己的形象达到一定的高度。智慧是一张王牌,它能让你永远美丽,永远焕发着魅力的光彩。

在林徽因的事业生涯中,她或单独或与梁思成合作发表了《论中国建筑之几个特征》、《平郊建筑杂录》、《晋汾古建筑调查纪略》等有

最美不过
林徽因

关建筑的经典文籍，她还为研究我国古代建筑必读的重要工具书《清式营造则例》一书写了绪论。在她并不算长的一生中，还先后发表了几十篇作品，在上个世纪30年代就享有"一代才女"的美誉，并被列入当时出版的《当代中国四千名人录》，与冰心、庐隐并称为"福州三大才女"。

开阔的胸怀、绝顶的聪明、出众的才华、丰富的阅历、岁月的磨砺，这样一股内在的精神画卷，才是一种大家的从容、宁静、谐和之气，一种不怕红颜褪尽，可以穿越岁月磨蚀的圣洁之美。

像林徽因那样，她影响了丈夫的志向，并与她一起在相同的方向取得了不凡的成就，同时也收获了幸福美满的人生。和貌美的女人生活在一起，男人能够满足面子的需求，而和兼有美貌与智慧的女人在一起，男人会有一种如沐春风的感觉，无论成败得失，他都会感到幸福。

让自己的美丽得到一些修炼吧。只有修炼过后的美丽才能独树一帜，永远是花样年华、月样精神，是令人向往的大美女人。

那么，修炼过后的美丽，是怎样的？

它不仅仅是高贵的出身，不仅仅是时髦的妆饰，不仅仅是优雅的言行，不仅仅是华丽的背景，也不仅仅是以上一切的相加。这种美丽是一种朴素的教养和宽容，一种恬淡的向往和行走。它是自心灵深处散发出来的光辉，透过骨骼、肌肤，不仅映照着自己身上的每一个细节，还照耀着外面的世界。这种光辉不必精彩四射、艳惊四座，它只是那么柔和，柔和得近乎微弱，不须惊动谁。美丽，从不追求喧哗。

这种美丽还在于恬静，不为外界的诱惑所动，任风生水起，依然和煦淡远；在于淳朴，清水出芙蓉，天然去雕饰，一篱野花要远远胜过花篮里的九百九十九朵玫瑰；在于专一，心无旁骛，自能返璞归真。一朵

第一章
美人如酥,绽放最美的容颜

美丽的花,它的开放不是为了赞美,不是为了飞舞不定的蜂和蝶,而是为了平平静静地萌芽、生长和绽放;美丽,在于热爱,热爱生活,热爱世界,犹如一棵草绿着大地,一滴水润了嫩芽。这种美丽,是内心的需要。反过来也可以说,这种美丽,需要内心。

这种美如林徽因,有着美丽的容貌,优雅的气质,过人的胆识,超群的智慧。她是学者,是诗人,是作家;她可以跟着丈夫到穷乡僻壤,像其他男士一样爬梁上柱进行精确的测绘;可以和徐志摩一起用英语讨论英国古典小说和中国新诗;可以和金岳霖作哲学的思辨和理论,她是一个会令所有女人都汗颜的女人。她死去数十年后,我们还记得在那暗淡的时代背景下,她清俊的面容和恬淡、坚定而深远的眼神。

5.不是最美丽,却可以最美好

任何外表的美,如果没有内在的品味加以修饰,都是不完美的。

说起林徽因,多数人可能都会想到那句话:你是那人间的四月天。她的美,不妖艳,不庸俗,而是一种大方、典雅和高贵的气质,那是经过岁月的打磨历练而成,是一种内在的修养散发出来的光芒。胡适先生说,她是中国的一代才女;冰心说,她很美丽,且有才气;文洁若说,她是天生丽质,超人的才智与后天高深的教育相得益彰。可以说,林徽因是一个令同性和异性都动容的女人。

放眼望去,尘世间太多美丽的女子,他们有娇美的面容和飞扬的青春,可并非每个美丽的女人都能给人留下深刻的印象,那些令人为

最美不过
林徽因

之震撼、回味无穷的女性，绝不仅仅是用外在的美博得众人的青睐，她们都有着深邃而灵动的内涵。

人们常说"女人如花"，但是花总有凋谢的一天，如何才能让一朵花看上去永远美丽动人，永远持久弥香，那就要提升花的品味。

女人的容貌之美不足以长驻，而林徽因的美，用文洁若的话来说，是"天生丽质和超人的才智与后天良好高深的教育相得益彰"。虽说青春逝去，但林徽因的美却经住了时光的磨蚀。

不可否认，林徽因是个精致的有生活品味的女人。永远得体的衣服，脱俗的气质，当然那种脱俗源于她的文化内涵。在公众场合，她总能微笑聆听并辨别别人的谈话。她说话极富有热情但从不张扬。她的穿戴从来不会五彩斑斓、咄咄逼人，也不会无限前卫、哗众取宠，她不附和流行却修饰得体。她在每个场合的出现，都有一点清风徐来的感觉，对每个人都持平等的态度，在微者面前不傲，在高者面前不卑，与每种类型的人都能够和睦相处。她的朋友费正清回忆说："在这个家，或者她所在的任何场合，所有在场的人总是全都围绕着她转。她穿一身合体的旗袍，既朴素又高雅，自从结婚以后，她就这样打扮。质量上好、做工细致的旗袍穿在她均匀高挑的身上，别有一番韵味，东方美的娴雅、端庄、轻巧、魔力全在里头了。"

林徽因不仅在穿着打扮方面讲究品味，而且在生活方面，也极讲究品味。

在西南联大迁校昆明时，钱端升夫妇与林徽因、梁思成在郊区龙泉村搭屋而住，他们是邻居。陈公蕙说："林徽因性格极为好强，什么都要争第一。她用煤油箱做成书架，用废物制成窗帘，破屋也要摆设得比别人好。其实我早就佩服她了。"由此可见，林徽因是个富有情趣的女人，她善于发现生活中的美，并懂得悉心装扮自己的生活环境，借以冲

第一章
美人如酥,绽放最美的容颜

刷平淡的生活。

  品位是内在的一种宁静,一种淡泊,一种心境,一个女人有没有品位完全是个人心灵的一种流露。你若能有一份坦荡明净的心境,你便拥有了一种高贵的品位。

  有品位的女人是不见花开,只闻暗香浮动。"品位"二字,女人没有内涵强做不来。什么是品位?品位女人的标准:有一定的文化修养,受过良好的教育,待人有礼貌、重礼节、有涵养,看问题独到而深刻,举止恰当有度,衣着自然大方,语言婉转柔和……总之,有品位的女人一定有独特的气质和个性。

  而有人说,品位不是虚无缥缈的一种自我感觉良好,它是全面的、整体的,由表及里的综合表现。品位是一种集个人的出生背景、文化层次、生活素养为一体的,只能靠感觉去体验的东西,不是什么人都能够拥有的。也就是说,品味是女人由内到外产生的韵味。它像清风拂动,像月光挥洒,你只能感受它的存在,却难以真切地描述它。

  还有的人说,品味现代女人要看三眼:第一眼从静态上看,主要看女人的外表;第二眼从动态上看,主要看女人的言谈举止、生活工作;第三眼从动静结合上看,也就是用心看,主要看女人的内涵,即思想、品德、才学、修养。

  也有人绝妙地说有品位的女人如画。每个女人都渴望成为一个有品位的人,因为真正的品位,会使终日蒙尘的生活闪闪发亮。执著于品位的女人是热爱生活的人,追寻有品位生活的女人,绝对是优雅与别致的女人。

  女人的品位是其内涵的外在表现。一个人的品位,是与其环境、经历、修养、知识分不开的。只有有意识地培养良好的修养,积累丰富的知识,才能有充实的内心世界,才能表现出高尚的思想和高雅的品位。

最美不过
林徽因

有品位的女人是善良、机智的,又是成熟、自尊的;而且她知识广博丰富,思想深刻充实,谈吐文雅大方,衣着雅致得体。

有品位的女人乐观向上,而不颓废放纵;待人真诚而不虚伪;举止从容而不轻薄;性情平和而不浮躁;自尊自信,而不狂妄自大;温柔体贴,而不软弱屈从。

有品位的女人会营造一个平静的生活环境,她拥有高雅的爱好和情趣,会用自己的眼睛发现身边的美,并用心去感受它。她有丰富多彩的内心世界,不会让无聊、平庸的事情来破坏自己平静的生活,在繁华浮躁的现实中,能让自己的心归于平淡。当然,她也有喜怒哀乐、七情六欲,但是她的表达是自然的、适度的。

有品位的女人有独立的思想和人格,绝不会人云亦云、随波逐流。在喧嚣的人群中,她可能会用沉默来表示她不俗的内心。

有品位的女人,就是有内涵、有魅力的女人,就是有女人味的女人。

在一次世界文学论坛会上,有一位相貌平平的小姐端正地坐着。她并没有因为被邀请到这样一个高级的场合而激动不已,也不因自己的成功而到处招摇。她只是偶尔和人们交流一下写作的经验。更多的时候,她在仔细观察着身边的人。一会儿,有一个匈牙利的作家走过来。他问她:"请问你也是作家吗?"

这位小姐亲切而随和地回答:"应该算是吧。"

匈牙利作家继续问:"哦,那你都写过什么作品?"

小姐笑了,谦虚地回答:"我只写过小说而已,并没有写过其他的东西。"

匈牙利作家听后,顿有骄傲的神色,更加掩饰不住自己内心的优越感:"我也是写小说的,目前已经写了三四十部,很多人觉得我写得很好,我的作品也很受读者的好评。"说完,他又疑惑地问道,"你也是

第一章
美人如酥,绽放最美的容颜

写小说的,那么,你写了多少部了?"

小姐很随和地答道:"比起你来,我可差得远了,我只写过一部而已。"

匈牙利作家更加得意,"你才写一本啊,我们交流一下经验吧。对了,你写的小说叫什么名字?看我能不能给你提点建议。"

小姐和气地说:"我的小说名叫《飘》,拍成电影时改名为《乱世佳人》,不知道这部小说您听说过没有?"

听了这段话,匈牙利作家羞愧不已,原来她是鼎鼎大名的玛格丽特·米歇尔。

这就是有品位的女人,她不经意间所流露出来的优雅,让人佩服的五体投地。可见,优雅不是天生的,也不是夸夸其谈地知道几个所谓的时尚代名词,优雅是一种气韵、一种坚持、一种时间的考验。从一个女人优雅的举止可以看到一种文化教养,让人赏心悦目。当优雅成为一种自然的气质时,这位女性一定显得成熟而温柔。

亦舒的《圆舞曲》中有这样一句耐人寻味的话:"真正有气质的女人,从不炫耀她所拥有的一切,她不告诉别人她读什么书,去过什么地方,有多少衣裳,买过什么珠宝,因为她没有自卑感。"

美丽的女人就像红酒,装在漂亮的高脚杯里,颜色亮丽,令人垂涎;美好的女人犹如浸泡在紫砂壶里的香茗,融入紫砂的茶杯里,色泽清淡,需要慢慢地品味才能感受到它怡人的芳香。美丽的女人可以悦目,美好的女人却能慰心;美丽是外在的,流于形式;美好却是内在的,蕴含神韵。

一个女人若只是面容姣好,身材迷人,而胸无点墨,言语粗鲁,她的美只能给感官留下短暂的惊鸿一瞥,终究会输给岁月,毕竟人生不可能只如初见。美好的女人却不一样,那是后天的磨砺,岁月的积

最美不过
林徽因

淀,就像一本内容丰富的书,不会因为时光流逝而被人遗忘,令人回味无穷。

一位哲人说过:"任何外表的美,如果没有内在的气质加以修饰,那都是不完美的。"

美好的女人有一颗高贵的内心,大方从容,面对风雨,仍以微笑迎接。美好的女人,永远活在真实的世界里,情感丰富又细腻,不虚伪不做作,懂得忍耐,懂得只有付出自己的真心和耐心,才能换来永久的朋友。

女人可以不美丽,却不能不美好。淡然的笑意,优雅的举止,良好的修养,大气的胸怀,才是女人最长久的气质。唯有成为内外兼修的女人,才能成为一道赏心悦目的风景。

第二章
心如阳光，你就是一道最美的风景

幸福是心灵的满足，这种满足源于自身对美好和喜悦的感知。一位伟人说过："要么你去驾驭生命，要么是生命驾驭你。你的心态决定谁是坐骑，谁是骑师。"

如诗一般浪漫的林徽因，在任何时候，都让自己保持清醒，虽然生活中大多是琐碎和病痛，但她心底贮满阳光，从未让幸福在生活中缺席。因此她总能凝聚人心，总能在人最为失落和困惑的时候，给人以心灵上的慰藉。

1. 爱笑的女人运气都不赖

微笑是女人最迷人的表情,将微笑挂在脸上的女人,才是幸福的女人。

据说,人在笑的时候,要使用13块面部肌肉,而在皱眉蹙额时,则要使用47块面部肌肉。正因为如此,所以谁都会觉得笑的时候快乐而且自然。

有这样一篇箴言:"一个微笑不费分文但给予甚多,它使获得者富有,但并不使给予者贫穷。一个微笑只是瞬间,但有时对它的记忆却是永恒的。一个微笑为家庭带来愉悦,为同事带来友情。它也能为友谊传递信息,为疲乏者带来休憩,为沮丧者带来振奋,为悲哀者带来阳光,它是大自然中消除烦恼的灵丹妙药。然而,它却买不到,借不了,偷不去。因为在被拥有之前,它对任何人都毫无价值可言。有人已疲惫得再也无法给你一个微笑,那就请你将微笑赠予他们吧,因为没有一个人比无法给予别人微笑的人更需要一个微笑了。"

有人说,女人最大的魅力在于她永远微笑着。微笑着面对生活,微笑着走过四季的更迭,微笑着走过岁月的洗礼,微笑着爱与恨,微笑着幸福与沉默,把微笑送给身边所有深爱你或者伤害过你的人,永远微笑着,微笑着面对生活,微笑着面对一切。

大笑如含风带沙,失了神秘;傻笑则毫无深蕴,让人看轻;冷笑仿佛冰霜,拒人千里;假笑表里不一,遭人鄙夷。而微笑则是女人的秘密武器,温暖如春风拂面,光亮如阳光普照。微笑能将人与人之间的距离拉到恰到好处,微笑是一种微妙奇特的舒适感觉。

第二章
心如阳光,你就是一道最美的风景

古龙有一句妙语——笑得甜的女人,将来命运都不会太坏。确实如此,幸福的女人绝对不会拉长了脸度日,带着甜美微笑的女人,往往生活得都很快乐。

林徽因与徐志摩的心灵触碰,是在国际联盟的一次演讲会上。林徽因在《忆志摩》一文中说,她初次遇见徐志摩,是在徐志摩初次认识狄更生先生的那次会见中。之后,徐志摩很快便向她发起了爱的攻势。一个是已婚的青年男子,一个是情窦初开的妙龄女郎,前者如火般的用情,令林徽因感到惊慌失措。尽管徐志摩之妻张幼仪来到伦敦,随他搬到距离剑桥六英里的沙士顿乡下居住,但这期间徐志摩并没有中断同林徽因的通信联系。张幼仪在《小脚与西服》一书中说:"几年以后,我才从郭君那儿得知,徐志摩之所以每天早上赶忙出去,的确是因为要和住在伦敦的女朋友联络。"

一切似乎应该按照惯有逻辑发展,然而林徽因却没有偏离她的生命路线。她向徐志摩摊了牌,说她马上就要随梁思成去美国留学,不可能和他走到一起,他们必须"离别"。林徽因后来在给胡适的信中说:"旧的志摩我现在真真透澈地明白了,但是过去了,现在不必重提了,我只求永远纪念着。"这是林徽因对人生的一种姿态。

面对徐志摩的热烈追求,林徽因或许是有感觉的,但她只是选择了笑看这段过往,并没有太当真。即便是到了美国,在她人生不如意的时候,也只是对胡适说:"请你告诉志摩我这三年来寂寞受够了,失望也遇多了,现在倒能在寂寞和失望中得着自慰和满足。告诉他我绝对的不怪他,只有盼他原谅我从前的种种。"

一个女子,能够在寂寞中得到满足,这是怎样的一种笑看人生。女人若能在苦的时候,还"笑"得出来,也算是拥有莫大的勇气与魄力了。

1931年7月7日,徐志摩去探望林徽因,对着断墙上的残阳,对着断

最美不过
林徽因

墙旁随风摇曳着的紫藤花,还有花的阵阵清香,徐志摩凝神良久。下山之后,他在写给林徽因的信中说:"我还牵记你家矮墙上的艳阳。"同年9月,林徽因在《新月诗选》上发表经典诗作——《笑》,与其说是一首诗,不如说那是对她自己心理状态的一种描述,那是她自己纯美的笑,也是她对人生的笑,抑或是与徐志摩的一种单纯的情感互动。

林徽因让这笑仅仅停留在某个精彩的瞬间,在两个独立个体的相同频率中静止,然后又让这笑富有光芒地散发开去,溅了这两个独立的个体一身,仿佛是一种高度的默契。但对于林徽因而言,也只仅此而已,她的笑没有超出意识的樊篱,而在她的"笑意"下,诗人徐志摩的心也受到了感染,说她是"笑得好像花儿开了一朵"。

1931年11月19日,徐志摩在飞机飞行意外中逝世,似乎对林徽因也造成了心灵上的冲击,诗歌创作一度中断。她在《悼志摩》一文中说:"朋友们,我们失掉的不止是一个朋友,一个诗人,我们失掉的是一个极难得可爱的人格。"这个"可爱的人格",或许是林徽因《深笑》中所呈现出的纯真及纯美。

林徽因把传奇的经历塑造了两个纯粹的人格世界,她的天生丽质及超人的才智变成了"可爱的梨涡"。她的纯美的笑,也变成了一种永恒,变成了一朵永不凋零的花。

林徽因笑的艺术为她带来了足够的尊重,让最在乎她的人十分敬重她。这一点,如果我们学会了,也会令在乎我们的人给予我们更多的理解、尊重与呵护,令他们自始至终都在乎我们。

幸福的女人,永远面带微笑,微笑发自内心,不卑不亢。而聪明的女人则学会用微笑装饰自己,无论遇到什么风浪,无论岁月如何流逝,微笑始终不变,心态永远年轻。相反,常常微笑的女人也会给自己带来幸福,微笑是生活中的一面镜子,你笑它便笑,你哭它便皱眉。

第二章
心如阳光,你就是一道最美的风景

恋爱了7年的男友离她而去,她伤心欲绝,记忆里全是美好的画面,她恨不起来。

就在结婚前一个月,一场针锋相对的争吵后,她泪流满面,男友无奈叹息,摔门而去。而此时,她的枕下放着刚刚拿到的怀孕证明,准备给他一个惊喜。

婚礼取消,母亲怕家丑外扬,发疯了一般逼她打掉孩子,否则就不许她踏进家门一步。伤心欲绝的她走投无路,可是这个无辜的小生命毕竟是她的孩子,她怎么忍心?但如果不顺从母亲,自己又无家可归,穷途末路。

她在纠结,在痛苦中挣扎,甚至有了轻生的念头,这痛苦的世界,还有幸福可言吗?

无意中路过博物馆门前,她看到这样的标牌:本馆有监控摄像。人情冷暖,世态炎凉,她绝望地想,这冰冷的令人望而生畏的标语后面必定写着,否则罚款多少元!再一抬头,却得到出乎意料的答案,上面写着:本馆安有监控摄像,请保持微笑。

顿时,一股暖流让她不由得停住脚步,这充满善意的忠告,透着人性中的善良与爱心。死亡很容易,活下去却很不容易。肚中有血有肉的生命那么无辜,身为母亲难道不应该给他最好的爱吗?可是生活逼人,绝境如何逢生?那么唯一的办法就是保持微笑,赶走阴霾,鼓足勇气,好好生活。只有跨过苦难,才有未来。

她试着笑了笑,发现自己轻生的念头太傻。

三年后,男友生意成功回到这里,在博物馆门口遇到她,她在微笑着逗儿子。见她不但没有消沉颓废,反而越发美丽动人。他尴尬地说:"我的离开好像对你的生活并没有太大影响,你还是那么美。"

她笑而不语,指指头顶上的标牌,欢快地去追儿子了。

最美不过
林徽因

人生有两种境界，一种是默而不语，一种是笑而不答。软弱的女人只会以泪洗面抒发自己的悲苦，坚强的女人却用微笑高傲倔强地活着。不是没有受过伤，不是没有失败过，而是不畏惧，不认命，不甘心被打败。幸福永远在那里，虽然遥远，却也并非没有尽头。你只需微笑着面对未来，安静地，淡然地，总有一天，幸福真的就会敲门。

沙拉斯特说，每个人都是自己命运的建筑师。雨果也说，阳光和鲜花在达观的微笑里，凄凉与痛苦在悲观的叹息中。微笑的女人，一定拥有让自己幸福的能力，微笑的女人，内心是充满感激的。她们明白，在心田里种上快乐，就会赶走忧伤。微笑的女人不会让阴霾密布，博人同情，而是微笑相对，让人尊敬。

2.男人都无法抗拒直率的女人

为了不使自己受伤，只好把自己隐藏得很深很深，有时深到连我们身边的人也感受不到我们真实的存在，率真往往能让人看到自己最真实的一面，从而得到他人的认可，并对自己产生好感。在很多时候，少一些矜持，多一些率真，能换来诚挚的情感。

林徽因是矜持的，又是率真的，这让她成为很多男人心中美的化身，她的所有经历似乎都因之而被认为是经典中的经典。而率真无疑是她最可贵的品质之一，让她的美具有了钻石般的华彩与魔力。

矜持无疑是女人的一种美，但率真更是一种难得的可爱。

第二章
心如阳光，你就是一道最美的风景

在1923年的一次学生游行示威中，梁思成被军阀的汽车撞伤。林徽因每天都会去看望他，并坐在他的床前给他擦汗、扇扇子，还陪他一起读书。就是这样的动作让梁思成的母亲极为不满，因为当时二人尚未成亲，今天看来再正常不过的事情，在彼时却明显有点"过火儿"，超出了那时道德观念与人文风俗习惯的承受范围。

梁母认为一个大姑娘家的，还没出阁，是不宜出现在伤卧在床又衣冠不整的未婚夫面前的。身为大家闺秀，林徽因应该极为矜持、含羞回避才是，如此袒露情怀，成何体统呢？

然而这就是率真的林徽因，她丝毫不隐藏自己的真性情，她的这一点获得了老爷子梁启超的高度赞赏，他很骄傲地写信给大女儿梁思顺说："老夫眼力不错吧！"兴奋之情溢于言表。显然，在这个维新派眼中，林徽因的率真不仅仅是个性的流露，可能还会有"革命"的情操在里面，大抵会有些妇女解放的兆头。这个故事已将林徽因的率真展露无遗。

率真往往能让人看到自己最真实的一面，从而得到他人的认可，并对自己产生好感。

在和同事相处的时候，林徽因利用她的博学多才，经常把一些历史故事及趣闻雅事讲给大家听，不但让人听了精神得到放松，也会有所收获和成长，大家都喜欢她。战时，林徽因曾在四川南溪县李庄镇上坝村避难，虽然生活很艰苦，但她同样把率真带到了那里，她总能很快地拉近与老乡们的距离，并让他们对她产生信任感。那些村姑和年轻媳妇，有什么悄悄话也总愿意和她一起分享。林徽因因此获得了极佳的人缘。

最美不过
林徽因

可见,在很多时候,少一些矜持,多一些率真,能换来诚挚的情感。率真总能给周围的人带来温暖,让不如意的人得到心灵的慰藉。

率真就像是春天,当寒冷逝去之后,留下的是嫩黄、温馨和活力。一个女人的率真会为她的生命增添更多的个人魅力,而一个率真的女子,会散发出与众不同的气质。

在美国留学期间,林徽因每当情绪低落时,就会发一封电报给大洋彼岸的大诗人徐志摩,向他倾诉自己的孤单与苦闷,并且会在电报中说,只有他的话语才能让她真正感到安慰。徐志摩听闻此言,自然是欣喜若狂,总是立即丢下所有的事情,甚至熬夜写下含情脉脉的文字,并赶在第一时间冲到邮局,恨不得飞似的把信发到林徽因手中。

邮局的工作人员看到此景,也是吃惊地不知说什么才好,人家告诉大诗人,就在那一天,早在他之前,已经有好几个人给林徽因拍电报了。徐志摩更是感到不可思议,当他查阅名单后,发现在他前面给林徽因发电报的,没有一个是他不认识的,后来才得知,所有人都收到了同样的来信,信上都是同样的内容。

林徽因的率真就是如此表露的,表露得如此真实,她似乎根本无法容许自己有哪怕是一点点的不愉快,这到了有点近乎自私的地步。或许,在当时的美国,那种难以排遣的孤独对于一个远离故土的女子来说,有着巨大的杀伤力,如果还固守矜持,她就要疯掉了。

同时复制好几封信,在同一个时间,发给不同的人,她可以收到不同人的慰藉,这一点她伤不了别人但却可以医好自己。抗战期间,林徽因曾在写给沈从文的一封信中说:"我独自坐在一间顶大的书房里看雨,那是英国的不断的雨。我爸爸到瑞士国联开会去,我能在楼上嗅到顶下层厨房里炸牛腰子同洋咸肉。到晚上又是在顶大的饭厅里独自坐

第二章
心如阳光,你就是一道最美的风景

着,一个人吃饭,一面咬着手指头哭,闷到实在不能不哭!"这是她十六七岁在欧洲的生活画面。

对于一个富有才情的女子而言,郁闷是一种大敌,然而对常人来说,又何尝不是如此呢?我们好像一时一刻也离不开手机,不说远隔重洋,就是给我们半个小时的独立时间,恐怕也不知道做什么才好,若是多了矜持,少了率真,那也只有自己憋屈自己了,毕竟人是群居动物。

尤其是女人,过多的矜持,良久的忧郁不能排出,久而久之就会助长性格灰暗面的滋生,也会加速自己的衰老。而率真一点就很好,让自己保持非常好的心情,从而更好地面对生活,是值得称道的选项。

三毛说:"我宁愿别人把我当作傻瓜,那么就不会有人和一个傻瓜计较了,所以女人往往还是笨一点的好,特别是该笨的时候。"是的,一个率真的女人,不会想太多,随性而为,看起来有那么点"笨",反而可以得到更多的快乐;率真的女人容易知足,懂得控制欲望,让痛苦远离;率真的女人容易幸福,她们看起来有些"傻",不会把简单的事情复杂化。做一个率真的女人,即是拥有一份简单的心情,并在简单中享受生活本身的快乐。

在压力巨大的社会中,每个人都像一匹长途奔腾的马,没有终点,只有长路。因此,女人的率真便是一种温暖的凝聚力,不仅会让男人认识到自己的责任,还让生活更加和谐。

一个率真的女人,总能宽容地面对生活、面对人生。她会用简单的心境来使自己生活得从容而平静、轻松而洒脱。在她的内心世界里,根本没有过不了的河,也没有解不开的疙瘩。烦恼时,和同事、家人有矛盾时,不顺心、不如意时,她都会用一种看似"没心没肺"的"天真"心态来看待这一切:冬天过去不就是春天吗?黑暗过去不就是黎明吗?当然,率真的女人不会不在乎自己的形象,不会穿着睡衣满大街跑,也不会顶着一头乱蓬蓬的头发去约会。率真的女人是美的、知性的化身,她也许有着长长的波浪头发,精致却不着痕迹的妆容,然后随意地在午后靠窗的桌子上,或看本书或喝杯咖啡,或仅仅只看着来往的行人;率真的女人行事果敢,外表虽然洒脱大气,内心却精致细腻。

其实所谓率真无非就是真性情,《中庸》里说:"天命之谓性,率性之谓道,修道之谓教。"意思是说,人的自然禀赋叫作"性",顺着本性行事叫作"道",按照"道"的原则修养身心叫作"教"。这句话很明白地告诉我们,用真性情去生活才能找到人生的真谛。

告别"畏畏缩缩",脱掉"瞻前顾后",大胆坦露自己的心思,打开心门,敞开心扉,让自己随性而动,随心而为,适时地大大咧咧、天真可爱,这样你才能活得自由。该说无所谓的时候就说一句无所谓,像林徽因一样,你才会活得开心。

3. 为生命而歌,永葆生命的鲜活

巴尔蒙特说:"为了看看阳光,我来到世上。"生命中的每一个瞬间,都是一颗闪亮的珍珠,生命的意义不在于时间的长短,而在于人生的价值。无数的历史事实告诉我们:生命创造了辉煌,辉煌又延续了生命。

宇宙洪荒中,人类是渺小的一粒尘埃,可尘埃也有自己的生命,掌控着无限可能的未来。

生命世代繁衍,生生不息,为人类的进步留有无穷的余地。作为生

第二章
心如阳光,你就是一道最美的风景

命个体,每个人又是如此与众不同,背负着由生至死的命运,享受着几十载光阴,或平淡,或惊奇。

我一直相信生命本身就是个奇迹,而且生命对我们每个人都是公平的,不论你是美还是丑,是聪明还是愚钝,是健康还是残疾,至少上帝都赐给了我们生的奇迹、生的权利。可我并不认为每个人都真的懂得珍惜生命,因为珍惜生命并不是简单的让自己活着,而是在于你的生命是否更有价值,你是否能用自己的生命创造更多的奇迹。

有的人虽然活着,但他们却放弃了很多应该努力坚持的东西,他们的生命也暗淡无光;可也有的人非常珍惜这难得的生的机会,他们让生命在有限的时间里真正体现了生的价值。

每个阶段都会有所不同,那每一阶段的每一天呢,是否几十年如一日,渐渐从轻快涌动的活水,变成了毫无生机的死水?

生命在于运动,更在于永葆鲜活。

如果你懂得为生命而歌,那么你可以让你的生活每天都充满着快乐,其实幸福并不奢侈,只是每个人都忽略去掌握。漫天的飞舞是蒲公英的幸福,翱翔大海迎击闪电雷鸣是海鸥的幸福。

1933年11月初,一个星期六的下午,萧乾做客林徽因家中,见到病中的女主人,不禁感慨道:"听说徽因得了很严重的肺病,还经常得卧床休息。可她哪像个病人,穿了一身骑马装……她说起话来,别人几乎插不上嘴。徽因的健谈绝不是结了婚的妇人的那种闲言碎语,而常是有学识、有见地、犀利敏捷的批评……她从不拐弯抹角,模棱两可。这种纯学术的批评,也从来没有人记仇。我常常折服于徽因过人的艺术悟性。"

1945年,在重庆为林徽因就诊的美国胸外科专家里奥·埃娄塞尔博士发现她的双肺和一侧肾已被结核菌严重侵染,便推测她活不过5

最美不过
林徽因

年。她冰雪聪明,没有探问这个检查结果,似乎早已明白。她只是悄悄地、匆匆地搜集着建筑资料,写论文,写诗,显得分外忙碌。此时,她在《人生》这首诗中写道:"人生,你是一支曲子,我是歌唱者。"是啊,她是一个生命的歌者,对生命始终都充满着热情。

珍惜生命并不等于让自己不要死掉,虚度光阴、让自己的生命没有意义的浪费掉,这比死更让人遗憾。相反,珍惜生命并不等于怕死,也并不等于单纯的生命的延续。

在可可西里,猎人们穷追一群藏羚羊,藏羚羊拼命的逃到一座山谷前,它们必须越过两米多长的山涧才能逃生,可是即便是最强壮的藏羚羊也不可能越过这个山涧,但奇迹发就这样发生了。成年的藏羚羊飞身跳向悬崖,而后面的小羚羊跳起来踩着成年羚羊的背飞身一跃,居然跳过了悬崖,而成年藏羚羊却摔下了深深的悬崖。猎人们惊呆了,这些藏羚羊居然在瞬间选择放弃自己的生命,只为了使自己的种族得以延续。面对这些低等生物,我们似乎无法再评价太多了,即便运用人类最华美的词语也无法像这些藏羚羊一样用自己的牺牲来生动地诠释生的含义,也许它们对珍惜生命的理解比我们这些活在物质社会里的人类更加深刻。

1947年12月,林徽因进行了一次大手术,在手术前的两个月里,是持续的担惊受怕,她虽然熬过了短暂的发烧期,但在随后的检查中发现了由输血带来的并发症,只有等到医院来了暖气才能做手术。

手术前,林徽因给费慰梅写了诀别信:"再见,我最亲爱的慰梅。要是你忽然间降临,送给我一束鲜花,还带来一大套废话和欢笑该有多好。"

没有对死亡的恐惧,只有对好友的眷恋与不舍,带着小女人的俏

第二章
心如阳光，你就是一道最美的风景

皮，以及在危难间对生命抱有的一丝希望。

可喜可贺的是，她又一次战胜了死神的威胁，坚强地挺了过来。

费慰梅在《梁思成和林徽因》中叙述道：

手术后不久，思成和老金两人都写信来要我们搞点特效药链霉素。这药也不容易弄到，但我们还是想办法托到北京出差的美国朋友分别带了两份去。最后我们得到消息说，徽因已出院回到她清华园家里自己温暖舒适的卧房中，这个地方她戏称是"隔音又隔友"。

到2月中，徽因已摆脱了术后的热度，她的体力在逐渐恢复。思成说："她的精神活动也和体力一起恢复了，我作为护士可不欢迎这一点。她忽然间诗兴大发，最近她还从旧稿堆里翻出几首以前的诗来，寄到各家杂志和报纸的文艺副刊去。几天之内寄出了16首！就和从前一样，这些诗都是非常好的。"

他在附言中要我们寄一盒500张的轻打字纸作为新年礼物。"这里一张要一万元，一盒就是半个月的薪水。"这么厉害的通货膨胀真是难以想象。老金也写信来说徽因是好多了，但又补充说，"问题在于而且始终在于她缺乏忍受寂寞的能力。她倒用不到被取悦，但必须老是忙着"。她修改、整理和争取刊行她的旧诗。老金鼓励她这么干，"把它们放到它们合适的历史场景中，这样不管将来的批评标准是什么，对它们就都不适用了"。

生命是否鲜活，全仰仗于个人的安排，不论健康或疾病，都有机会保持前进的动力，不要因为一点病痛就让生活变得死气沉沉。

1954年入秋以后，林徽因病情开始急剧恶化，"每天都在床上艰难地咳着、喘着，常常整夜不能入睡。她的眼睛仍然那样深邃，但眼窝却深深地陷了下去，全身瘦得叫人害怕，脸上见不到一点血色"。她那璀

最美不过
林徽因

璨的一生,至此已经走到了最后的关头。

其实,从1945年被医生警告最多只能活5年开始,林徽因的生命就已经时时笼罩在死亡的阴影中了。但她奇迹般地坚持到1955年,这分分秒秒,都是她以强大的精神力和生命力,从死亡边缘所努力争取的,就像1947年秋她写给费慰梅的信中说的那样:"你看,我就这样从水深火热中出来,又进行了这些所谓'不必要的活动',要是没有这些,我早就死了,就像油尽灯枯——暗,暗,闪,闪,跳,跳,灭了!"

林徽因的生命奇迹,在于她对生命的敬意,对生命的热爱和渴望。世间因为有了生命,才有了勃勃生机。当我们看到石缝间的生命奇迹时,不禁赞叹而感动落泪。在环境的阻止和受限下,生命延续的渴望却是不可抑制的,对于自然环境的因素有时或许的确存在一些无奈,适者生存的自然规律时时刻刻都在对生命的存在进行着考验。无论多么弱小的生命都是一种奇迹。

只有为生命而歌的人,才会造就生命的奇迹,才会坚定人生的信仰,让路走得越来越宽。每个人都有自己不一样的生活,我们都在用自己的方式,为自己的生命演绎着精彩。因为有生命,所以要时时保持一种积极的信念,以此为精神支柱的力量便坚不可撼。相信生命的存在本身就是一种精彩。

每个人都希望自己的人生能像生长在温室里的花朵一样,能够得到人们的百般呵护,生命的历程能够一帆风顺。当然,顺境的生活总会让我们轻松,但不经风雨又怎能见到彩虹的绚丽?每一个生命都应该学会坚强,就像林徽因那绚丽的生命一样,生命有权辉煌绚丽,人生没有理由不活得更加精彩。

第二章
心如阳光，你就是一道最美的风景

4.自信的女人最迷人

女人因自信而美，自信以内涵而魅。自信的女人总会拥有诱人的气质和风度，沉淀在心中的内涵，就像一湾深湖，在优雅与从容之中演绎着自己的精彩，她们更会通过自信把自己全部的美丽毫无保留地完全绽放出来。

自信是一种顽强的精神力量，拥有它的人能排除各种障碍，克服各种困难。自信往往可以产生意想不到的效果。而对于女人来说，自信使女人更美丽。

女人的自信与沉鱼落雁、闭月羞花的容貌和魔鬼般的身材都没有绝对的关联。沈殿霞和张越，按照一般的审美观，既没有漂亮的容颜，也没有迷人的身材，可是从她们脸上分明可以看到一种独特的自信，正是这种自信加上自身的艺术才华，她们才能在竞争激烈的文艺媒介圈子里立于不败之地。可见，女人的自信缘于对自己以及对他人清醒的正确的认识。也只有当女人具备自信但不张狂的内在美时，她才真正称得上是美女。

缺乏自信的美是短暂的，会随着时间的流逝而一点一点地消失在无情的岁月里。而充满自信的女人，她的美会随着时光的脚步越来越耀眼夺目。

自信的女人总是能够坦然地面对生活赋予她的一切，幸福也好、苦难也罢，她总有勇气去承受，即使面对挫折和逆境，她仍有前进的动力。自信让她相信自己可以克服所有的困难，并不断地完善自己。她总是精神焕发地投入到生活和工作中去。

最美不过林徽因

据调查,最让男人欣赏的女人就是自信的女人。因为与自信的女人交往,让他们没有压力,虽然千百年的习俗一直把女人放在弱者的位置上,但其实太过娇弱依赖的女人也会让男人感觉很累。这里所说的自信并不是强悍,而是一种落落大方的态度,像林徽因就是一个自信的女人,她的美与众不同,带有一种"光环效应",通身散发着独特的吸引力,自信使她看上去神采奕奕、明艳动人。她总是扬着自信的头,嘴角常挂着微笑,炯炯有神的双目流动着光芒。

林徽因的自信,缘于她对文化和艺术的虔诚热爱,缘于她对中西文化的深刻了解,她内敛的气质、她善辩的词锋以及对真理的执著追求,更缘于她对自己专业知识的深度了解。

她曾经感叹道,许多外国的建筑史著作中,很少承认中国的建筑在世界建筑史上有其独立的系统及地位。而她在分析中国古代建筑主要结构特征的基础上,论证无论在世界还是在东方,中国建筑都有着独特的地位和价值,这些结构特征从来没有因为外来的影响而发生变化。

她认为,中国建筑艺术的主要特色,表现在古建筑的屋顶、台基、斗拱、色彩和平面布局等方面,这些是中国建筑的精神之所在。和人谈起这类话题时,她的眼睛里闪着智慧的光,浑身散发一种令人侧目的自信。也许,人在谈论自己擅长的领域时,那种自内而外迸发出来的自信,让人有一种忍不住信服的力量。

林徽因无疑是自信的,她因自信而更加美丽。她拥有自信的一切条件,无论是外在的面容,还是内在的内涵。那么平凡一如你我,如何才能拥有她那样笑看风云的自信呢?

当代著名作家毕淑敏曾说过:"我不美丽,但我拥有自信。"是啊,

第二章
心如阳光，你就是一道最美的风景

自信原本就是一种美，一种持久的美。那些天生丽质、拥有花容月貌般的女人固然很漂亮，但若缺少了自信、优雅、从容、淡定，这种美丽也是缺少灵魂的。

所以只有美丽而又自信的女人，才是一幅令人赏心悦目的旖旎画卷，她们既有迷人的风韵，又有惊人的魄力。对这样的女人而言，人生不是等待而是创造，命运从来都掌握在自己手中。因而，在角逐人生、实现自我的竞技场上，她们更是巧于利用上苍赋予女人的天然姿色进行自我推销、自我展现，获得异性扶助的机缘就较寻常女子要多，赢得成功人生的机遇尤其令人钦羡。

2003年的中国环球小姐吴薇，单从外表来看，清秀纯情，落落大方，普通得就像一个邻家女孩。

吴薇当属那种非常耐看，而且越接触感觉越好的女孩。她淑女式的微笑后面裹挟着的是无比的镇定和自信，她在不同的场合都用真诚的眼神和话语回答着不同的问题，没有一丝的拘谨。让人感觉她的美丽来自她的自信，她的聪慧，她的踏实和平淡。

吴薇在参加环球小姐比赛之前，只是一家银行的普通职员。后来多次参加选美比赛，均以卓尔不群、古典的气质和亲和力让评委和现场观众赞叹不已，先后获得过世界福清小姐大赛的第三名和石狮形象小姐冠军。

女孩子去参加选美，多少会受到身边人的不解和非议，但吴薇认为："选美本身并没有错，它可以把美和爱带给世界上每一个人。而参加选美对于一个女孩子来说也是一种锻炼的过程，比如像我以前如果面对大场面可能会害怕，但是现在不会了，通过这样的大赛，我成熟了。"

吴薇第一次参加"选美"比赛，由于经验不足，决赛时败下阵来。不

最美不过
林徽因

过,这个"第一次"无疑对吴薇的心理承受能力是一个很好的考验,也为她日后奠定了良好的参赛基础。

2003年4月,环球小姐中国赛区的比赛在济南举行。23岁的吴薇抱着"最后一搏"的心态再次出征。"当时我想不管结果如何,中国小姐的选拔都是我最后一次参加比赛,我希望趁自己还有比较好的状态时去见识一下五湖四海的女孩。"吴薇注重的是参与的过程而不是结果,所以尽管在分赛区的比赛中,她只得了第四名,还是积极地参与到总决赛的培训中,把自己最好的精神风貌带到总决赛。这次,吴薇笑到了最后,把中国环球小姐的桂冠紧紧握在自己手中。

在被问到夺冠的最大优势是什么时,吴薇笑着说,自信是对美丽最好的表现。"其实我始终都认为自己是个平常人。环球小姐的比赛就是为我这样的普通女孩准备的,每个自信的女孩子,都能站到这个舞台上来,我得了奖,是我刚好得到了一次机遇。"

不要怀疑自己不美丽,自信就是女人的魅力。自信不像容貌是天生造就的。自信是后天培养出来的,是在孜孜不倦地追求人生、生命的最高质量和境界中,用内在的灵感和魅力去拥抱和欣赏自己的生活自然形成的。不论在什么场合,能谈笑风声,落落大方,衣着得体,动作恰到好处,定能在众多美女中脱颖而出,成为男人们眼里的一道风景线。

女人拥有了自信,便获得了感染、影响他人的人格力量。自信女人的言谈举止给人一种如沐春风、如饮甘泉的感觉。自信和魅力是女人永远美丽的法宝,拥有自信和魅力的女人一辈子都是美丽的。

每一个人来到这个世界上,都拥有自己独特的东西,拥有别人所不能拥有的东西。同样,你也不可能拥有所有你想拥有的东西。例如,每个女人都想拥有靓丽的容颜,苗条的身材,惹人爱怜的似水柔情,可这些也往往会成为无法摆脱的重负,将她们羁绊在尘世当中。为了容

第二章
心如阳光,你就是一道最美的风景

颜和身材,她们花大把的金钱和时间去美容、去健身,为了似水柔情,她们放弃自我的个性。其实她们追求的美丽与漂亮是有区别的,真正的美丽,是一种光彩,是自然而然的流露,是一种扑面而来的感觉。美丽就是女人的自信、从容,这样的女人会从头到脚都透出优雅,那是漂亮的脸蛋所比不了的。

自知快乐与美丽应该源于对生活的感觉,所以女人只能把美容作为闲暇时的一种享受,把健身作为生活中一项快乐的活动,而不能由此失去自我,盲目所为。

许多人在人生的旅途中,因为困难,因为压力,因为自馁,因为误解,便会失去对生活的自信,其实自信也需要不断地修整、提升,需要不断地调整自己、积累自己,需要不断地充实自己、改变自己。所以不管今后怎么变化,女人都应该用一颗热爱生活、开朗豁达、淡泊宁静的平常心面对生活,因为在平静幸福的生活中要满足自己所拥有的,然后才能过上自信而快乐幸福的生活。

海伦·凯勒被认为是美国历史上最伟大的女性之一。一生只有十九个月光明和声音的海伦·凯勒,却给全世界带来了无穷的光明与希望。

海伦·凯勒的一生,是创造奇迹的一生。她用惊人的毅力面对困难,用苦难成就奉献,用爱心拥抱世界。她的去世,被认为是整个世界的损失。

海伦·凯勒1880年出生于亚拉巴马州北部一个叫塔斯喀姆比亚的城镇。在她一岁半的时候,一场重病夺去了她的视力和听力,接着,她又丧失了语言表达能力。然而就在这黑暗而又寂寞的世界里,她竟然学会了读书和说话,并以优异的成绩毕业于美国拉德克利夫学院,成为一个学识渊博,掌握英、法、德、拉丁、希腊五种文字的著名作家和教

最美不过
林徽因

育家。她走遍美国和世界各地,为盲人学校募集资金,把自己的一生献给了盲人福利和教育事业。她赢得了世界各国人民的赞扬,并得到许多国家政府的嘉奖。

一个聋盲人要脱离黑暗走向光明,最重要的是要学会认字读书。而从学会认字到学会阅读,更要付出超乎常人的毅力。海伦是靠手指来观察老师莎莉文小姐的嘴唇,用触觉来领会她喉咙的颤动、嘴的运动和面部表情,而这往往是不准确的。她为了使自己能够说好一个词或句子,要反复地练习,海伦从不在失败面前屈服。

从海伦7岁受教育,到考入拉德克利夫学院的14年间,她给亲人、朋友和同学写了大量的信,这些书信,或者描绘旅途所见所闻,或者倾诉自己的情怀,有的则是复述刚刚听说的一个故事,内容十分丰富。在大学学习时,许多教材都没有盲文本,要靠别人把书的内容拼写在她手上,因此她预习功课的时间要比别的同学多得多。当别的同学在外面嬉戏、唱歌的时候,她却在花费很多时间努力备课。

海伦用顽强的毅力克服生理缺陷所造成的精神痛苦。她热爱生活,会骑马、滑雪、下棋,还喜欢戏剧演出,喜爱参观博物馆和名胜古迹,并从中得到知识。她21岁时,和老师合作发表了她的处女作《我生活的故事》。在以后的60多年中她共写下了14部著作。

是的,海伦·凯勒又聋又盲,但她通过触觉感知的世界同样丰富多彩。是自信给了她光明,使她的内心阳光灿烂。同时,她的自信又驱散了多少人心头自卑沮丧的阴霾。

自信对于女人是很重要的一种品性,有自信的女人总是能坦然地面对社会,面对生活赋予她的一切,如果你想做个美丽女人,就得拥有自信。只要你有自信,你就拥有了美丽,只要你有自信,你就拥有了世界,拥有了一切。

第二章
心如阳光,你就是一道最美的风景

5.外表可以柔弱,内心却要强大

每个人在世界上都是孤独的,不管是男人还是女人,只有自己了解自己的内心,用自己的力量使自己完整,才能获得自我的愉悦和两性关系的愉悦。

作为一个女人,为人女、为人友、为人妻、为人母,每一个角色都不轻松。女人这一生都在追寻幸福,而在女人追求幸福的过程中,无论处于人生的哪一阶段,都可能遇到一些波折和困扰,尤其是一旦遇到感情问题,很多女人就会变得萎缩,甚至溃不成军,拥有强大的内心对于女人来说相当重要。可以这样说,支撑女人走过一生的就是其强大的内心。

常常都是这样,同样的事发生在不同的人身上,影响和结果是不一样的。有的人反应剧烈,伤人又伤己,有的人三思而后行,心平气和,结局圆满。

有多少女人在遇事后,会先深呼吸,控制得住自己,能够驾驭自己需要一种强大的内心力量。

香港著名心理治疗师素黑说:"每个人在世界上都是孤独的,不管是男人还是女人,只有自己了解自己的内心,用自己的力量使自己完整,才能获得自我的愉悦和两性关系的愉悦。"

世上有千千万万个女人,就有千千万万种幸福。被大款一掷千金,享用着的,有着在金钱上的为所欲为,不可不谓幸福;蝇营狗苟,猥猥琐琐,踩着他人痛苦快乐的,不可不谓幸福。但只能说是快乐的幸福,高兴的幸福,这种幸福是禁不起岁月炙烤的,风吹过,徒留一地黯然,

最美不过
林徽因

因为没有坚强的支撑,幸福不会长久。因为她们是少了内心强大的人,她们或是唯唯诺诺,没有自我;或是哀哀怨怨,陷在一件可小可大的事里,挣扎在一段越理越乱的感情里不能自拔。一生没有个明白。

其实生活是一座熔炉,而真金是不怕火炼的。女人外表可以柔弱,但内心却要强大,即使不强大,锻炼也要把自己炼出坚强的品质。只要把自己的内心炼得像钻石一般坚硬,才经得起困难的打磨。同时,还要让自己像流水一样柔和,才能抵挡世俗的浸淫。

古今中外的才女,大多有着柔弱的风骨,而林徽因则是个外柔内刚的女子。出身优越的她,其实完全可以待在家里当阔太太,但她却选择了建筑这一艰苦行当,并在当时的历史背景下成为中国首席女建筑专家。

林徽因出生于江南,水乡赋予了她诗情画意与不尽的柔情,秋月春风的日月滋养,也造就了林徽因的温柔与聪慧。烟雨江南与倾城绝代的女子向来是绝妙的搭配。她的温柔让人对她的爱欲罢不能,所以才留下了大诗人"最是那一低头的温柔"这样经典的诗句。

她让自己的性情在社会生活中得到了足够的展露和磨砺。为了躲避战乱,在最艰苦的时候,林徽因和梁思成蛰居乡下,当时他们的生活很不如意,经常处于困顿的状况中,而林徽因又是贫病交加,这还不算,他们还常常需要面对生死考验,因为日本的轰炸机会时不时地从他们头上飞过。就在如此险象环生的情况下,林徽因却能泰然自若地在信里写下这样的文字:"思成是个慢性子,愿意一次只做一件事,最不善处理杂七杂八的家务。但杂七杂八的事却像纽约中央车站任何时候都会到达的各线火车一样冲他驶来。我也许仍是站长,但他却是车站!我也许会被碾死,他却永远不会。"

显然,这是她对正常生活的一种描述,战争的危机好像不会波及

第二章
心如阳光,你就是一道最美的风景

她,而日本的轰炸机也好像是个摆设似的。在如此危机四伏的背景下,她却依然柔情似水,这确实是一种境界。

"温柔要有,但不是妥协,我们要在安静中,不慌不忙地坚强。"林徽因这样说。温柔是有度的,而刚强则是不可逾越的底线,无论在什么样的境况下。

抗日战争爆发的1937年,林徽因从佛光寺调查归来,曾写信给在北戴河居住的女儿梁再冰说:"如果日本人要来占北平,我们都愿意打仗,那时你就跟着大姑姑去她们那边,我们就守在北平,等到打胜了仗再说。我觉得现在我们做中国人应该要顶勇敢,什么都不怕,什么都顶有决心才好……你知道你妈妈同爹爹都顶平安的在北平,不怕打仗,更不怕日本。"

林徽因的内刚是发自骨子里的,是种天不怕地不怕的强性情。

梁从诫回忆母亲时谈道:"有一次,我同母亲谈起1944年日军攻占贵州独山并直逼重庆的危局,我曾问母亲,'如果当时日本人真的打进四川,你们打算怎么办?'她若有所思地说:'中国念书人总还有一条后路嘛,我们家门口不就是扬子江吗?'我急了,又问:'我一个人在重庆上学,那你们就不管我啦?'病中的母亲深情地握着我的手,仿佛道歉似的小声地说:'真要到了那一步,恐怕就顾不上你了!'听到这个回答,我的眼泪不禁夺眶而出。这不仅是因为感到自己受了'委屈',更多地,我确实被母亲以最平淡的口吻所表现出来的那种凛然之气震动了。我第一次忽然觉得她好像不再是'妈妈',而变成了一个'别人'。"

这个有点弱不禁风的女子,她的外柔竟然是儿子眼中"平淡的口吻",而她的内刚则近似于一种大义凛然的气魄,而她是二者的有机统一体。可见,一个真正外柔内刚的人是经得起考验的,它是生命的本态,不会因受到外部的压力而中止。

最美不过
林徽因

真正强大的内心,是女人最有力的防护。现实世界中,没有什么稳定与不稳定,当然也不存在永恒,自己的心稳定、强大才是最安全的。真正的安全感是自己给自己的,这个事情不能依赖于任何人。

太多女人容易把快乐建立在依赖男人才能获得的基础上,要知道,这是非常危险的。人会变,事情会发展,如果舵盘不在自己手中,大半都是要卷入到生活的旋涡之中。无论发生什么事,自己都可以担当,并且能够找到令自己快乐生活的方式,这才是真正强大的内心。只有内心真正强大才能让自己真正快乐,也才能给别人带来快乐。

对于内心拥有强大力量的女人,没有任何事情可以将她打倒,也没有人能够伤害她。一个女人只要拥有了强大的内心力量,就可以变得非常自信,非常坚强,非常有魅力,有勇气面对一切挫折。

周慧敏就是这样的女人,看似柔弱、温婉,然而美丽的外表下,是一颗坚定、强大的心。

在自己最红的时候,周慧敏毫不犹豫地离开了五光十色的娱乐圈,和爱郎远走他乡。远离舞台、灯光,也远离了虚荣繁华。在那些寂寞的日子里,她画画、养猫、写字、弹琴,她说她不留恋、不后悔。

2003年后,她又一次出现在公众的视线,依然美丽,只做一些产品代言,也是半工作半闲暇,这是她让自己最舒服的方式:既有工作,又有生活。

再然后,就是她和倪震的一系列风波:出轨、分手宣言、闪电结婚,将她推上了风口浪尖。香港各大娱乐周刊都在头版登出倪震和惹火女郎的激吻照片,周慧敏一个星期足不出户,然后,她发表了一封公开信,她在信中说:"今天,我能够成为自爱、懂得爱人、拥有着无比勇气与承担的女人。请不要小看这个精神伴侣在我背后为我付出过的一切努力,没有倪震,成就不了今天的周慧敏。所以我敢大胆向各位说一

第二章
心如阳光,你就是一道最美的风景

句——我的伴侣绝对犯得起这个错误。"更让人跌破眼镜的是,她在分手信发出一个礼拜后,又迅速答应了倪震的求婚。

对于任何一个女人来说,这都算是非常难堪的事情,如果发生在普通女人身上,可能会带来毁灭性的打击。而41岁的周慧敏却淡淡地说:"看待这个事情,我真的没当做一件大事。"

2009年1月,他们举行了简单的婚礼。婚后的每一次亮相,周慧敏都落落大方,气质不凡。这些年,周慧敏一直致力于慈善与绘画,钢琴十级,而且散文写得也是一流,是个美貌智慧兼有的女人。最重要的是,她不简单,她是一个拥有内心力量的女人。

"女性如何才能令自己快乐呢?有自爱的能力,有担当,有照顾自己的能力。有了这些,就什么也不用害怕了。人生充满无常,要用平常心,不要靠一段关系、一些物质、金钱去给自己安全感。这些外来的东西,是没有用的。自己应该有能力去面对人生的困难,风平浪静,是幸运,但能够度过每个考验,才是幸福。"

这是周慧敏自己的领悟,对于所有的女人来说也都值得思考和借鉴。内心的力量是女人的软实力,在人生的风浪中,我们应该学会去修练内功——内心的力量。

其实,作为一个女人,没有人不希望做到外柔而内刚的,做事时表面上宠辱不惊而骨子里铮铮作响,这样的风度多么让人迷恋。不过这种本领也不是一朝一夕所能练就的。我们的性情很多时候是由我们的思维习惯、价值观和本能统合而成的。如何让自己的情绪和内心的感受以最佳方式释放出去,在这个过程中展示出真实的自己,这需要我们不断地学习。

面对当今越来越复杂、越来越纷乱的社会,在背负巨大心理压力的同时,我们经常还会碰到各种各样的困难和挫折,如失业下岗、家庭

最美不过
林徽因

变故、婚姻失败、学业不顺、经济困难等诸多问题。当这一切突如其来无法解决时,一切取决于我们内心是否强大。

是的,每个人的一生都会遇到诸多的不顺心,秉性柔弱的女人在遇到困境时,看不到前途的光明,抱怨天地的不公,甚至破罐子破摔,在精神上倒下;而秉性坚忍的女人在遇到困境时,能够泰然处之,认定活着就是一种幸福,无论是顺境还是逆境,都一样从容安静,积极寻找生活的快乐,不浪费生活的一分一秒,于黑暗之中向往光明,在精神上永远不倒。

所以,我们选择用外在的柔弱来"迷惑"他们的眼睛,用内刚来坚守自己的底线,进退自在,收放自如。当然,若想真正如林徽因一样做到外柔内刚,还需要不断地修炼和提升自己的素养,这样才能达到她的高度与境界。

"温柔要有,但不是妥协,我们要在安静中,不慌不忙地坚强。"温柔有度,而刚强则是不可逾越的底线。若想真正如林徽因一样做到外柔内刚,还需要不断地修炼和提升自己的素养,这样才能达到她的高度与境界。

第三章
秀外慧中,魅力源自你的底蕴

　　林徽因之所以能让诸多才子仰慕,除了她的外貌、穿着外,更重要的在于她的学识、才艺、气质、谈吐,这让她能够由内而外散发出一种人格魅力,而这些都是她从书香中熏染出来的。

　　外表的美丽经不起时光的雕琢,在岁月的洗礼中,总会渐渐褪色。唯有内在的光华,才能在时间的推移中,愈发地璀璨。女人固然该把美丽当成一辈子的功课,但在修饰容貌的同时,也要丰富自己的"内在"。因为,女人的容貌与形象是外在的气质,而内涵和修养则是女人内在的灵魂。

1. 不断地为自己充电

美国总统杜鲁门说过:"不是所有的读书人都是一名领袖,然而每一位领袖必须是读书人。"杜鲁门没有读过大学,但他从来没有停止过学习。与此相反的是,很多人认为,我们所需要的知识在学校就已经学过了,学习是学生的事。所以,很多人上班后就不再读书,不再学习工作之外的东西,往往把大把的时间浪费在闲聊与看电视上。

其实,想在事业上有所成就,我们应该学一些工作之外的新东西,以增强自己的综合素质,不断提高自己适应这个社会的能力。离开学校后,学习只能靠自己积极主动,因为我们缺少充裕的时间和心无杂念的专注,以及专业教师的辅导。

学习是一辈子的事,不论是在人生的哪个阶段,学习的脚步都不能有所停歇,要把工作视为学习的殿堂。我们只有学习、学习、再学习,才能不断丰富自己,不断提高自己。要想在当今竞争激烈的商业环境中胜出,就必须学会从工作中吸取经验、探寻智慧的启发以及有助于提升效率的资讯。

1994年,杨澜从一个学生成为《正大综艺》的节目主持人,把一个有着良好家教和较高文化素质的青春少女形象和富有女性细腻情感的职业妇女形象融合在一起,为我们创造了一种既高雅又本色,既轻松又令人回味的主持风格。在完成了《正大综艺》200期制作之后,杨澜跨越太平洋去了美国,攻读哥伦比亚大学国际传媒硕士学位。当时很多人都不理解,因为杨澜已经取得了成功,成为著名节目主持人,她完

第三章
秀外慧中,魅力源自你的底蕴

全可以在她的地位上享受着她已获得的荣誉。但是,越是有功底的人越能体会到功底和学识的重要,越能产生在功底和学识上进一步提升自己的渴望,所以杨澜离开了众人美慕的主持人职位,去美国读书,成为一名学生。当她再一次出现在媒体上时,她的形象发生了很大的变化。她的综合素质提升了,在自己的人生道路上又上了一个新台阶。

有人说,未来的职场竞争不再是知识与专业技能的竞争,而是学习力的竞争,一个善于学习的人,前途一片光明。你的知识对于职业发展是很有价值的宝库,所以,别让自己的技能落在时代后头。

当今社会,科技发展迅速,市场经济千变万化,对人才的需求也随之不断改变。在这个知识大爆炸的年代里,人才的竞争不再是学历的竞争,而是学习力的竞争,谁放弃学习,谁必将被社会淘汰,只有不断地为自己充电,才能在竞争中立于不败之地。

大凡在事业上有大成就的人,都是终身孜孜不倦追求知识的人。在漫长的人生经历中,不管境遇怎样改变,他们也不会放弃对知识的追求,学习既是获取知识的途径,又是在逆境中前行的精神支柱。他们真正地明白"学海无涯"的道理,知道知识无止境,学习也应该是没有止境的,学习使一个人的思想、心理和精神永远年轻,也使事业日新月异。

1924年,林徽因20岁,梁思成23岁。6月初,林徽因和梁思成前往美国。

7月,林徽因和梁思成到达康奈尔大学,他们利用暑假的时间补习功课,调整身心,适应新的环境,并准备9月份再到宾夕法尼亚大学建筑系注册。

两人补习了一个多月后,来到位于费城的宾夕法尼亚大学建筑

系。报道时,校方告知他们,为了便于学校的管理,建筑系只收男生,不收女生。原来,因为建筑系的学生经常需要在夜里作图画画,而一个女生深夜待在画室是很不适当的,学校管理也不方便,因此就不招收女生。

商量一番后,梁思成依然报建筑系,而林徽因便改报了美术系,同时选修了建筑系的主要课程。

虽说早就立志学习建筑,但林徽因在绘画、制图方面并没有什么基础,而梁思成至少还有清华美术社的底子,所以林徽因只能从头学起。她的悟性极强,对线与形的把握带有鲜明的个性特征,教绘画的老师也对她的这种能力十分赞赏。

林徽因学习非常努力,而基础学科的训练是刻板而近乎枯燥的。每当奔走在美术教室和建筑教室之间时,每当节假日美国的同学都外出度假或回家时,她就会抑制不住地想家,想北京,想亲人,还想新月社的友人。在美国的这段生活,她后来在给胡适的信中,用"精神充军"来形容。

1927年夏天,林徽因结束了宾夕法尼亚大学的学业,获美术学士学位,4年的学业她仅用3年就完成了。之后,她又继续为自己充电,转入耶鲁大学戏剧学院,在C.P.贝克教授的工作室学习了半年舞台美术,成为我国第一位在国外学习舞美的学生。这年2月,梁思成也完成了宾大课程,获建筑学硕士学位,转入哈佛大学研究生院研究东方建筑和美术史,完成博士论文时发现资料远远不够,须回国实地考察,拟两年后交博士论文。

在耶鲁,林徽因很快得到了教授和同学们的喜爱。宾夕法尼亚大学3年的学习,她打下了扎实的美术基础功底。经过繁复、精确的建筑设计训练后,林徽因的绘图设计能力远远高出学习舞美设计的其他同学。她学习起来十分轻松愉快、游刃有余。她本来热爱戏剧,又参加过

第三章
秀外慧中,魅力源自你的底蕴

戏剧演出,因此,在做舞美设计时,她能够身临其境地感受舞台上的戏剧空间,不仅考虑到舞台的视觉效果,还能考虑到舞台上场景的变换、演员的调度。

林徽因从小接受祖父祖母的传统教育,后又随父亲接受西学,到美国先后学习建筑及戏剧,由于她的兴趣广泛,对诗文也都有所涉猎,这正是因为她不断学习,为自己充电的结果。然而,现实生活中有许多人一旦离开学校,就不再继续学习了。

事实上,只有经常给自己充电的人,才能适应社会对人才越来越高的要求,使自己的事业更上一层楼。林徽因也正是因为她不断充实自己,并将各类丰富的知识触类旁通,应用于她的建筑事业,她才能成为中国近代最杰出的建筑家之一。可以说,如果我们不继续学习,就无法取得生活和工作所需要的知识,无法适应急速变化的时代,这样一来,我们不仅做不好本职工作,反而有被时代淘汰的危险。

2.坐拥书香,优雅源自于你的底蕴

著名作家林清玄在《生命的化妆》一书中说到,女人化妆有三层。其中第三层的化妆是多读书、多欣赏艺术、多思考、对生活乐观,培养自己美好的气质和修养,充实心灵,陶冶性情。的确,读书能为女人带来最美妙的时光,当她沉浸于书海中冥想或会心一笑时,可以称得上是人间最可爱的天使。

最美不过
林徽因

  林徽因之所以为林徽因,因为她先让自己成为一个"书女",而后成为一个著名的淑女。她的酸甜苦辣,她的喜怒哀乐,她的悲欢离合,都在书香中化作一个个耐人寻味的传奇故事。

  林徽因在民国初期就被认作"中国第一才女",出生于书香门第的她不仅是诗人、作家,还有教授、建筑学家等光辉的头衔,她是一个集多种才气于一身、吸收了东西方文化之精华的新时代女性。

  "你是一树一树的花开,是燕在梁间呢喃,——你是爱,是暖,是希望,你是人间的四月天!"这是林徽因创作的诗句,让多少人低回吟咏,它是这位奇女子才情的缩影。能够拥有如此成就,不是与生俱来的才能,这与她博览群书有很大的关系。

  出生于杭州陆官巷的林徽因,父亲林长民是清末民初政坛上的风云人物,其大姑母伴她走过了启蒙教育时代。林徽因异母弟林暄回忆道:"林徽因生长在这个书香家庭,受到严格的教育。大姑母为人忠厚和蔼,对我们姊兄弟亲胜生母。"这位大姑母为林徽因后来的成就埋下了最初的基石。

  由于父亲时常在外,林徽因六岁的时候就开始为祖父代笔给父亲写家信。祖父去世后,父亲常在北京忙于政事,全家人住在天津,时年十二三岁的林徽因几乎成了家里的主心骨,早早地承担起了家庭的责任。定居北京以后,林徽因进入教会办的贵族学校——培华女子中学读书,这所教风严谨的学校令林徽因受到了良好的教育。

  但凡优秀的女子,一般都有着良好的幼年教育,长大后,拥有一定的文化意识,所以才拥有日后旺盛的才气与气场。

  1920年春,林徽因随父亲远赴欧洲。林长民告诉女儿:"我此次远

第三章
秀外慧中，魅力源自你的底蕴

游携汝同行，第一要汝多观察诸国事物增长见识；第二要汝近我身边能领悟我的胸次怀抱；第三要汝暂时离去家庭烦琐生活，俾得扩大眼光，养成将来改良社会的见解与能力。"这是林父对女儿的期望。

林徽因坐在去欧洲的船上，面对大海，她有生以来首次扩大自己的视野，世界的宽广令她胸襟大开。

抵达欧洲之后，天资聪慧的林徽因源源不断地汲取来自异域文明中的文化养分，扎实的英文功底使她能轻松翻看英文书籍。与英国人沟通之余，也能自由地阅读，她研读萧伯纳的剧本，并逐渐领略到欧洲文学的真谛。

吸纳不同国家文明的结晶，的确能够延展我们的思路，培养更科学的思维方式，为我们待人处世、考量世界提供了更多的参照系。

后来，林徽因考入了爱丁堡的圣玛丽学院。在这之前，父亲为她雇了两名教师辅导她英语和钢琴，所以在这所学校，她的英语口语更加娴熟、纯正了。同样是在伦敦，受女建筑师的影响，林徽因确定了投身于建筑科学的志向。

读万卷书，行万里路，人们的所见所闻会改变人的一生。林徽因的这段经历，其实是她光彩人生的前奏曲。

徐志摩发现，十几岁的林徽因读过很多书，能和他一起谈论作家的作品，甚至是外国的原著，这令他感到很吃惊。的确，当时的林徽因对文学作品的理解能力超出了同龄人很多倍。当徐志摩告诉林徽因他最喜欢的诗人是拜伦、雪莱和济慈时，林徽因居然能立即用英语背诵出他们的作品来，这也可能是徐志摩对她产生浓厚兴趣的主要原因之一吧。

林父说，林徽因的博闻强记令人惊异，无论是济慈、雪莱，还是勃

最美不过
林徽因

朗宁、叶赛宁、裴多菲、惠特曼,在以林家为中心的小文坛上,如果有谁记不住、背不出的诗句,林徽因都能准确无误地背出来。当她用英文朗读诺贝尔奖获得者、爱尔兰诗人叶芝的《当你老了》这首诗时,在座的陈岱荪、金岳霖也被感动得泪流满面,可见其阅读功底之深厚、感染力之强。

曾几何时,我们远离了书香,或忙于工作,或忙于家庭琐事,读书已经成为一件奢侈的事情。给自己一点点时间,让自己徜徉在书的世界里,在字里行间汲取营养,为自己的人生增添一份内在的韵味。

一本好书,就像一座灯塔,会在茫茫黑夜中给我们指明奋斗的方向。莎士比亚说过:"生活里没有书籍,就好像生命没有阳光;智慧里没有书籍,就好像鸟儿没有翅膀。"由此可见,书籍在我们生活中多么重要。读书可以让女人更优雅,好书可以滋养人们的心灵,让你不断完善自己。

作家毕淑敏在《读书使人优美》中这样写道:"读书是最简单的美容之法,读书是在聆听高贵的灵魂自言自语。想要美好的女人,就去读书吧!不需要花费太多的钱,只是需要花费很长的时间。可若能够持之以恒,优美就会像五月的花环,在某一天飘然而至,簇拥女人的颈间。"

不管是终日忙于工作,还是照顾家庭,这些都不该成为剥夺一个女人个人时光的理由。女人想要在岁月的冲刷中保持最初的光华,就要不时地充实思想,在床头为自己放一本书。

曾有人说,假如一个女人有十分的美丽,可若少了书的相伴,她就会失去七分的魅力和韵味。有一种女人算不上倾国倾城,却散发着独特的魅力,纵使素面朝天地走进浓妆艳抹的女人中间,也会格外地引人注目。她的吸引力,不在于外表,而在于那份深邃的气质,那份浑身流溢的书卷气息。

第三章
秀外慧中,魅力源自你的底蕴

有这样两姐妹,姐姐身材高,脸蛋美,如花似玉,但街坊邻居觉得她有些轻浮。妹妹个子矮,鼻子塌,邻居都叫她"丑小鸭"。姐妹两人长相差距很大,个性也大相径庭,唯一相像的地方就是两人脸上都长有雀斑。

姐姐经常去做美容,每月的工资几乎都花在了美容上。她觉得脸上的雀斑是个遗憾,想尽办法遮盖它,然而美容却遮盖不住她心中的俗气,与其交往的人不久就会厌倦她,因为她眼中除了美容就是钱。

妹妹则喜欢读书,每逢假日必去书店。她的工资除了生活中必要的花销外,几乎都用在了买书上。她读了很多书。她从英国诗人艾略特的书中品尝出人生的深奥,眉宇间增添了思考的睿智;从海伦·凯勒的书中咀嚼出战胜自我的力量,从自卑的困扰中走了出来;从中国古典名著中学会了做人的谦恭,使她多了一分书卷气。

时间久了,妹妹的言谈举止中自然流露着一种脱俗的魅力,连她脸蛋上的雀斑也显得格外俏皮。很多人都愿意与她交往,有一些疑难问题也都爱找她帮助,慢慢地,她的朋友也多了起来,成了大家关注的焦点。

高尔基说:"学问改变气质。"读书是气质、精神永葆青春的源泉。读书又是不分年龄界限的,年年岁岁都是读书女人的芳龄。和书籍生活在一起,永远不会叹息。知识是最好的美容佳品,书是女人气质的时装。书会让女人保持永恒的美丽。书更是生活中不可缺少的调味品,让你感在其中,品在其中,回味无穷。

当今社会,聪明的女人俯拾皆是,品学兼优、相貌端正、家世显赫、知书达理、个性温和的女子也大有人在,她们不管走到哪里都是一道靓丽的风景线。她们可能貌不惊人,但却有一种内在的气质:幽雅的谈

最美不过
林徽因

吐超凡脱俗,清丽的仪态无须修饰,那是静的凝重,动的优雅;那是坐的端庄,行的洒脱;那是天然的质朴与含蓄混合,像水一样柔软,像风一样迷人,像花一样绚丽……这一切都源于读书,要读书,好读书,读好书,女人修内首先要读书,读书可以汲取很多从古到今的精华。时间长了,我们的骨子里会增加更多的从容、淡定、自信与坦然,当岁月老去,收获的是从容与优雅。

她是一个很特别的女孩。无论遇到什么事,哪怕是他人摆出一副咄咄逼人的架势,她也从不会轻易动怒。她总是莞尔一笑,给人以岁月安好的宁静。她的心如水般平静,从不对谁说刻薄的话,也不会议论别人的是非,更不会在心里怨恨任何人。对于情感,她像是一朵洁白的雪莲花,不会给爱情和爱人附加任何条件,她的爱简简单单,纯纯粹粹。

她的房间里,有一面书墙,摆满了各式各样的书。她最喜欢的是一套三毛文集。她说她向往三毛与荷西的爱情,看她的文字,就像领略一段别样的旅行,字字句句都透着真善美,透着对生活的热爱。这一切,无时无刻不在敲打着她的心。

她喜欢那些有深度的作家,就像毕淑敏,向来对生命存着敬畏和关爱,教她领悟活着的可贵以及珍惜的含义。看过《预约死亡》之后,她真的去了附近的临终关怀医生,从那里走出的时候,她满眼含泪,心情沉重之余多了一分对生命的敬重。

书架上的书,是她的天堂,是她的世界。渡边淳一的《失乐园》,塞林格的《麦田里的守望者》,米兰·昆德拉的《生命不能承受之轻》、西蒙·德·波伏娃的《第二性》,鲍·瓦西里耶夫的《这里的黎明静悄悄》全是她的朋友,她的导师。

每读一本书,她都会精心写下一些感悟。这些感悟,或发在豆瓣

第三章
秀外慧中,魅力源自你的底蕴

上,或自己收藏。她觉得这是心灵的收获,是生命的无价之宝。

有书陪伴的日子,她觉得生命一直在被养分滋润着,吸取着天地间的精华,让心灵开出动人的花。书,是她精神上的导师,是她心灵上的翅膀,让她能够自在地翱翔,也给了她水一样的温婉性情,透明却真实,温柔却不软弱。

她已经35岁了,有家,有孩子。可这一切,并没有打乱她的书香世界。她的书墙,就是她的精神领地,那是一个没有人能够占据的世界。她坚信,未来的十年、二十年,在书的滋养下,她会比现在更从容、更自信、更优雅。

书香中的女子是温和的、善良的、宁静的。书给了女人富有女人味儿的底蕴,给了女人温文尔雅与善解人意,令女人成为男人心目中永远的亮丽风景。

岁月沧桑,时光荏苒,摧毁的可能是女人的容颜,厚厚的粉底也无法掩盖逝去的青春,曾经的美丽已不再,再好的脂粉恐怕也难修饰布满皱纹的面容。但时间再无情,也削不去"书女"的风姿,也无法冲淡书香里走出来的女子的雅致和轻盈。

一个聪明的女人懂得从书本中增加自己的知识与见识。读书的女人是有魅力的,魅力是女人的护身符,它是比美丽更有价值的东西。女人的美丽会因岁月的漂洗而褪色,花开花落终有时,而女人的魅力却会因岁月的淘洗而放出耀眼的光华,会因岁月的深藏而散发出醉人的醇香。

3.培养几样让自己着迷的爱好

有时候,人不一定拥有物质上的满足就会活得幸福,也不一定得到爱情的滋润就会称心如意。有时候,精神上的满足比任何物质都充实,内心饱满的生活才会充满意境。

女人一定要有几项兴趣爱好,比如画画、看书、做瑜伽、听音乐、唱歌、看风景……运用其中一两样兴趣爱好来陶冶性情,修心养性,提高一下自己的生活品味和素质,同时还能自得其乐,也能给自己带来健康和美丽。

对于林徽因来说,建筑学肯定是她的工作,而这位兴趣广泛、能力超群的文化名人,会画画,也会作诗,还会演戏。

现在人大都知道林徽因和梁思成一样是建筑界的专家,是国徽的设计者之一,但很少有人知道并认真读过她的诗、散文、小说或剧本。在20世纪30年代初,她受新月派的影响开始写诗,她的诗很美,善于用充满意象的语言描绘自然景物,是中国现代文学史上公认的杰出的三位福建籍女作家之一,另外两人是冰心、庐隐。

林徽因的文学作品加起来不过10来万字,主要有《你是人间四月天》、《谁爱这不息的变幻》、《笑》、《清原》、《一天》、《激昂》、《昼梦》、《瞑想》等几十首诗篇;话剧《梅真同他们》;短篇小说《窘》、《九十九度中》等;散文《窗子以外》、《一片阳光》等。其中代表作为诗歌《你是人间四月天》,以及小说《九十九度中》。但这仅有的一点东西,按后人的评价,"几乎是篇篇珠玉"。虽然写的不算多,但她的写作必是由

第三章
秀外慧中,魅力源自你的底蕴

心坎里爆发出来的,不论是悲是喜,必得觉得迫切需要表现时才把它传达出来。

汪曾祺就曾如是称赞林徽因:"她是学建筑的,但是对文学的趣味极高,精于鉴赏,所写的诗和小说,如《窗子以外》、《九十九度中》,风格清冷,一时无二。"

林徽因的诗虽然早在1937年就准备出版,但因为抗日战争爆发而迟迟未见动静,直到陈钟英、陈宇在1985年编纂出版了《林徽因诗集》,共收集了55首1931年到1948年她所写的新诗,这些诗绝大部分发表在20世纪三四十年代的报刊上。

林徽因的小说虽仅有六篇,但已具有鲜明的艺术特色,文体上纯正、雅致,语言简洁,描写精细,审视题材深刻,结构内容周密,表现手法理智而隽永,可见到她受中国古典小说和西方现代小说的内在影响,已形成一种兼有古典意味的现实主义风格。她"通过自己的小说、剧本和散文,是有意识地要对当时她所观察到的社会现实有所反映",在京派诸多名家之中,既反映京派的一般风貌,又卓然自成一家,她作品中的柔曼、温婉自是杨振声、沈从文、萧乾、师陀这些男性作家所不具备的,即使京派中同为女性的凌淑华与她也大异其趣。其艺术的精湛,甚至在不少颇负盛名的女作家之上。

1934年5月,林徽因和朋友自费创办了纯文学性质的杂志《学文》,如卞之琳所说,"这个刊名,我也了解,是当时北平一些大学教师的绅士派头的自谦托词,引用'行有余力,则致以学文'的出典,表示出余性质"。该刊的另外几位主要成员,如闻一多、叶公超都是文学专业的教授,而林徽因作为业余性质的小说作家,活跃在他们这个圈子之中。

在林徽因的"太太客厅",她经常朗诵诗歌或自己喜爱的作家与作品,并不刻意回避,这也是林徽因作为一个文学家的特质。梁从诫谈到林徽因朗诵时的情景说:"特别是在她自己朗读的时候,常常像是一首首隐去了曲谱的动听的歌。"遗憾的是,大概没有多少人有幸听过女诗人的朗读。

对于戏剧,凡林徽因的朋友,几乎不约而同地提到过她对戏剧的狂热。卞之琳说林徽因"酷爱戏剧";费慰梅说"戏剧曾强烈地吸引过她";梁从诫也说"母亲始终是一个戏剧爱好者"。费慰梅曾经说过,林徽因热衷于戏剧,并不限于传统戏曲还是新剧,而是一种兼容并蓄式的爱好,她"疯狂地喜欢梅兰芳","为能把传统戏曲带进20世纪节奏的前景而喜欢"。而对新剧,在当时尚属新生,林徽因也算开风气的实验者之一。

1924年泰戈尔访华,父亲林长民以半百年纪登台与女儿林徽因同演泰氏名剧《奇特拉》,当时《晨报》连篇累牍地介绍演出状况,称赞"父女合演,空前美谈"。虽为"美谈",但在大庭广众下抛头露面出演爱情戏,在当时是很不被人理解的,林徽因的作为,就得不到梁启超夫人李蕙仙的谅解。

林徽因在1927年获得宾夕法尼亚大学美术学士学位后,就转往耶鲁大学戏剧学院学习舞台美术设计,她是认认真真地把戏剧当做了艺术来对待。

回国后,林徽因在研究古建筑之余,也一直不忘对戏剧的尝试。这种努力,主要体现在新剧的创作以及舞台美术设计两个方面。1937年,林徽因创作的四幕剧《梅真同他们》发表于《文学杂志》,这是她的第一部也是唯一一部剧本创作,剧本描写了在"五四"运动的思想启蒙下,大户人家的丫头梅真所经历的独特的人生际遇,以及由此带来的爱情悲剧和人生悲剧。

虽说是四幕剧,但实际上《梅真同他们》只写出三幕。抗战后,林徽因中断了她的写作计划,不少热心的读者曾追问林徽因,梅真后来怎

第三章
秀外慧中,魅力源自你的底蕴

样了?林徽因笑答,抗战去了。

　　同时,作为在国外学习舞台美术设计的第一人,林徽因还曾经为天津南开新剧团公演的话剧《财狂》担任舞美设计。她以舞台美术的专业素养、不俗的眼界与功力,为舞台剧作美术设计,一生就只此一次,但这唯一的一次,就值得纪念,更别说她匠心独具的设计。《财狂》公演,使林徽因获得了如潮的好评,再次成为报界关注的焦点。

　　不论是诗、散文、小说还是戏剧、舞台美术,对林徽因而言都是兴趣爱好,她的广泛兴趣让她对生命充满了热忱,也很少有人能像林徽因一样,在诸多领域获得那么大的成功和赞誉。她是把她的兴趣爱好玩出了高雅,玩出了格调。

　　兴趣爱好是一个人的精神食粮,支撑着女人的精神世界。它犹如女人心灵的一块绿洲,在人生旅途干涸的时候,滋润慰藉女人的心灵,它不但能陶冶女人的情操,培养女人的气质和修养,让女人除了为人妻为人母外,还能高质量地生活。

　　人总是会累的,在生活的海洋里漂泊,总有需要靠岸的时候。爱人可能会离去,金钱可能会散尽,朋友可能会疏远,那么你的兴趣爱好,就能成为你最后的港湾,心灵永久的栖息之地。女人的爱好,即使只有一样,也能在和他生气的时候让自己开心,在事业不顺的时候给自己勇气,在被遗忘的时候找回信心,这就足够了。

　　米兰与丈夫结婚三年,终于有了自己的小宝贝。知道自己怀孕的米兰既有欢喜也有忧。她不愿意舍弃自己工作了五年的单位,又不愿意忍受拥挤的交通,挺着肚子上班。两者选其一,她反复纠结,在脑海里形成了挥之不去的阴影。

　　丈夫劝她不要外出,安心在家养胎。她虽然不情愿,却还是辞职

最美不过
林徽因

了。久而久之,就养成了习惯,每天在家里收拾,看看电视。日子如同反复重播的录像带,枯燥乏味。"没意思",成了她的口头禅,听得丈夫耳朵都起茧子了。

一天,她照例对着丈夫抱怨"生活也太没意思了"。丈夫就问她:"那你为什么不找点有意思的事情做呢?"

"你以前不是一直想学钢琴的吗?那个时候我们没有钱,现在刚好你没有什么事,不如就开始学钢琴吧,以后也好教我们的孩子。"

米兰听后恍然大悟,原来自己的生活太缺乏如此的爱好了。没有自己的爱好,犹如灵魂少了一些血肉,只剩生活这副骨架了。就这样,米兰开始每天在家里练习钢琴,从最基本的入门开始,一天一天练下去。从此,她迷上了钢琴,爱上了钢琴。

十月怀胎,女儿出生后,她已经能够弹奏一整支完整的曲子了。看着熟睡的女儿,看着认真弹琴的妻子,丈夫说:"生活从来没有像现在这样温馨且令人陶醉。"

女人一定要培养一些自己的兴趣。难过的时候,兴趣是你最好的老师,引导你走出心底的忧伤;快乐的时候,兴趣是你的密友,分享你的甜蜜;乏味的时候,兴趣是你的恋人,给你恋爱时的激情;寂寞的时候,兴趣是你的亲人,伴你走过最孤独的心路历程。

用你的兴趣爱好,以另一种方式融入这个世界,融化在人们心底柔软的深处。也许,你会在茫茫人海中找到知音,找到有心灵共鸣的那个人,即使没有,孤芳自赏未尝不可,同样能给自己带来一份优雅,一份宁静,一份淡泊,一份宽容。

伟大的思想家罗兰曾经说过:"当你所做的事情是你自己的爱好时,你会发现你做起事情来就会事半功倍,爱好能够让人变得聪明,爱好也能够给人们带来动力,做自己喜欢做的事情就会在行程中得到快

第三章
秀外慧中,魅力源自你的底蕴

乐,在困难中得到鼓励!"

女人有了自己的兴趣爱好,生活就不会那么紧张。修身养性,提高生活品味,乐在其中,是一件很舒心的事情。从这些爱好中寻找乐趣,寻找情调,寻找生活的色彩,就能让原本美好的日子更加闪闪发亮。

4. 智慧谈吐,让好口才为气质加分

西方一位哲学家说:"思维的浅陋让我们的语言变得粗俗而有失精准;而语言的随意凌乱,又使我们更易于产生浅薄的思想。"

很多女性和朋友,或者和陌生人在一起交谈时,常常说出没有涵养的话,甚至是自己都觉得无话可说,这样往往让别人也不乐意和她继续交谈。

女人说话有内涵,别人才会被你吸引,自己的气质才会变得更有魅力。

主要从事女作家研究、女性文化名人研究的中国文化研究所研究员张红萍在《林徽因画传——一个纯美主义者的激情》一书中说:"当朋友们散去之后,她的音容、表情,特别是她的观点、见解,让朋友们感慨不已。下一次,朋友们又会为她的魅力、见解吸引而来,这些聚会几乎成了朋友们的精神食粮,成为这个小圈子的生活方式。去徽因的客厅聊天,意味着单调生活的中断,新的活力和激情的注入。生活中的一点点涟漪,让人们回味无穷。这样具有激情、才华、创造力的女子,在中

最美不过
林徽因

国四平八稳的传统社会中,就像夜空中闪亮的星星,让人景仰、愉快、幻想。"

就是这样一个精致的女子,她用自己的无穷魅力吸引着一大群高端朋友。

张红萍又在书中写道:"……等到周末,她把自己一周的趣闻、生活经历、工作情况、思考所得出的思想、阅读书籍的内容和感受讲给朋友们听。她从来没有把自己的时间浪费在无聊的事情上,也没有因为需要抚养儿女、支持丈夫、操持家务就放弃自己的专业和追求;她从没有忘记过自己心灵的追求,也没有屈服于社会、他人的舆论而放弃自己的生活方式。当别的女人不由自主地接受传统思想的熏陶束缚自己时,当别的女人心甘情愿地接受社会现实的安排,安于在家相夫教子时,她有意识地挣脱了男权社会安排给女人的命运和角色。当她与中国最优秀的男子高谈阔论的时候,当她的足迹踏遍祖国的山山水水,当她流连忘返于世界名胜古迹,当她奋笔疾书的时候,别的女人依旧在做着传统的女性角色要求于她们的毫无创造性的事情,屈服于生活,或喟叹自己的命运。"

一个精致的女子,总是能恰到好处地处理好各种关系与自己的各项事务,她总能守护住那个可爱的自我,总能遵循自己为自己制定的生命路线去生活。

金岳霖面对采访者如此坦言:"我所有的话,都应该同她自己说,我不能(与别人)说,我没有机会同她自己说的话,我不愿意说,也不愿意有这种话。"这位默默爱了她一生的哲学家,对这样一个女子,有着太多太多的情愫,一个几近完美的形象,一直存在于他的内心深处。

林洙说:"我从梁家出来感到既兴奋又新鲜。我承认,一个人瘦到她那样很难说是美人,但是即使到现在我仍旧认为,她是我一生中见到的最美、最有风度的女子。她的一举一动、一言一语都充满了美感,

第三章
秀外慧中，魅力源自你的底蕴

充满了生命力，充满了热情。她是语言艺术的大师，我不能想象她那瘦小的身躯怎么能迸发出那么强的光和热……"一个精致的女子是美的化身，她永远爱自己的生活，对生活永远充满热情。

如果，女性在和他人交谈的时候，多是大白话或者是很直接的言语，有时候甚至让人无法接受，别人会觉得你很粗俗。一个粗俗的女人在他人眼里是没有任何气质可言的，所以，女人要想表现出自己的气质，那么在和别人交谈时话语要有内涵，这样才会给人你肚子很有"墨水"的感觉，也会被你的谈吐所吸引。

夏禾很喜欢读书，所以她没事的时候常常会去图书馆泡上一两个小时。她对书没有特别的偏好，不管是军事题材还是小说，都能读上一些。一般情况下，夏禾只要开始读一本书，哪怕不睡觉她都要把它读完。

也许是书看的比较多，所以很多东西她都懂，经常会说出一些很有哲理的话，让别人觉得她很有才，也很有学问。因此，很多人也都愿意和她交谈，觉得和她谈话很愉快。

当朋友遇到事情的时候，也都愿意和夏禾说说，听听她的见解。时间久了，她就变成了大家口中的才女，也因此结识了很多朋友。

在与人交谈的时候，我们更愿意与说话很有水平的人交谈，认为那是一种语言上的享受，也能从中学到很多东西。因此，要想吸引别人，就应该做个说话有内涵的女人。生活中，基本没有一个目不识丁的女人是有内涵的，有内涵的话语是建立在深厚学识基础上。反则，再好的话题也会成为"无源之水，无本之木"，给人淡而无味的感觉，自然也就没有办法吸引别人了。

有气质的女人在和他人交谈时，会引用一些名人说过的话或者是

事迹,来展现自己说话的内涵。但是,一定要和当时的话题相符。如果不加考虑的死板硬套,只会给人滥竽充数的感觉,而不是很有内涵的表现。

麦小麦是个很爱表现自己的人,和朋友在一起时,她总是喜欢引用一些典故,以显示她很有学识。

一次,麦小麦在和朋友一起聊天的时候,借用了名人的典故来高谈阔论,结果大家都笑了,因为她用错了典故。但麦小麦并没有觉得自己错了,依旧在那里绘声绘色的讲着,这让她的朋友很反感。

之后,大家再在一起聊天的时候就很少叫麦小麦了,也很少再和她联系,就算她主动去找别人,别人也都对她爱答不理的。

生活中,无知的引用往往会成为别人的笑料。所以,女人在借用别人的话时,要注意是否合适。要知道,并不是任何一句名人名言都适合你们谈论的那个话题。再有内涵的话,有时候也需要场合。如果,女性和别人交谈的时候,还说着上个世纪的流行语,那么在别人眼里她是没有内涵的,是过时的"土老帽"。因此,说有内涵的话,也要紧跟时代发展的脉搏,从而来吸引别人。

一个女人如果只知穿着打扮,而两耳不闻窗外事,那么只要她一开口说话,别人就会发现她的肤浅。所以,女人要在生活中加强对知识的积累,来丰富自己的语言。阅历、感情的感悟都可以丰富女性的内心,这些积累起来的"养分",能帮助女性提升自己语言的内涵。

有人说过:"会说话的人,会让自己变得更完美,反则,会把自己贬到无知的边缘。"所以,女性在和别人交谈的时候,口吐莲花才能吸引人,也才会让人发现自己语言的气质。如果你在和他人交谈的过程中,依旧只是白话而没有实质的内容,那就赶紧充实自己吧。

第三章
秀外慧中,魅力源自你的底蕴

5.走出去,看真实的世界

书本知识也是前人的体验,在我们不能去亲自体验的时候,这些书本知识就是知识体系的重要部分。每个人的能力和资源都是有限的,许多事情不能去亲自体验,还有的我们也不可能去体验,如古代历史、名人交往、风险体验、历史事件等,我们只能通过书本间接体验。

不过,如果条件允许的话,我们能够亲身体验的事情,最好尽可能去体验。因为前人的描述不一定完全准确,别人的体验也有不同的角度,亲自的体验更能体会身临其境的感觉。如摄像机拍得再美好,也不如自己真的走过;如充满挑战性的事情再刺激,还是自己去亲自试过才过瘾。虚拟的生活永远不能代替现实的体验,你要知道一道菜的味道怎样,光是看它的卖相,听食客的评价,你永远不知道它合不合你的胃口,只有你自己尝过,才能真正了解它的味道。

古人云:"读万卷书,行万里路。"这句话不仅仅是用来劝诫一个人要多读书,也告诫人们要多出去走走,增长见识。

林徽因的睿智多识,享誉至今。走近她你会发现,这一路走来,是她一次又一次地突破地界、突破眼界、突破心灵,才促成了那个坚定执著、无畏无惧的林徽因。

向久远的年代回顾,还只是个5岁女娃的林徽因,随祖父母、姑母迁居蔡官巷。在一处清静悠然的宅院里,大姑母林泽民第一次将书

最美不过
林徽因

本摊开在她的面前。她睁着天真的眼睛,打量着泛黄的纸页,心里想的却只是玩耍。

南京临时政府成立后,随之而来的是父亲工作上的调动,随即全家人移居上海,住在虹口区金益里。已经到了上学年纪的徽因,同表姐妹们一起,在附近的爱国小学,开始了她的学生时代。

没过几年,再次举家迁居天津,林徽因告别小学生的天真烂漫、童言无忌,正式升入英国教会创办的培华女子中学。欢快活泼的林徽因,课上多了份认真,课下则与姐妹们嬉闹玩耍,带着懵懂少女的小情怀,感受着不一样的时间和地点所带来的生活变化。

搬迁、转学,也许是稀松平常的事情,然而新奇事物带来的新鲜感和冲击感,终会以不同的形式印刻在她的心里,成为日后游弋的起点。

如果说在一国之内,频繁地变换城市,还只算得上是通向大千世界小小的一步,世界地图在她面前,暂且只是展露一个小角落而已,那么,接下来的异国之旅,则完全自由了她的身体,拓宽了她的眼界。

出国读书求学,是青涩的林徽因梦寐以求的事,她急切地想要出去走一走、看一看,远隔重洋的世界,是否真如别人口中或书本中所描述的那般光怪陆离、变幻多端?她想要去弄清楚,想要揭开这神秘的面纱。

出国游学的机会,并没有让她等太久。

1920年,林徽因16岁,正是含苞待放的年纪,对一切都充满热情和好奇,渴望离开原地,去到不曾去过的地方,拥抱不熟知的情怀。

这一年春天,父亲应邀赴英讲学,一向聪明乖巧的林徽因,自然成为他重点栽培的对象。她与父亲先是来到瑞典参加国联会,紧接着又马不停蹄地由法国转道英国,在阿门27号住下后,观光旅行就

第三章
秀外慧中,魅力源自你的底蕴

迫不及待地开始了。

巴黎、日内瓦、罗马、法兰克福、柏林,这些在当时国人中鲜有人知的名字,以及一路上充满异域风情的景色和建筑,一一定格在林徽因的脑海里,给了她耳目一新的感觉。

西方的古典建筑与东方存在着巨大的差异,这令她惊奇不已。她的目光久久注视着眼前或沉静或奔放的建筑,品味着其中的韵味,内心的感触正在慢慢升华。

这些从未真切感触过的景象,落在林徽因的眼里、心里,让她冲破了地域,与世界建立起新的联系,她也开始用新的眼光去审视所处的世界。这片广阔的天地,不仅开阔了她的眼界,更为她架起了通往世界的桥梁。

女人,就该不时地走出去,到不同的地方,与不同的人交谈,看不同的风景,体味不同的人生。虽然依旧是同一片蓝天下,但身处异乡异地,感官上的体验必然带动心灵上的触动。

此时,才会惊觉,生活了几十年的那片小天地,并不是这个世界的全部;缠绕在周身的杂七杂八,以及剪不断的束缚和羁绊,也并不是人生的全部。

看清这一切,放下执拗与虚妄,才能继续坦然前行。

备受鼓舞的林徽因,9月结束旅行,回到伦敦,收回放飞的心思,以优异的成绩考入圣玛丽女子学院,正式开启了她第一次短暂的游学之旅。

对林徽因来说,21岁时与梁思成一道奔赴大洋彼岸的美国,在宾夕法尼亚大学求学的经历,才是真正放开了手脚,越过了中西方的隔阂,找到了适合自己成长的新土壤。

最美不过
林徽因

　　正是这片土壤,给予她新的知识和新的视角,她小心翼翼、一点一滴地重新认识世界,了解世界,为周边的一切重新定义。

　　那时,去建筑系学习是林徽因的愿望,可惜宾夕法尼亚大学建筑系不招收女学生,为此她只好退一步,选择了美术系。

　　扎实的功底和优秀的成绩,使她一入学就上了三年级,由于美术系与建筑系同属美术学院,加上梁思成在建筑系,她也就得以顺利旁听建筑系的课程,满足了心愿。也恰是这旁听,为新中国培养了一位杰出的建筑学家。

　　身在异国他乡的林徽因,充实着自己的大学生活,与同为留学生的闻一多一起,参加了"中华戏剧改进社",志在将中华戏剧发扬光大。

　　1927年,结束宾大学业,获得学士学位后,对戏剧心存向往的林徽因,进入耶鲁大学戏剧学院,跟随著名的G.P.帕克教授学习舞台设计,由此成为中国第一个在国外学习现代舞台美术的女留学生。

　　得天独厚的天赋、扎实的美术和建筑基础,加上天生一副热心肠,每逢交作业时,她便成了救人于水火的菩萨。在这崭新的领域内,林徽因收获了寻常人难得一见的景致,这是她曾经未能留意的世界。

　　做女人,一定不要将自己禁锢,不论是身体,或是心灵。如果没有去其他地方走走,又怎会知道,还有与今时今日不同的生活?怎么会了解,可以有不同于以往的活法?

　　身体被束缚,是可怕的。看惯了身边的种种,就算是闭着眼睛也能行动自如,也正因如此,才无法领略别处的花开花落;心灵被束缚,更是可怕。没了想要探寻新事物的念想,安于柴米油盐的琐碎生活,忘记了身为女人,有权利去享受丰富多彩的生活。要想看清一切

第三章
秀外慧中,魅力源自你的底蕴

真实,就需要不断地去体验、去比较、去品尝新事物,不断刷新眼睛与心灵。

美国式生活让林徽因眼界大开,朋友们对此却有些担忧,徐志摩曾担心异国生活会宠坏林徽因,让她变得不像她。他说得对,可惜只说对了一半,她的确已不是最初的她,只是3年的异域生活,没有将林徽因宠坏,反而通过增长的见闻,使她从北京四合院里那个爱做美梦,带着一丝虚荣的大小姐,蜕变成了可独当一面的女人。

行万里路,可以体验风土人情、文化传统、风俗习惯、美味佳肴、大好河山、酸甜苦辣。旅途中的点点滴滴,那青的山、绿的水、从未看到过的动植物以及旅途中种种未知的一切,都充满新奇与乐趣。旅途中的观摩、游玩能丰富自己的知识,能开拓视野、丰富体验,能增加经历。行万里路,收获的不仅是知识和技能,还有与人相处、独立思考和处理问题的能力。

从民国时代走出来的文艺女青年们中,林徽因是个例外。站在梁启超、胡适、梁思成、徐志摩、金岳霖、费正清、沈从文等人中间,她用自己的学识,敏锐犀利地评述着中国古老的建筑与文学。

林徽因和梁思成到了云冈石窟,着手考察石刻艺术中所表现的北魏建筑。

那时的云冈因为地处偏僻,几乎没有什么游人。空旷的山崖上没有一棵树,田野里的庄稼也长得稀稀落落。在这里,林徽因和梁思成陷入了找不到住处的窘境。饭店、旅馆、公共设施,甚至连车马店也没有。他们只好住在农户家,房子没有门窗,没有一件家具,只剩下露天的屋顶和透风的四壁。

这里昼夜温差很大,中午穿单衣,夜里盖棉被还嫌冷。吃饭也就在农家搭伙,每天的主食都是煮土豆和玉米面糊糊,偶然吃到一点

最美不过
林徽因

咸菜就算佐餐佳品了。生活工作条件很差,但他们的工作情绪却很饱满。

他们考察了云冈诸窟的平面及其建筑年代,考察了石刻中所有表现的建筑形式。工作繁重而琐细,因为所有石窟的碑碣都已漫没不存痕迹,需要他们根据洞窟石刻的手法进行考证。但他们工作得认真而兴致盎然。

这只是林徽因走过的其中一站而已。从1930年到1945年,他们夫妻二人共同走了中国的15个省200多个县,考察测绘了200多处古建筑物,很多古建筑就是通过他们的考察得到了世界、全国的认识,比如河北赵州石桥、山西的应县木塔、五台山佛光寺等。而对山西的数次古建筑考察,使梁思成破解了中国古建筑结构的奥秘,完成了对《营造法式》这部"天书"的解读。

一个人若想得到大知识、大视野、大境界、大雄心、大成就,就必须不停地走。一滴水,只有流动才能从溪到河,从河到江,从江到海。

走出去,可以接触到繁华与竞争,从而学会生存的技能;可以结识很多读过万卷书的人,得到提炼之后的营养;也可能遭遇很多敌人与坏人,从此明白人间正道是沧桑;还可能撞上很多机会,学会如何取舍。走出去,你会学到很多。

想知道苹果的味道,就自己去品尝。书上写得再好,视频上拍得再动人,别人说得再生动,都不如亲自品尝来得印象深刻,那就是人生体验。人的知识,一是源于学习别人的知识,二是源于自己的人生体验。过去知识贫乏,现在知识爆炸,所以,过去的人,体验多于知识,现在的人,知识多于体验。有的人喜欢学习书本知识,有的人喜欢体验式生活,前者想象力丰富,后者人生阅历广泛,往往阅历比想象更加重要。

第三章
秀外慧中,魅力源自你的底蕴

世界究竟是何种面貌,需要女人自己去摸索。

困在一方小天地里的女人,久而久之,思维模式会变得固执而呆板,看待事物的眼光也是传统而刻板的。以前坚信的,或许并不完全正确,而一旦陷入自己判断中,看不到差别,也就无从看到真实。

女人,抽个时间,出去走走吧。将许久未能拥有的自由,还给身体和心灵。以新的姿态去迎接,去承受,去感受真实的世界和自我。

第四章
吐气如兰,举手投足间尽显迷人本色

　　一个女子,她很温柔,很妩媚,她有智慧,善解人意,同时她也很幽默,令与她相处的人总感到如沐春风,这样的女人无疑是非常有吸引力的,她就是林徽因。

　　物以类聚,人以群分,你选择什么,就会成为什么。做一个独具芬芳、聪慧优雅的女子,获得他人的尊重与认可,你的魅力便锐不可挡了。

第四章
吐气如兰,举手投足间尽显迷人本色

1.具有幽默气质的女人更有人气

　　聪明的人不一定幽默,但幽默的人一定聪明。幽默是一种风度、一种优雅,一个没有幽默感的女人就像鲜花没有香味,只有形没有神,少了几分灵活的韵味。幽默是一种智慧的表现,具有幽默感的女人可以化解许多人际间的冲突或尴尬,往往能使人怒气难生,亦可带给别人快乐。

　　美国著名作家阿加莎·克里斯蒂同比她小13岁的考古学家马克斯·马温洛结婚后,有人问她为什么要嫁给一个考古学家,她幽默地说:"对于任何女人来说,考古学家是最好的丈夫。因为妻子越老他就越爱她。"这一巧妙的解释,既体现了克里斯蒂的幽默感,又说明了他们夫妻关系的和谐。

　　英国思想家培根说过:"善谈者必善幽默。"幽默的女人魅力就在于:话不需直说,但却让人通过曲折含蓄的表达方式心领神会。第二次世界大战结束后,英国女王伊丽莎白到美国访问。当记者问她对美国的印象时,女王回答道:"报纸太厚,厕纸太薄。"一句话让记者们哄堂大笑。但笑过之后,人们开始发现了伊丽莎白的语言意味深长。幽默不仅是女人的说话技巧,更是女人的智慧,这种智慧中蕴涵着一种宽容、谅解以及灵活的人生姿态。

　　幽默往往是女人有知识、有修养的表现,是一种高雅的风度。大凡善于幽默的人,多是知识渊博、辩才杰出、思维敏捷的人。她们非常注意有趣的事物,懂得开玩笑的场合,善于因人、因事而开不同的玩笑,令人能耳目一新。

最美不过
林徽因

费正清和费慰梅的信用了三个月时间,经过战时曲折而漫长的邮路,从美国到重庆,从重庆到宜宾,从宜宾到李庄,终于到了他们手中。林徽因、梁思成和金岳霖喜悦地传阅着。在这里,每收到一封信,就像过节一样令人高兴。

林徽因给费正清和费慰梅写回信那天,一队日本轰炸机正从李庄上空飞过,她的信里充满了乐观和幽默:

……尽管我百分之百地肯定日本鬼子肯定不会往李庄这个边远小镇扔炸弹,但是一个小时之前这27架从我们头顶轰然飞过的飞机仍然使我毛骨悚然——有一种随时都会被炸中的异样的恐惧。

……我们很幸运,现在有了一个农村女佣,她人好、可靠,非常年轻而且好脾气,唯一缺点是精力过剩。要是你全家五口只有七个枕套和相应的不同大小和质地的床单,而白布在市场上又和金箔一样难得,你就会看到半数的床单和两个枕套在一次认真地洗涤之后成了布条,还有衬衫一半的扣子脱了线,旧衬衫也被揉搓得走了形。这些衬衫的市价一件在40美元以上。在这个女佣人手里,各种家用器皿和食物的遭遇都是一样的。当然,我们尽可能用不会打碎的东西,但是看来没有什么是不会碎的,而且贵得要命或无可替换。

思成是个慢性子,愿意一次只做一件事,最不善处理杂七杂八的家务。但杂七杂八的事却像纽约中央车站任何时候都会到达的各线火车一样冲他驶来。我也许仍是站长,但他却是车站!我也许会被碾死,他却永远不会。老金(正在这里休假)是那样一种过客,他或是来送客,或是来接人,对交通略有干扰,却总是使车站显得更有趣,使站长更高兴些。

……

林徽因写好信,叫金、梁二人过来看,问他们要不要给费正清和费

第四章
吐气如兰,举手投足间尽显迷人本色

慰梅写几句话。

金岳霖看了林徽因的信,便接着写了几行幽默的附言:

当着站长和正在打字的车站,旅客除了眼看一列列火车通过外,竟茫然不知所云,也不知所措。我曾不知多少次经过纽约中央车站,却从未见过那站长。而在这里却实实在在既见到了车站又见到了站长。要不然我很可能把他们两个搞混。

梁思成读完林徽因的信和金岳霖的附言,在信的末尾也幽了一默:

现在轮到车站了:其主梁因构造不佳而严重倾斜,加以协和医院设计和施工的丑陋的钢板支架,经过七年服务已经严重损耗,从我下面经过的繁忙的战时交通看来已经动摇了我的基础。

费正清和费慰梅在华盛顿收到了林徽因的信,读着信里的文字,感受到她的艰苦和不妥协的幽默,好友费慰梅哽咽得说不出话来。

信写在几张不同质地、大小不一的纸上,这些纸发黄发脆而且薄。费慰梅猜想,也许这些纸是包过肉和菜的,可以想象他们物质的匮乏。信纸上的每一小块空间都充分利用了,整封信没有天头,没有地脚,甚至也不分段,字写得小而密集。最后一张只有半页,那余下的半页纸可能是被裁下来留做别的用途了。这样一封信,封面所贴的邮票却非常贵。可以想见,为了寄这封信,林徽因一定用去了家里一大笔开支。

说话幽默的女人,对于生活的态度总是积极向上的,对于自身也是充满力量和自信的。因为只有内心满怀希望,才能由衷地发出笑声、彰显魅力。跟这样的女人在一起是轻松的、快乐的、有情调的。

幽默是一种真正的生活智慧,是经历了动荡和挫折,依然保持的一种达观、积极、决不轻言放弃的人生态度,既不自怜自艾,也不妄自菲薄,现代女性的魅力往往因此而生。一个懂得幽默的女子往往看上

最美不过
林徽因

去会更加性感,因为这意味着她聪明、善解风情,并且还有勇敢的自嘲精神。

幽默可以使女人在交际场上压倒别人,还可以缓解沉闷紧张的气氛,使大家拥有一个快乐、融洽、亲切、祥和的氛围。幽默是上天赐予女人的美丽法宝,不仅能传递出她们心理的欢愉,也是她们赠送给世界的一份美好礼物,可以让身边所有的人保持愉快心境的同时,也深深折服于女人的美丽智慧。

如果一个女人很聪明,说明她很有智慧;如果一个女人吸引别人,说明她很有魅力;而如果一个女人懂得幽默,那就说明她很有人气。而这样的女人无疑是最有气质的,她幽默的话语不仅可以让异性折服,也可以让同性乐意和自己交往。因此,具有幽默感可以让女人在气质上更有人气。

蔚蓝是个很幽默的女人,她常常一两句幽默的话都可以让大家笑上很久。也是因为这样,她的身边总是有很多的朋友。

一次,几个朋友约好了要去看望高中时候的班主任。可是大家在外面等了好久,一直换衣服的蔚蓝都没有出来,足足有半个小时后,她出来了。"磨叽什么呢?不知道我们都在等你吗"蔚蓝看到大家不高兴了,于是就苦着说:"我的衣服又瘦了,对不起啦,改天把衣服喂胖点好了。"

当她把这句话说完的时候,大家都笑了,而且刚才还在埋怨她的人也觉她很有才。于是,大家一起愉快地去看班主任了。

生活中,大家都愿意和有幽默感的女人交谈。因为,有幽默感的女人会让人感觉到亲切,交流的时候可以很快乐而没有拘束感。懂得适时幽默的女人,在交际中所散发出来的智慧会让他人情不自禁地向她

第四章
吐气如兰,举手投足间尽显迷人本色

靠拢。女人可以没有魔鬼的身材,华丽的装束,只要她善于用幽默的语感说话,那么她也可以成为众人的焦点。

培根曾经说过:"善谈者必善幽默。"其实,女性的幽默魅力在于,拐个弯的说话,让别人通过含蓄的表达来心领神会。善于创造幽默的女性,在职场中可以如鱼得水,在生活中可以左右逢源,都会拥有一份有人气的气质。

幽默的女人是智慧的,因为幽默必须具备一定的文化底蕴,此外,还需要灵气,所以,但凡幽默的女人总是兼具才气与灵气。

幽默的女人是乐观的,因为幽默的机智反应并非只是能言善道,而是当身处险境之时,不会因此沉沦丧志,总能开朗豁达、从容不迫。

幽默的女人是可爱的,她总是能适时地在一汪清水之中激起点点涟漪,使得平日里琐碎的生活增添几分韵味与情趣。

许多人认为幽默是上帝赋予的先天能力,后天无法获得。其实,幽默是可以学习的。生活中幽默无处不在,你得睁大眼睛、竖起耳朵,去观察、去聆听。当你有足够的技巧和用创造性的新意去表现你的幽默时,你就会发现自己不仅置身于幽默世界中,人际关系也由此顺畅起来了。

2.优雅的谈吐让你的气质更迷人

优雅的谈吐就像整洁的仪表,会使人觉得十分愉快。如果你能习惯运用文雅的辞令,即使偶尔开个玩笑,说些俏皮话,对方仍旧能够感

受到你内在的涵养、气质,而乐于与你交谈。

相反的,如果你行为举止草率,满口粗语,则会让对方认为和你谈话是件辛苦的事,甚至是浪费时间。因此,平日应该练习谈话的技巧和优雅的举止,给对方留下良好的印象。

一个女人说话是否有魅力,直接影响到她是否对对方具有吸引力,也关系到她是否具有良好的人缘,同时还影响到她能否自如地与别人说话,并表现出足够的自信。谈吐优雅的内容是十分广泛的,说话的内容,说话时的选词造句,说话的语气、语调,说话时的身姿、手势、表情等,诸如此类的种种因素都可以反映出一个女人说话是否有魅力。

态度大方、谈吐优雅的女性,身上仿佛有一种神奇的"气场",即使是初次见面的人,也会被她所吸引,而她本人也会因之拥有更好的舞台和更大的空间。

要想做一个有魅力、谈吐优雅的女人,首先必须培养自己良好的说话风度。所谓说话风度,是一个女人的内在气质在言语上的表现,是一个人涵养的外在表现。使自己的说话具有风度,是增强自己说话魅力的重要途径。良好的说话风度,往往具有很大的吸引力。但同时要注意,不要为了风度而风度,结果反让自己显得矫揉造作或搔首弄姿,毫无风度可言。你应该按照自己的个性、身份,以及说话的对象和说话的场合,适宜地讲究自己的风度。

身为"太太客厅"的女主人,林徽因拥有优雅的谈吐与机智迷人的辩论能力,这使得她成了这个舞台上不折不扣的中心人物。

林洙在《梁思成、林徽因与我》一书中写道:"梁家每天四点半开始喝茶,林先生自然是茶会的中心,梁先生说话不多,他总是注意地听着,偶尔插一句话,语言简洁、生动、诙谐。林先生则不管谈论什么

第四章
吐气如兰，举手投足间尽显迷人本色

都能引人入胜，语言生动活泼。她还常常模仿一些朋友们说话，学得惟妙惟肖。她曾学朱畅中先生向学生自我介绍说：'我(é)知唱中(朱畅中)。'引起哄堂大笑。"

"有一次，她向陈岱孙先生介绍我说：'这个姑娘老家福州，来自上海，我一直弄不清她是福州姑娘，还是上海小姐。'接着她学昆明话说：'严来特使银南人！'（原来她是云南人！）逗得我们都笑了。"

可见，林徽因在"客厅"里是幽默风趣的，她的幽默风趣使大家获得了一种空前的放松与释怀，尤其是在那样的灰色岁月中，这种不同寻常的谈吐给大家留下了良好的印象。

林洙在书中说："她是那么渊博，不论谈论什么都有丰富的内容和自己独特的见解。一天，林先生谈起苗族的服装艺术，从苗族的挑花图案谈到建筑的装饰花纹。她又介绍我国古代盛行的卷草花纹的产生、流传；指出中国的卷草花纹来源于印度，而印度的来源于亚历山大东征。她指着沙发上的那几块挑花土布说，这是她用高价向一位苗族姑娘买来的，那原来是要做在嫁衣上的一对袖头和裤脚。她忽然眼睛一亮，指着靠在沙发上的梁公说：'你看思成，他正躺在苗族姑娘的裤脚上。'我不禁噗哧一笑。"

优雅的谈吐蕴含着丰富而广博的知识，这个有才华的女子把渊博的知识与她幽默风趣的个性恰到好处地融合到了一起，令人难忘。

林徽因被后人喻为"一个人文符号"，是"中西文化的完美融合"和"中国知识女性的杰出代表和光辉典范"，而她可能并不在乎这些光环，觉得自己不过是做到了一个真实的自己而已。

其实，现代女性在打造自己的形象、把大把时间花费在服饰与美容上的同时，还应该培养得体优雅的谈吐，在人际交往时会增添女性的魅力。优雅的谈吐是女人内在精神气质与修养的外射，它更能表现

一个女人的良好气质,从而给人留下深刻而美好的印象。

蒙娜丽莎的微笑成了一个永恒的经典,它告诉人们,优雅是一种永不过时的时尚。法国有句格言说得很好:"优雅是年龄的特权。"其实女人更应该如此,随着年龄的增大,女人在变老中应该掌握优雅的艺术,从而消除岁月对青春的侵袭,通过优雅的谈吐让自己变得更加出色,更加迷人。

优雅的谈吐是女人的制胜法宝,不管是在职场,还是在日常的生活中,它都会为女人提升人气、增加气场。

的确,说话是一门艺术,因此就要求女人们要学会塑造自己,学会讲话。那么,谈吐优雅需要我们注意哪些细节呢?这可能没有一个标准的答案,我们且借着林徽因的成功经历,给大家提供一些借鉴。

女人要想练就优雅的谈吐,首先态度要诚恳,保证在向人传递思想感情的时候,别人收到的是真诚的信号,别人的内心是舒服而愉悦的,因为它代表了对对方的尊重。我们在向别人表示祝贺或者赞美时,如果嘴上说得妙不可言,但透过表情会很低,他甚至可能已经把你否定掉了。

其次,女人在谈吐中还是要发挥自身优势,比如饱含温情。把自己的温柔体现在语言里,让人如沐春风,让大家对自己的一言一行都能心领神会,给人一种善解人意、为人解忧消愁、让人觉得轻松释怀的感觉,那就能自然而然地获得对方的好感与青睐了。

有一位女士,家境非常富裕,不论是财富、地位、能力、权力及漂亮的外表,都没有人能够比得上,但她却郁郁寡欢,连个谈心的人也没有,于是她就去请教一位禅师,如何才能具有魅力,以赢得别人的欢喜。

禅师告诉她道:"你能随时随地和各种人合作,并具有和佛一样的

第四章
吐气如兰，举手投足间尽显迷人本色

慈悲胸怀，讲些禅话，听些禅音，做些禅事，用些禅心，那你就能成为有魅力的人。"女士听后，问道："禅话怎么讲呢？"禅师道："禅话，就是说欢喜的话，说真实的话，说谦虚的话，说利人的话。"女士又问道："禅音怎么听呢？"禅师道："禅音就是化一切声音为微妙的声音，把辱骂的声音转为慈悲的声音，把毁谤的声音转为帮助的声音，哭声闹声、粗声丑声，你都能不介意，那就是禅音了。"女士再问道："禅事要怎么做呢？"禅师道："禅事就是布施的事，慈善的事，服务的事，合乎佛法的事。"女士更进一步问道："禅心是什么心呢？"禅师道："禅心就是你我一如的心，圣凡一致的心，包容一切的心，普利一切的心。"

女士听后，一改从前的骄气，在人前不再夸耀自己的财富，不再自恃自我的美丽，对人总谦恭有礼，对眷属尤能体恤关怀，不久就被夸为"最具魅力的施主"。

优雅的谈吐是少不了幽默感的，幽默感会增强语言的磁性，像林徽因一样在言谈中流露出幽默、温和、风趣的风格，也显示出女性活泼俏皮的一面，她并不是唇枪舌战、咄咄逼人，而是通过率性而幽默的表达，给人以轻松愉悦的感受。

所谓"腹有诗书气自华"，所以，女人一定要增加自己的内涵，多看看人际交往方面的书籍，多和谈吐优雅的人交朋友，在潜移默化中自己也会谈吐优雅起来。

对于女人来说，优雅的谈吐是一种境界，它是女人社交能力的外延，也是女人智慧、气质、才智的体现。让我们用好声音去征服世界吧，让我们的优雅谈吐像磁场一样，为我们赢得更多好感、更多人气和更多青睐的目光。

3. 做话题的"引领者"

在众人心目中,林徽因向来都是一个群体的中心。无论是对她向往的普通人,还是加入她沙龙的客人,她在众人心中的画像,总是一群优秀的男人抬头仰望着她,并用称赞的话语烘托着她,让她显得眼波灵转,顾盼生姿。之所以给众人留下这样的形象,主要得益于在众人心中她总是话题的"引领者"。

她才华横溢,思维敏捷,一旦讲起话来,总是滔滔不绝。从文艺到建筑、从哲学到字画,从美学到舞台设计,她总有极强的艺术悟性和独到的见解,为此,她总是话题的"垄断者",一旦开口,旁人便很难插上话,颇有交际圈话题"女王"的风范。

对于林徽因驾驭话题的能力,萧乾有这样的评价:"她话讲得又多又快又兴奋。徽因总是滔滔不绝地讲着,总是她一个人在说,她不是在应酬客人,而是在宣讲,宣讲自己的思想和独特见解,那个女人敢于设堂开讲,这在中国还是头一遭……"

费慰梅在回忆录中写道:"其他老朋友会记得她是怎样滔滔不绝地垄断了整个谈话。她的健谈是人所共知的……她的谈话同她的著作一样充满了创造性。话题从诙谐的轶事到敏锐的分析,从明智的忠告到突发的愤怒,从发狂的热情到深刻的蔑视……她总是聚会的中心人物,当她侃侃而谈的时候,爱慕者总是为她那天马行空般的灵感中所迸发出的精辟警语而倾倒。"

这是那个时代中流砥柱们的思想交锋,在寻找认同感的过程中,林徽因扮演了绝对的主角,她几乎是整场谈话的垄断者。

第四章
吐气如兰,举手投足间尽显迷人本色

参加过聚会的陈愉庆说:"因为做过肾脏手术,她的身体非常虚弱。后人总说她是大美女,其实那时她已经瘦得吓人。但她总是目光如炬、神采奕奕,盯着你看的时候,有种非凡的魅力。"

可见,林徽因之所以能掌握话题主动权,不是因为她的言辞多么厉害,也不是因为她有多么好的口才,而是她本身就具有非凡的魅力。

陈愉庆说,在高谈阔论之后,他们经常会兴致勃勃地演戏。如果兴致来了,梁林夫妇与沙龙的朋友们,便会用英文对读莎士比亚或萧伯纳的台词,还会背诵济慈、勃朗宁、雪莱的诗句。

并不是所有人都有能力掌握话题的主动权,你得有拿得出手的真本事才行。

在"太太的客厅"里,林徽因一直是唯一的女主角,就连她的丈夫梁思成也只能扮演忠诚的聆听者的角色。梁思成因此打趣道:"你一讲起来,谁还能插得上嘴?"林徽因说:"你插不上嘴,就请为客人倒茶吧!"

林洙在《大匠的困惑》中回忆道:"记得在梁家的茶会上,林徽因有一天和客人们谈起天府之国的文化。林徽因说梁思成在调查古建筑的旅途上,沿途收集四川的民间谚语,已记录了厚厚的一本。梁思成说,在旅途中很少听到抬滑竿的轿夫们用普通的语言对话,他们几乎都是出口成章。两人抬滑竿,后面的人看不见路,所以前后两人要很好地配合。比如,要是路上有一堆牛粪或马粪,前面的人就会说'天上鸢子飞',后面的人立刻回答'地上牛屎堆',于是小心地避开牛粪。"

梁思成说:"别看轿夫们生活贫苦,但却不乏幽默感,他们决不放过任何开心的机会。要是遇上一个姑娘,他们就会开各种玩笑,姑娘若有点麻子,前面的就说'左(右)边有枝花',后面的立刻接上'有点麻子才巴家'。"

最美不过
林徽因

林徽因接上来说:"要是碰上个厉害姑娘,马上就会回嘴说'就是你的妈'。"大家都笑了。林徽因又说:"四川的谚语和民谣真是美呀!只要略加整理就能成为很好的诗歌与民谣,可以把它编一本《滑竿曲》。"

要想不坐冷板凳,光有一肚子诗书是不够的,还要有别人所没有的所见所闻与丰富多彩的生活,有故事可讲,永远保持新鲜感,做一个制造话题的高手。

为什么林徽因身上的光环较之其他人更多一些?甚至后人关注她的私人生活远远大于她作为建筑师或者诗人、作家本身?这和她在客厅里时刻掌握话题的主动权多少有些关系。别人的关注度都在她身上,后人也只是承接了那些人的目光而已。

林徽因在客厅里虽然掌握话题的主动权,垄断了谈话,但她同时也为创造北平的安宁、自由的文化繁荣开创了一种新形式和一个平台,她也以其自身的参与和成就,为丰富那个时代的中国文化史贡献出了自己的力量。

这位富有激情、思想、才华和创造力的女子,在任何时候,都没有因为需要抚养儿女、支持丈夫、操持家务而放弃自己的心灵追求和生活要求,更没有因为屈服于社会对女性角色的定位、他人的舆论而放弃自己的生活方式。可以说,在当年"太太客厅"中,她不仅是话题的"引领者",更是自我命运的引领者。这样的女人在社交圈里,很难不引人注目,这样的女人更让人仰慕和钦佩。

要想像林徽因一样在朋友圈里受欢迎,就要敢于做话题的引领者,而不是做"被动"的聆听者。当然,要引领话题首先要提升自我文化修养,只有以深厚的文化底蕴做基础,才能引出得体、有涵养的话题来。

同时,在公众场合,要做话题的"引领者",首先掌握的原则是要调

第四章
吐气如兰,举手投足间尽显迷人本色

起听者的好奇心,你所讲的话题是和大家或者现实生活密切相关的,比如当下最热门的新闻、话题、社会现象等。此外,在诉说的时候,也要有一定的幽默和风趣,有笑且有料的语言才能引起人们的关注。

我们要对自己所讲的话有深切的感受,或者干脆就是我们自己所亲身经历过的,这样才有话可以讲。林徽因经常讲自己的亲身经历,她就很容易把自己的感情色彩加进去,从而让语言表达更具趣味性和生动性。如果我们讲的话是别人的,或者对话题内容没有特别偏爱的情感,讲出来是假的、不真实的甚至不真诚的,听众就很难感兴趣。如果我们有实际的接触与体验,对它充满热诚,就容易给人以真实感,让人产生深刻的印象。

有人曾经这样问前美国驻意大利大使理查·华须本·乔尔德,成为一位意趣无穷的作家的成功窍门在哪里?他回答说:"我非常热爱生命,因而无法静下来不动,只是觉得必须告诉人们这点而已。"讲自己的东西,永远是真实的,也永远能打动人心。

此外,永远不要用沉默来回应别人的调侃或打压,也永远不要正面去回应。沉默表明我们默认了,或者我们理屈词穷了,不知道如何回答别人的调侃。正面回应一般表示我们很在乎别人对我们的看法,一旦辩解,我们就落入了努力使自己达到别人设定的标准的框架中。

出现这样的情况,我们就要大大方方地表现出自己不在乎的态度,并以此来暗示这是对方的问题,回应要简短有力,并且及时转换话题。

另外,真诚永远是掌握话题主动权不变的主旋律。有位女士,相貌出众,说话流畅清晰,也很有文采,但是在她一番高谈阔论之后,人们都说:"太虚伪了。"她给人一种轻浮的感觉,在她满口漂亮的言辞里面,不能让人读出一点真诚,大家只能远远地避开她。

林徽因对客人先是诚心地邀请,又讲出自己的理解与见地,同大

家分享亲身经历过的事情,始终充满了真诚,自然能给大家以亲近感。

当然,我们还要有热情。林徽因"已经瘦得吓人","但她总是目光如炬、神采奕奕",永远充当别人激情的点燃者。杜纳德和艾林诺·雷尔德在他们所著的《有效记忆的技巧》一书中说:"罗斯福总统活泼愉快地走过一生,带着一分雀跃、活力、冲撞和热情。这些是他的标记。他总是对自己处理的一切事情兴味深厚,浑然忘我,或者他装得很像是这个样子……表现热烈,这样对自己所做的一切便会热烈起来。"

其实一个演讲家未必是一个领袖人物,但领袖人物绝对是一个演讲家。我们要想不坐冷板凳,掌握话题的主动权,就要努力让自己成为一个演讲家。

4.重视别人,别人才会重视你

为什么有些人总是不能获得别人的喜欢呢?为什么有些人总是形只影单,少朋缺友,但有些人却是高朋满座,朋友遍天下,非常受欢迎?他们的秘诀是什么呢?

20世纪30年代,林徽因住在北京东城总布胡同3号的四合院,每到星期六下午,梁氏夫妇就穿过金岳霖的小院子,进入金家内室,在这里有一群老朋友们在此聚会,高谈阔论。而每到下午4点的喝茶时间,金岳霖便会从小门走进梁家聚会,当时,梁家被人戏称为"太太客厅",金岳霖家则被称为"湖南饭馆",这两个均是当时北平有名的沙龙。

第四章
吐气如兰,举手投足间尽显迷人本色

这是一个男人的世界,但林徽因在这里却如鱼得水,常来参加聚会的包括胡适、徐志摩、沈从文等文艺界名流,也包括因讲原则、直率而给人深刻印象的张奚若,和对国际事务很感兴趣、且很尖锐的中国政府分析家钱端升两位政治学家,高个子、高贵而不苟言笑的经济学家陈岱孙,还有两位年长一些的教授——出身哈佛,带领中央研究院小组在安阳发掘殷墟的人类学和考古学家李济和曾在伦敦留学的中研院社会研究所所长、社会学家陶孟和,这些人如同建筑学家梁思成和逻辑学家金岳霖一样,无一不是现代主义者,各自在其领域峥嵘头角。到了星期六,有些人的妻子也会出席,参与热烈的谈话。

人与人的相聚、相处,本身就是一种缘分。不管是谁,每个人都希望自己是个受欢迎的人。许多人以为,要成为一个受欢迎的人只要和蔼可亲、面带微笑就可以,其实不然,要做个受欢迎的人可不是件容易的事。

林徽因是极为珍视朋友、重视友情的,这也是她一生都不缺朋友、无论走到哪里都能被众人围捧的主要原因。

用李健吾的话来说,她生得一副赤热的心肠,对周围熟悉或不熟悉的朋友都犹如自己的家人一般,给予热心关怀和悉心的照顾。她第一次见到初入文坛的萧乾时便对他的文章给予了热心地鼓励:"你是用感情写的,这很难得。"后来,时隔几年,在萧乾到香港续编《文艺副刊》时,林徽因仍遥遥地给他以指点和支持。在抗战后,当萧乾再次见到林徽因,她依然热情万分。关于此,萧乾自己也这样说:"徽因是极重友情的。关于我在东方学院教的什么、在剑桥学什么的、在西欧战场的经历,她都一一问到了,而她也把别后八年她们一家的经历,不厌其详地讲给我听。"林徽因用热心和热情换来了萧乾对她的爱戴,使萧乾成为她家中文艺沙龙的常客之一。

最美不过
林徽因

在林徽因结识的朋友中,除了萧乾,沈从文、林洙等也都得到过林徽因的悉心帮助。这位善良且重情义的女人,不断地用爱和温暖浸润着曾在她生命中驻足过的人,亦让这些人都以与她结识为荣,并在她去世时纷纷写文纪念,以文字的形式为后人塑造了一个风华绝代的林徽因。

在林徽因诸多的朋友中,费慰梅是与她关系最为亲密的知己好友之一。1932年,林徽因、梁思成夫妇结识了美国朋友费正清和费慰梅夫妇,两家恰巧住在同一条胡同里,费正清说:"中国对我们产生了巨大的影响,而梁氏夫妇在我们旅居中国的经历中起着重要的作用。"

费慰梅与林徽因有着相似的家庭背景,同时,两人又有着极为契合的兴趣爱好,再加上林徽因的热心,两人一拍即合,经常在家中进行推心置腹的交谈。

在林徽因心情不好的时候,费氏夫妇便拉上她到郊外去骑马,林徽因在马背上的坐姿真是帅极了,连号称美利坚骑士的费正清也叹为观止。这些密切的交往,都给费慰梅夫妇留下了极好的印象,令她们回国多年后仍旧对林徽因念念不忘。

费慰梅为林徽因做了很多重要的事情,尤其是在李庄,她给林徽因的帮助,让其一家人度过了极为困窘的时期。2002年,92岁的费慰梅安详地离世。据说,她的追思礼的程序单内页,除了印着自己年轻时的照片,还印着林徽因所作的一首小诗。她一直记挂着这位早她离世的挚友。可以想象,当初林徽因是以怎样的热情赢得了这位友人始终如一的记挂和惦念。

可以说,林徽因的生命中,始终都是不缺朋友的。在她生活的文化圈子里,她永远是受人瞩目的中心,亦是圈子的灵魂,无论走到哪儿,

第四章
吐气如兰,举手投足间尽显迷人本色

都有大批的朋友跟随。

1938年,国立西南联合大学的学生陆陆续续来到昆明。林徽因一家早早就来到昆明,随后,一批朋友也跟随而来。他们有的坐汽车,有的徒步行走,还有的是从越南绕行的。张奚若、赵元任、金岳霖、闻一多等一大批文化精英又一次相聚昆明,这给林徽因带来了莫大的欢喜。她热情地关心每一位朋友,充满兴奋地对朋友费慰梅写道:"我喜欢听老金和奚若笑,这在某种程度上帮助我忍受这场战争。这说明我们毕竟是同一类人。"在流亡的日子里,这些文人的生活都很拮据,许多人只剩下身上穿的一套西装或一件长袍,即便有住房,也是家徒四壁。不过,相互间的处境都差不多,在战火与厮杀的边缘上,"同一类"聚在一处,这多少给林徽因一些心灵上的温暖,即便在此期间,她吃了很多苦,但是因为亲友俱在,让她的内心异常富足,照样每天谈天说地,成为朋友中呼风唤雨的中心人物。

关于此,她在给费慰梅的信中写道:"我花了十一天的工夫才了解到处于特殊境遇的朋友们在昆明是怎样生活的……加深了我们久别后相互之间的了解。没用多少时间,彼此之间的感情就重建起来,并加深了。我们用两天时间交谈了各人的生活状况、情操和思想。也畅叙了各自对国家大事的看法,还谈了各人家庭经济,以及前后方个人和社会状况。尽管谈得漫无边际,我们几个人(张奚若、钱端升、老金和我)之间,也总有着一股相互信任和关切的暖流。更不用说,忽然能重聚的难忘的时刻,所给予我们每个人的喜悦和激奋。"

由此可见,林徽因是极为重视友情的,可以说,朋友是她的精神食粮,能抚慰她心灵和精神上的愁苦,能让她生命焕发夺目的光彩。正因为她对友谊的珍视,也换来了诸多朋友的青睐,给了她充分施展自我才华的空间,亦给予了她无微不至的关照和牵挂。

17世纪的英国诗人约翰·堂恩在《钟为谁鸣》一诗中说:"谁也不能像一座孤岛,在大海里独处,每个人都似一块小小的泥土,连接成整个陆地。如果有一块泥土被海水冲走。欧洲就会缺其一,这如同一座山峡,也如同你的朋友和你自己。"因此,在与人相处中,要想受到欢迎,就应真诚地关心别人、重视别人。

纽约电话公司曾就电话对话做过一项调查,看在现实生活中哪个字使用频率最高。在500个电话对话中,"我"这个字使用了大约3950次。这说明,不管你是什么人,不管你实际状况如何,在内心中都非常重视自己的。

张强的工作是为强生公司拉顾主。顾主中有一家是药品杂货店,每次张强到这家店里去的时候,总要先跟柜台的营业员寒暄几句,然后才去见店主。有一天,张强到这家商店去,店主突然告诉他今后不用再来了,他的店不想再卖强生公司的产品了。张强只好离开商店,他开着车子在镇子上转了好久,最后决定再回到店里,把情况说清楚。

走进店里的时候,张强照常和柜台上的营业员打过招呼,然后再到里面去见店主。店主见到他很高兴,笑着欢迎他回来,并且比平常多订了一倍的货。张强对此十分惊讶,不明白自己离开店后发生了什么事。店主指着柜台前的店员说:"在你离开店铺以后,卖饮料的男孩走过来告诉我,说你是到店里来的推销员中,唯一会同他打招呼的人。他告诉我,如果有什么人值得做生意的话,那个人应该是你。"店主同意这个看法,从此成了张强最好的雇主。张强说:"我永远不会忘记,关心、重视每一个人是我们必须具备的特质。"

第四章
吐气如兰,举手投足间尽显迷人本色

关心别人,重视别人必须具备高尚的情操和磊落的胸怀。当你用诚挚的心灵,使对方在情感上得到温暖、愉悦,在精神上得到充实和满足,你就会获得和体验到一种美好、和谐的人际关系,你就会拥有许多朋友。

5.女人更需要有一个真正坦诚的"男闺蜜"

异性之间必定有美好的爱情,这是任何人都不会有异议的。但异性之间有没有真正的友情,怕是众说纷纭了。

一般人认为,忠诚的友谊只存在于男人与男人之间,女人和女人很少有友谊存在,而男女之间的友谊,就更难存在了。古龙曾说:"白马非马,女朋友不是朋友。女朋友的意思通常就是情人,情人之间,只有爱情,没有友情。"

很年少的时候,我们让自己坚信男女之间有纯洁的友谊,我们以为不相信有"纯洁异性友谊"的,是那些猥琐男女。结婚后,我们以为男女之间总难有真正友谊,因为有欲望,所以,友谊不会长久。异性的友谊,总透着某种暧昧,往前一步,既是爱情,往后一步,终成怨情。

很多人质疑异性友谊,因为它难以把握,难以捉摸,可遇不可求。异性友谊的最高境界:站在不远不近的地方去欣赏对方。

其实男女之间的友谊是人的一种高尚的感情,是介乎于爱情和友情之间的一种情感。这种感情她本身不是爱人,不是情人,但又超出一般朋友,这种感情不言爱,更不言性。会令你心动,却又不会动情;让你

最美不过林徽因

温暖,但不会有激情,纯净中有甜美,平淡中有绵长。

很多人质疑异性友谊,因为它难以把握,难以捉摸,可遇不可求。异性友谊的最高境界:站在不远不近的地方去欣赏对方。

其实男女之间的友谊是人的一种高尚的感情,是介乎于爱情和友情之间的一种情感。这种感情本身不是爱人,不是情人,但又超出一般朋友,这种感情是不言爱,更不言性。但会令你心动,却又不会动情;让你温暖,但不会有激情,纯净中有甜美,平淡中有绵长。

有一个比喻是最贴切的,那就是:站在不远不近的地方去欣赏对方。这种感情在于心的了解,精神的交融,两个人的心贴得很近,身体却离得"很远",这是一种精神层次的"柏拉图",只有理性的人才能做出,只有理智的人才能得到。

两个人在一起时,有着精神上的默契,心灵的统一,他们可以谈爱情,谈婚姻,谈未来,可以无所顾及地谈人生所有的问题,心有灵犀,心意相通,相知相惜。互相扶持,互相敬重。随意但庄重,亲密但理性,相知而无私,拥有这种感情的两个人,不会当自己是异性,他们可以紧紧地握手,也可能会结结实实地拥抱,但那与性无关,是友爱,是欣赏,是思无邪,而绝不是欲望,不是占有。他们会一起欣赏尼采,会一起探讨拜伦,但绝不是互送一朵小花。他们可以一起去郊游,可以一起去喝酒,到了车站,说声再见,各走各的路,不用相约,不用相守。

奥黛丽·赫本和被誉为"世界绅士"的格里高利·派克,在拍摄《罗马假日》中相识,那是一次经典而隽永的合作,但两人终而未能成为眷属。后来,派克将自己的好朋友介绍给赫本,他送给他们的结婚礼物是一枚蝴蝶胸针。她去世后,他来看她最后一眼。在自己87岁高龄的时候,在慈善义卖活动中,派克拄着拐杖,颤巍巍买回了当年他送出的蝴蝶胸针,将它带在自己的胸膛,陪伴他离世升入天国。

第四章
吐气如兰,举手投足间尽显迷人本色

这种纯洁的友情超越了爱情,永远让世界为之唏嘘动容。

柴可夫斯基和梅克夫人是一对相互爱慕而又从来没有见过面的朋友。梅克夫人是位酷爱音乐、儿女成群的富孀,她在柴可夫斯基最孤独、最失落的时候,不仅给予他经济上的援助,也给了他极大的鼓励和安慰。激励柴可夫斯基在音乐殿堂一步步走向顶峰,柴可夫斯基最著名的《第四交响曲》和《悲怆交响曲》都是为这位夫人而作。

二人从未见过面的原因并非因为相距遥远,相反他们居住地最近时仅隔一片草地,之所以不见面,是害怕心中那种朦胧的美和爱,在见面后被某种太现实、太物质的东西所替代。他们一生中最亲密的一次接触,只不过是两驾马车相遇时,彼此深情凝视的几秒钟。

正是这样的距离产生了美,创造了美,使他们把爱恋的强烈欲念转化为精神上的欣赏,升华为完美崇高的人性,超凡脱俗使他们的交往成为亘古永恒。但他们两人仅仅是友谊吗?那互相爱慕的种子早已经在各自心里生根发芽,只是他们用理智克制,只让它成为精神上永远的相依。

每个女人,骨子里都有这样一个情结:想拥有一个蓝颜知己。他不是丈夫、不是情人,而是居住在你精神领域的那个人,他不一定英俊,也不一定要比你年长,但他一定成熟、睿智、善解人意……

他没有丈夫的霸道和忽视,没有情人的贪恋和痛苦。他有男子汉的宽怀气度,也有男子汉的柔肠侠骨。你和他探讨人生、社会,你和他畅谈理想、心情;你和他不需要面对面相濡以沫,你和他电话里常常笑语连声。你总是没完没了地倾诉,他无论什么时候总是默默地倾听你的心声。

最美不过
林徽因

他是除了你的另一半之外最了解你的那个人,甚至有的时候有些话你不会跟你的另一半说,但你会去跟他分享你的心情故事,有些跟别人不能说的事情你却能跟他说,有了这样一个蓝颜知己也就等于你多了一个心理医生,多了一本心灵日记。他像个垃圾桶,装得下你所有的坏心绪;他像个空调机,送了热风送冷风。

他是在你烦恼的时候,你最忠实的听众,你最真实的朋友。他不会因为你的喋喋不休而远离你,不会因为你的胡搅蛮缠而鄙弃你。他会告诉你事情的最好解决办法,然后陪着你一起走出你阴晦的天空。而在你快乐的时候,他会淡出你的视野,静静地快乐着你的快乐!他是你生命中真正意义上的朋友。

在林徽因的朋友中,金岳霖和徐志摩对她夹杂着特殊的感情。金岳霖因爱她而单身一生,他用一辈子的时间节制了自己对林徽因的爱,成为近代感情史上的一段佳话。

这种发乎情止乎礼的爱,伴随了他一生。金岳霖说:"我离开梁家就像丢了魂一样。"他和梁林一家几乎很少分开过,在林徽因病情最重的时候,她已经远非绝代风华的女子了,而金岳霖依然每天下午三点半,雷打不动地"出现在林徽因的病榻前,或者端上一杯热茶,或者送去一块蛋糕,或者念上一段文字,然后带两个孩子去玩耍"。

金岳霖一直和林徽因家人融洽相处,他获得了林徽因一家对他的敬重,其子甚至称他为"金爸"。

金岳霖对林徽因一往情深,在西南联大时期,为了躲避鬼子空袭跑警报,他不得不四处躲避,无论跑到哪里,他都会随身携带一个小箱子,据说那里面装的是林徽因写给他的信,为此他甚至把写了20年的《知识论》给弄丢了,他对林徽因的重视由此可见一斑。

中国共产党主要创始人之一、北京大学、清华大学教授,哲学家,

第四章
吐气如兰，举手投足间尽显迷人本色

数学家张申府说："如果中国有一个哲学界，那么金岳霖当是哲学界之第一人。"林徽因有此挚友，足矣。

除了金岳霖，徐志摩是她诸多朋友中色彩很重的一个。尽管他在处理婚姻问题上的做法鲜有人认可，但他确实在林徽因的世界里是个重要角色。

人活这一辈子，总会碰到几个特别的人，这类人可能只是你纯粹的精神寄托，但他不能被单纯的划归为朋友，因为你对他倾注的关爱超出了一般朋友的界限和理念，可你和他又不曾有过将之升华为爱的那种想法和具体行为，你们之间纯净得甚至连手都不曾握过。

你和他之间的那种情感，那种超乎于寻常的友情，又不能简单的归类到爱情的第四类情感，它介于友情与爱情之间，也许你将它凌驾于友情与爱情之上，也许在你心中它是一种比友情和爱情更深厚更丰富的情怀。

他，可能会因你悲伤难过轻拍你的背，可能会因你怕黑牵你的手，也可能会因你迷茫哭泣拥你入怀安抚，却仅止于此。也许平日里的他是个浪漫多情的男人，但到了你面前却不会做出任何越格的事情，你们只是在玩笑中亲密，在玩笑中虚拟你们的情感。他是那个不太在意你的言行，也不太在意你容貌的人，是可以穿越你的外表走入你内心的人。

他不会任自己散出耀眼的爱情光芒，不会放任自己燃出炙热的爱情火焰。你静静地想他，默默地念他。你把他藏在心底，藏在你精神的家园里。他一直住在你的梦里面，遇到他，你的寂寞和软弱，便都有了寄存的地方。

多年以来，他一直是你的情感热线，在你快乐得想欢呼雀跃的时候，你会在第一时间告诉他，因为你希望他即使不在你身边也能一起

最美不过
林徽因

分享你的快乐和无忧。当你郁闷伤感的时候,你同样会想起他,你只想跟他一个人倾诉你的心情,你甚至希望他能陪在你身边,给你个坚实的臂弯让你靠。尽管你不需要他的任何语言、任何安慰,只要他肯倾听,你的忧愁就会慢慢释放,你的笑容也会慢慢绽放开来。

也许日子久了,你对他的倾诉有了依赖性。你习惯了每天想他,也习惯了每天和他联络。有时候,你的心里甚至不敢再保证自己和他是在友情的同一个水平线上。你们都怕升温的感情变质,都怕爱的成分超越友情。每每这个时候,聪明的他会帮你保持冷静的头脑,他会在你感情要燃烧的时候加点冰,他不会让自己跟你一起不小心掉进爱情的深渊中,因为他知道"做朋友得一生,做情人只得一时"。

这样一位豁达开朗而不存私心的蓝颜知已,那应该是生命的一道美丽的风景线,是一种金钱难以衡量的财富,彼此之间保持距离纯真地交往,这种友谊才会变得更加长久。

生活中,本来就只有两个性别,男人和女人。在社会中因为世事纷扰,人有时候真的需要有一个人,在烦恼时,诉说心曲;在开心时,分享乐趣;在失意时,鼓励你振作。这个人并一定是你的丈夫。因为丈夫爱你,但他不一定懂你。

每个人的内心都有一个属于自己的角落。那里可能是儿时没有实现的梦想,也可能是生活中无时不在的困扰。如果有一个人能真正地走进你的内心,解读你的失意,明白你的困惑,更懂得你的渴望。如果有这样一个人,那他就可以称作你的蓝颜知已。

因为男女性别的差异,所以对待生活中的好多问题出发点不同,侧重面也不同。一个问题从不同的角度分析,所得出的结论自然不同。女人的看法与男人有本质的区别。生活中需要有要好的女性朋友,但也更需要有一个真正坦诚的男性朋友。

这个男性朋友,他会真正地关心你,会在你失意时,给你振作的

第四章
吐气如兰,举手投足间尽显迷人本色

勇气,在你得意时,提醒你要正视自己,在你遇到生活的难题、工作的压力时,会认真地帮你分析,帮助你走出生活的低谷。他对你应是无欲无求的。你们的交往如哥们一样的自然、坦荡,不夹杂任何暧昧的气息。

6.闺蜜:遥想当年春衫薄

那些异性之间不可说不能说,一说就是错的事情,到了这儿,也许一个眼神就能彼此明了和慰藉。不管是好是坏,总有几个死党会陪我们走过艰辛情事和沧桑人生,只到华发暗生、满面皱纹时,仍可以遥想当年春衫薄。

字典上说,"闺",一般指宫中小门或内室。"闺"字常和女子有关,没结婚的女子称"闺女",女子的住室称"闺房"。我们这里的闺中好友,是指女性同性之间的朋友,指那些只有同性之间才能明白的友情,是能够互相理解对方闺中情怀的朋友。

心理学家认为,对于女性来讲,同性朋友之间的情谊是她们生命中最快乐、最满足的部分,这种情感关系也是最深刻的。对女人而言,闺中密友没有男女之情的焦虑和变数,更为亲昵可靠。

林徽因因为她那迥异于时代女性特征的性格和行事方式而很少有同性朋友,但她终究拥有了这么一个可以谈心的闺蜜——费慰梅。在她们相识几年后,1937年林徽因给费慰梅的一封信中,这样感慨:"我从没料到,我还能有一位女性朋友,遇见你真是我的幸运,否则我

最美不过
林徽因

永远也不会知道和享受到两位女性之间神奇的交流……"

1932年，林徽因梁思成夫妇结识了美国朋友费正清和费慰梅夫妇，两家恰巧住在同一条胡同里，费正清说："中国对我们产生了巨大的影响，而梁氏夫妇在我们旅居中国的经历中起着重要作用。"

林徽因在女性群中是寂寞的，她的清高孤傲、她的才气以及她对无谓的家长里短闲聊的痛恨，使她鲜有密切的女性朋友，与林徽因交往甚是密切的作家李健吾在评价她的性格特征时说："绝顶聪明，又是一副赤热的心肠，口快，性子直，好强，几乎妇女全把她当作仇敌。"但幸运的是，她与来自美国的费慰梅结下了难得的友谊。

作为林徽因唯一的女性知己、铁杆闺蜜，费慰梅是一个温暖有余、尖锐不足的人。友谊这回事，跟爱情有点像，也是有强弱两方的。在才学、身份和地位上，费慰梅与林徽因都堪称势均力敌，因为环境的原因，费慰梅发展得比林徽因更好一些。但是，也许因为性格的原因，费慰梅的风头却没有林徽因足，而且她也不介意林徽因习惯性的强势。

1934年夏天，费氏夫妇邀请梁林夫妇去山西度假，梁林夫妇也正好要到山西作古建考察，便愉快地答应了。此后，费慰梅用旅游照片做成一个私人剪贴本，并附以文字说明："我们的山西历险记包括了四位主人公：两位科班毕业的建筑师，两位天才烹饪大师，一位历史学家，一位画家，一位卓有成就的摄影师，一位《天津大公报》的记者，一位行李打包专家以及她在艺术上的死对头，最早起床的人，第二名起床的人，两位第三名起床的人……"这些介绍文字下，是他们四个人分别的照片。（见纪录片《梁思成林徽因》）多年后，林徽因多次怀念、提起这次经历，还在信中告诉费慰梅，她仿佛又想起了八月山西，她们的"夏日行宫"……

正像这个剪贴本文字所传达出来的情感一样，他们在一起，温馨、

第四章
吐气如兰，举手投足间尽显迷人本色

亲切，有情趣。

费慰梅家学渊博，出身名门，她的父亲坎农博士是哈佛大学医学院著名教授，一位伟大的生理学家，"全世界的科学家都知道他"（《费正清在华二十年》）。她母亲则是一位酷爱旅行、思想开放的作家，所以，费慰梅四个姐妹都有异乡求学的经历：费慰梅是老大，16岁时到墨西哥学习艺术，后来又随丈夫费正清来到中国；老二17岁去到土耳其；老三玛丽安去的是中国；小妹海伦则从所在的东海岸去到了西海岸。

在那个时代，有眼界让子女云游天下的父母并不多见。巧的是，费慰梅的母亲与林徽因的父亲有着相同的行径。拥有同样通达的家长，也算是费、林两个女子的友谊的某种共同背景，而她俩的相同点还不止这一个。梁林夫妇与费氏夫妇在性格上也有几分相似之处，都是男性较为内敛庄重，女性较为开朗热情。除了背景的相似、婚姻状况的相似，对艺术也都拥有浓烈的爱，更让她们拥有说不完的共同话题。费慰梅是一个艺术家，尤其喜欢水彩画。她的水彩画，明朗、柔雅，用阿兰·德波顿的话说，是一种"让世界变得更美好更幸福"的艺术。费慰梅的艺术美感和林徽因的艺术感觉，也是极为相似的，非常温婉。

住在北京胡同的那段时间，费慰梅经常骑着自行车或坐人力车在天黑前到梁家找林徽因，两个人在起居室一个暖和的角落里坐下，泡上两杯热茶，便开始了推心置腹的倾谈。她们有时比较中国和美国不同的价值观和生活方式，有时谈文学艺术，并把对方不认识的朋友的追忆毫无保留地告诉对方，林徽因谈得最多的当然是徐志摩，她给费慰梅大段大段地背诵徐志摩的诗，从她闪着泪光的眸子里，费慰梅读出了那一份深深的思念。

有时，费正清夫妇到梁家的时候，林徽因正在"太太客厅"朗诵中国的古典诗词，那种抑扬顿挫、有板有眼的腔调听得他们直入迷。虽然文化有差异，但对文学和艺术的热爱令费慰梅和林徽因有很多共同话

最美不过
林徽因

题,她们能将中国的诗词和英国诗人济慈、丁尼生或者美国诗人维切尔·林赛的作品进行比较,时常谈起哈佛广场、纽约的艺术家及展品、美国建筑师弗兰克·劳埃德·赖特、剑桥大学巴格斯校园。费慰梅还有修复拓片的爱好,因此她与林徽因有更多的共同语言。

在林徽因心情不好的时候,费氏夫妇便拉上她到郊外去骑马,林徽因在马背上的坐姿真是帅极了,连号称美利坚骑士的费正清也叹为观止,因为经常去骑马,林徽因索性买了一对马鞍、一套马裤,穿上这身装束,她俨然成了一位英姿勃发的巾帼骑师。

林徽因的这位唯一的闺蜜和她的丈夫为梁林夫妇做了很多重情重义的事情。尤其是在困难的李庄时代,她给予林徽因的帮助令林徽因一家度过了极为困窘的时候。

2002年,92岁的费慰梅安详离世,据说,她的追思礼的程序单内页,除了印着自己年轻时的照片,还印着林徽因所作的一首小诗。她一直记挂着这位早她离世的挚友,她们相互间也值得信任和依恋。

每个女人的人生旅途中,都会拥有或者曾经拥有几个亲如姐妹的知心朋友。也许她们很久不见,但每一次见面都无话不谈;也许她们喜欢一起逛街血拼,又一起丈量远方的风景;也许她们曾微有嫌隙,但一遇到难题,却谁也离不开谁;也许,经历了生命的挫折挣扎之后,她们彼此倾诉,相互温暖。

闺蜜们是彼此最亲爱的人。父母兄弟,甚至连丈夫都未必知道的秘密心事,闺蜜了如指掌。互相掌握了许多隐私和内幕,使得闺蜜们对彼此生活的参与度大过了想象。你买白色黑色的衣服会去问问闺蜜,和男友吵了架闺蜜也会第一时间知道消息。

绝大多数女人会对同性产生信任和依赖的感情,因为这是一个与自己完全相同的群体,她们能够理解和体会你的所有悲喜,并给予你

第四章
吐气如兰,举手投足间尽显迷人本色

最贴近的关怀和帮助。所以,专家说,让女人最放松、最舒适的减压方式,既不是健身操,也不是长途旅游,而是向同性密友开怀倾诉。

美国心理学家开端·米勒博士在一次调查报告中公布,87%的已婚女士和95%的单身女士说,她们认为同性朋友之间的情谊是生命中最快乐、最满足的部分,这种情感关系也是最深刻的,为她们带来一种无形的支持力,就像空气般可靠。西方心理学家也指出,拥有稳固的同性朋友是现代女性健康生活的最重要的方式之一。

有些事情,当你不愿、不便、不能找别人帮忙的时候,就会发现,闺蜜就是女人最珍贵的宝贝,是一个让你取之不尽,用之不竭的友情资源。

因此,女人一定要有个闺蜜,你能向她讲出你的故事,说出你的情感烦恼。在人际关系和工作生活等方面,无论你碰到了任何难题,闺蜜总是最好的疗伤场所。

第五章 绽放真我,保持高贵而独立的灵魂

　　林徽因是个有品味、有智慧,时刻关注自我灵魂,活出自我的女子。在长久的岁月中,她始终以梦想为导航,以更新自我为风帆,以坚强为屏障,以书籍为伴侣,走出了人生最美的弧线。

　　曾有人说:"你是谁,就会遇见谁。"人生是一场修行,不要希冀在每一个岔路口都有人引领着你走向幸福,不要轻易把梦想寄托在某个人身上,女子当如林徽因,要做一个独立自主的灵魂歌者。

第五章
绽放真我，保持高贵而独立的灵魂

1.适合自己的格调，才是自己的生活格调

《女人的资本》一书中说，摩登女人过于肤浅，另类女人过于张扬，传统女人过于保守，普通女人过于小气，而有一种女人把"体面、适当"奉为一生的信仰，这就是"格调女人"。

在林徽因的身上，有一种永不褪色的坚强。她虽没有张爱玲的凌厉、陆小曼的决绝，但却是个有自己格调的女子。她沿袭了传统优秀女性的血统，使她的才情与美貌浑然一体。

张爱玲说："喜欢一个人，可以低到尘埃里，从尘埃里开出花来。"而林徽因则是清水里开出的一朵白莲，格调雅致，柔美温婉，来不得半点的污浊。她也以自己的热情、美丽、智慧和率直，使整个"客厅"聚会保持着它应有的格调，一个看上去有些单薄的女子，承担着太多太多。

林徽因曾经在国立北平大学女子文理学院任教，讲授外语系的课程。有一位教授曾选修过她的课，他说："曹靖华、周作人、朱光潜都在此执教。林徽因每周来校上课两次，用英语讲授英国文学。她的英语流利、清脆悦耳，讲课亲切、活跃，谈笑风生，毫无架子，同学们极喜欢她。每次她一到学校，学校立即轰动起来。她身着西服，脚穿咖啡色高跟鞋，摩登、漂亮而又朴素、高雅。女校竟如此轰动，有人开玩笑说，如果是男校，那就听不成课了。"

当时的林徽因确实散发着独到的东方神韵，居然有着"如此轰动"的效应。

最美不过
林徽因

梁从诫在回忆母亲时说:"文学上的这些最初的成就,其实并没有成为母亲当时生活的主旋律。对她后来一生的道路产生了重大影响的,是另一件事。1931年4月,父亲看到日本侵略者的势力在东北日趋猖狂,便愤然辞去东北大学建筑系的职务,放弃了刚刚在沈阳安下的家,回到北平,应聘来到朱启铃先生创办的一所私立学术机构,专门研究中国古建筑的中国营造学社,并担任了法式部主任,母亲也在学社中任校理。以此为发端,开始了他们的学术生涯。"

一个有着自己独特格调的女子,她是不会因外来的压力而改变自己的。

"当时,这个领域在我国学术界几乎还是一片未经开拓的荒原。国外几部关于中国建筑史的书,还是日本学者的作品,而且语焉不详,埋没多年的我国宋代建筑家李诫(明仲)的《营造法式》,虽经朱桂老师热心重印,但当父母在美国收到祖父寄去的这部古书时,几乎完全不知所云。遍布祖国各地无数的宫殿、庙宇、塔幢、园林,中国自己还不曾根据近代的科学技术观念对它们进行过研究。"梁从诫说。

"作为一个古建筑学家,母亲有她独特的作风,她把科学家的缜密、史学家的哲思、文艺家的激情融于一身。从她关于古建筑的研究文章,特别是为父亲所编《清式营造则例》撰写的绪论中,可以看到她在这门科学上的造诣之深,她并不是那种仅会发思古之幽情、感叹于'多少楼台烟雨中'的古董爱好者。但她也不是一个仅仅埋头于16录尺寸的和方位的建筑技师。在她眼里,古建筑不仅是技术与美的结合,而且是历史和人情的凝聚。"梁从诫显然对林徽因的故事有着深刻的认知,他对母亲结合不同的专业知识做出的优雅的研究发出了淋漓尽致的赞叹,这也正是一个格调女人的最大魅力所在。

对于林徽因的格调,恐怕与她有过亲密接触的人是最有发言权

第五章
绽放真我,保持高贵而独立的灵魂

的。林洙女士在《困惑的大匠·梁思成》中慨叹道:"她是我一生中所见识过的最有风度的女子。她的一举一动、一言一谈都充满了美感,充满了生命,充满了热情……当你和她接触时,实体的林徽因便消失了,而感受到的则是她带给你的美和强大的生命力。"

看来,格调中的某些东西用语言是难以讲清楚的,我们姑且借着先人的视线来看一看吧。如果想去理解林徽因的格调之美,可能就需要充分发挥我们的想像力了。

作家陈衡哲的妹妹陈衡粹给我们记录下了有关林徽因的印象:"有一天同一位朋友上山游览,半山上一顶山轿下来,我看见轿子里坐着一位年轻女士。她的容貌之美,是生平没有见过的。想再看一眼,轿子很快下去了。我心中出现'惊艳'两字。身旁的人告诉我,她是林徽因。用什么现成话赞美她?闭月羞花、沉鱼落雁等都套不上,她不但天生丽质,而且从容貌和眼神里透出她内心深处骨头缝里的文采和书香气息。"看来这也只能是可意会而不可言传之美了。

南非前总统曼德拉曾说过:"生命中最伟大的光辉不在于永不坠落,而是坠落后总能再度升起。"那些站在高处"激昂文字、指点江山"的人应该是那种有着自己鲜明的格调的人。

在女人的世界里,容貌似乎总能在事业上或者生活上助我们一臂之力,让我们取得更好的成绩或者过得更好,但我们为自己贴上"美丽标签"的同时,格调也是必不可少的营养。因为容貌只会陪我们走过一段时光,它早晚都会现出下行路线,而格调却是一股内在的力量。

"格调"是什么?当代法国思想界的先锋人物、著名文学理论家和评论家罗兰·巴特说:"有点钱,不要太多;有点权力,也不要太多;但要有大量的闲暇。读书,写作,和朋友们交往,喝酒(当然是葡萄酒),听音乐,旅行,等等。"理想中的格调生活,可以一条条罗列出来,正走在"格调"的路上的人听了,怎能不亦步亦趋,跟着大师的脚印走呢!

最美不过林徽因

于是,许多女性为了使自己保持"上流淑女"的风范,可以穿自己不喜欢的衣裳,吃自己不喜欢的大菜,看自己不喜欢的书,听自己不喜欢的音乐,去自己不喜欢去的地方。文学、音乐、品位、礼仪等,固然可以帮助我们提升生活的品质,可如果沉溺其中,反而会成为一种负累,使我们享受不到原汁原味的生活。女人最不可原谅的缺点就是枯燥乏味。从未接受过文明滋养的女人固然缺乏光彩,而按一种统一的模式培养出来的淑女,同样让人提不起精神。

比如说,很多人都说没有音乐的生活是难以想像的,有格调的女人应该爱交响乐,还应该喜欢一些浪漫的小夜曲和轻松的协奏曲。

其实,如果你真心爱音乐,那么你是幸福的,尽情享受属于你的感动与喜悦。如果你实在受不了音乐会的拘谨也无妨。一代才女张爱玲有一篇文章叫《谈音乐》,可以帮助正追求"格调"的女人们开开窍。她说:"然而交响乐,因为编起来太复杂,作曲者必须经过艰苦的训练,以后往往就沉溺于训练之中,不能自拔。所以交响乐常有这个毛病:格律的成分过多。为什么隔一阵子就要来这么一套?乐队突然紧张起来,埋头咬牙,进入决战阶段,一鼓作气,再鼓三鼓,立志要把全场听众肃清铲除消灭。而观众只是顽强抵抗着,都是上等人,有高级的音乐修养,在无数的音乐会里坐过的。根据以往的经验,他们知道这音乐会是会完的。我是中国人,喜欢喧哗吵闹,中国的锣鼓是不问情由,劈头劈脑打了下来的,再吵些我也能够忍受。但是交响乐的攻势是慢慢来的,需要不少的时间大喇叭小喇叭钢琴凡哑林——安排布置,四下里埋伏起来,此起彼应,这样有计划的阴谋我害怕。"

张爱玲是出身名门望族,又曾在国外留学的才女,如此的身世学识却没有八股气,她只喜欢人间的、世俗的美,深知平凡生命的乐趣。所以"高雅的女人爱音乐"的大帽子压不倒谁,你喜欢什么,不喜欢什么,尽可以按自己的兴趣去选择。

第五章
绽放真我,保持高贵而独立的灵魂

事实上,越是那些对生活的本质和自己的位置没有一种清晰的认识的小女子,越容易被"格调"所误,为了某一种"讲究"而劳心费力。真正的大家风范,其实就是先做好你自己。

俄罗斯前第一夫人柳德米拉一直保持着低调生活。她没有自己的形象设计师,这在其他国家是不可想象的。哪个国家的第一夫人没有自己的一个班子作为形象顾问?但柳德米拉就没有。她总是凭直觉来选择服饰,而不是通过咨询时装顾问来捕捉时尚。她所有的衣服都是在俄罗斯订制的,有时她也购买成衣。

柳德米拉偏爱颜色亮丽、风格鲜明的服装。她说:"每当触摸到一段衣料,我脑海中就会思考这样的问题:用它做什么式样的衣服比较适合?从领口到腰身,一切构思都在瞬间成熟。至于它是否与时下的流行相抵触,我一般不大理会。"

柳德米拉获取外界信息的主要途径是上网和看电视。她喜欢戏剧,但很少去剧院。她认为,现实生活同样充满戏剧性,蓄积着多种情感。

和丈夫普京一样,柳德米拉也喜欢音乐。她认为音乐是生活的重要点缀。和总统不一样的是,她更喜欢俄罗斯流行音乐和歌手。老友聚会时,情之所至,她偶尔也会高歌一曲。她对音乐的喜好无章可循,只要旋律动听,就会饶有兴致地听下去,尤其是对一些经典的浪漫曲百听不厌。

高雅和低俗,主要在于一个人的心胸品格,而不在于任何一种姿态或者形式。

格调是一种智慧,我们要做发挥自己本色的格调女人,从容地自信处世。格调也是一种个性,是一种自我的坚持,从不去盲目克隆别人的美,因为格调是独一无二的。格调只能蕴藏在个体的差异之中,只有打造出一个全新的自我,才能拥有不同于一般女人的韵味,成为一个让人一见难忘的人。

2.保持本色,人性的美丽在于真实的个性

每个女人都有自己的个性,也正是这种个性让女人在茫茫人海中脱颖而出。但是,面对社会的很多因素,一些女人放弃了自己的个性,而去追逐别人的特色,最终往往得不偿失。所以,女人想要在众人中成为焦点,就要保持自己的本色,因为,这样起码你是和别人不一样的。

也许,是这个世界上有太多相同的东西,比如,同一款式的衣服,同一风格的珠宝,同一口味的奶酪等,以至于女人在生活中迷失了自己。失去了个性,那么气质也会变得大同小异。或者是面对太多的选择,女人也会失去自己的主见。因此,女人不管在什么时候,都要保持自己的本色,坚持自己的个性。

"你给了我生命中不能承受之重,我将用我一生来偿还!"这是倍受优秀男子喜爱的女子对她所选择的男子做出的承诺,这是令世间男子无法拒绝的话语。当梁思成知道,他的妻子是如此的优秀,他自然珍惜有加。

林徽因展示了一个真实的自己,她总是让她身边的人看到真实的

第五章
绽放真我,保持高贵而独立的灵魂

她,从而使他们不得不产生疼惜之情。

1918年,林徽因与梁思成初次见面,林徽因14岁,梁思成17岁,林徽因给对方留下了深刻的印象,清新飘逸,楚楚动人,如一滴馨香的露珠,沁人心脾。

后来的一件事,更加加深了他们之间的感情。在一次"五四国耻日"游行上,梁思成意外受伤,伤得很重,连梁启超也说:"这时候,我的心差不多要碎了……当我看到他脸上恢复了血色的时候,我感到欣慰。我想,只要他能活下来,就算是残废我也很满足了。"当时林徽因尚未与梁思成成亲,但当她得知梁思成发生车祸的消息后,悲痛不已,很快便守在梁思成的病床边,半天都顾不上吃饭,一直陪他聊天、说笑,安慰他,帮他擦汗、翻身等,自不待言。

梁启超对林徽因的表现格外满意,他后来说:"徽因我也很爱她,我常和你妈妈说,又得一个可爱的女儿……老夫眼力不错吧。徽因又是我第二回的成功。"

林徽因表现出了自己的真诚和率性,给人认真、稳妥的印象,这也是她与人相处的智慧。在万千荣华中,在各种夺目的光圈中,林徽因维系的是她的美丽、尊贵和那份自我的真实。

很多人都说,林徽因是一个情感自私的女子,从爱情到婚姻,她看中最多的是自己,别人都很少能进入到她的思维领域,无论是谁。因此她能保证在诗人的疯狂追求下独善其身,理智地选择自己需要的情感。这更是一种难得的真实,因为唯有完整了自己,才能有正确的抉择,也才能给他人以完整的爱与生活。

一句"我懂得,但我怎能应和",成了林徽因对徐志摩的终极态度,但诗人却为了听她一场本来无足轻重的讲座坠机身亡,而她则把坠机的残骸挂在卧室,伴其余生。这是一种态度,是一种情感的态度,当然,

最美不过
林徽因

　　这也是一种体现了真实自我的态度,这种态度能让她的丈夫为其预留出足够的回味空间。她死都没有摘下那片残骸,她并没有顾忌丈夫的感受,只是那样做了,坦坦荡荡,丈夫自然知道那是她对故人的一份爱意,或者是对旧情的一种纪念或留恋,但不管怎样,他都默许了。还令人惊讶的是,那片残骸居然是梁思成亲自为她取来的,她为了自己,他却为了她。

　　女人要活出真实的自己,真的很重要,有时能赢得更多、更真实的爱。

　　谷雪是个很漂亮的女人,但她却不会打扮自己,经常从杂志上学一些很表面化的东西,但那些东西很多时候穿在她是身上并不是那么的好看。

　　不知从什么时候开始,大街上开始很流行混搭,于是谷雪也学着别人的样子,努力地做出混搭的范儿来,可她却怎么也穿不出混搭的味道,让别人感觉不伦不类的。一次,她的一个卖服装的朋友告诉她,她可以穿一些适合自己风格的衣服,有一点儿自己的意见。

　　谷雪经过几次尝试,终于找到了适合自己的风格。之后,她再也没有学过别人,一直坚持自己的特色,因此她也就变得越来越美丽了。

　　生活中,不管是美丽的还是丑陋的,是内向的还是外向的,女人都应该保持自己的本色。不要因为别人的看法和行为刻意地改变自己。其实,保持自己的做人原则和处事风格,就是一种独特的美。美国的一位富翁请家乡的老友到很豪华的酒店进餐,那个老友怕自己的表现不够优雅,于是什么事情都按照富翁的样子做。当咖啡送来后,富翁将咖啡倒入一个小碟子中,那个老友也照做了,富翁加糖他也照着做,而最后富翁把碟子放在地上用来喂猫时,那位老友尴尬极了。

第五章
绽放真我,保持高贵而独立的灵魂

所以,不管在什么时候,不管面对什么情况,女人都要保持自己的本色,女人的美丽在于其独特的个性。而现实中,每个人都有自己的个性。就好像平时买饮料一样,有的人买矿泉水,有的人买可乐,有的人买红茶……女人的个性是自己的外表和特点的总和,这就是和别人不一样的地方。女人穿衣服的风格,处事的方法,交际的方式,这一切都可以构成你的个性。而这其中,最重要的一环是要保持自己的本色。

刺刺是个从小就敏感而腼腆的人,她一直很胖,而她的面庞也不是很突出。很小的时候,母亲就给她穿很肥大的衣服。以至于后来,她觉得穿肥大的衣服对她来说是天经地义的事情。

刺刺要结婚了,在选婚纱时,她选了一款最大号的婚纱。她的丈夫很吃惊,于是就问她:"那件白色带着花边的婚纱看起来很漂亮,你为什么要买这个很宽大的婚纱呢?"

刺刺低着头说:"这样我就不会把衣服撑破了啊,而且也看不到我的赘肉。"

丈夫觉得刺刺说的话很奇怪::"这是谁说的。"

"我妈从小和我说的啊。"

丈夫叹了口气,并把件婚纱拿给她,并让她自己去试。当刺刺从试衣间出来的时候,没有人想到原来的那个胖胖的刺刺,也可以这么漂亮。

之后,刺刺就再也没有穿过很肥大的衣服了。

女人因为不同于他人的个性而美丽,也因为保持自己的本色而出众。比如,英格丽·褒曼、奥黛丽·赫本、玛丽莲·梦露、费雯丽、索菲亚·罗兰等都是非常有气质魅力的女人,而她们就是因为在生活的洪流中

最美不过
林徽因

坚持了自我的本色,不同于他人的迷人个性而散发出与众不同的魅力和气质。因此,女人要懂得保持本色,从而彰显自己的个性,来为自己的气质加分。

常言道,"万绿丛中一点红",真正坚持自己的人才是与众不同的。这个世界上没有两片相同的树叶,更没有两个相同的人,就算是双胞胎,在个性上也有差异。如果女人只会刻意地效仿别人,而没有自己的见解,就会很容易失去自己。所以,女人只有保持自己的本色,展现自己的个性,才是最有气质的女人。

能够真实地活着,本来就是一种幸福,因为遮掩真实是痛苦的,而真实能让别人更清楚地看到我们自己。我们所有的悲欢离合、喜怒哀乐,在别人那里都一览无余,我们对别人是真正的信任,对自己也是真正的信任。唯有真实才真正属于自己,唯有真实才能换来别人的信任。

我们或许表现得很傻,或许变得很懦弱,也或许有些自私,但不论怎样,我们都不是做作的女人。我们在不同的环境下有不同的表现,在不同的场合中讲不同的语言,有时施展自己的矜持,有时暴露自己的肆无忌惮。我们懂得大胆而自信地说出心里想说的话,做自己想做的事,而且所有的动作都绝对不是刻意的做作,我们从不在举止和言谈上刻意修饰,不装淑女,不为迎合他人而温柔,不为保持尊贵而矫情。

我们遇到不如意的事,是一定要发泄出来的,没必要收敛自己的真实,没必要让自己在不真实中活得太累,尽管去做自己,不要在意别人如何看待我们,因为真实的自己最容易让人接受,也最容易让人心生疼惜。

第五章
绽放真我,保持高贵而独立的灵魂

3.学会欣赏自己的美,自恋不是罪

女人爱美,目光总是追随着美好的事物,若是将这份欣赏美的态度,置于自己身上,那必然会活出一份自信和洒脱;怕就怕,只关注别人拥有而自己无法企及的美好,把自己的价值压得低低的,在心里种下自卑的种子。

站在烦恼里仰望生活的女人,永远与幸福绝缘。消极和自卑如同一张巨大的网,笼罩了生活里的每一个角落,促发心理暗示,抑制自身的信心,限制内在的潜能,加深自卑的凝结,恶性循环。女人看着不满意的自己,不满意的生活,免不了一声叹息。

罗丹曾说过,生活中并不缺少美,而是缺少美的发现。自卑的女人,并非真的一无是处,只是她们尚未把目光投射在自身的优势与能力上。而那些有所成就、充满魅力的女人,通常都有一点点"自恋",无论是在人前还是人后,她们都会适度地自我欣赏,自我陶醉。这样的女人是愉悦的,是幸福的。她们充分享受自信带来的阳光,用外在的装扮和内在的丰盈,给自己注入无限的美丽。这种美,经得起时光的雕琢和岁月的打磨,美得让人心悦诚服。

林徽因的母亲是继室,自被冷落。林徽因难免有些自卑的心理,因此也有自己的孤寂与痛楚,当她从别人那里获得身份和地位的印证时,她也需要从中得到一些平衡。苍凉是她内心的真实面,诚如她写的那样:"我数桥上栏杆龙样头尾像坐一条寂寞船,自己拉纤",又说:"我在热闹非凡的人群中,体会的是越发的苍凉与孤独,孤独原本是无处

最美不过
林徽因

不在的。"如此真诚情感的流露,真是一副可人的模样,恐怕没人不生出爱怜之心。

林徽因常常在晚上写诗,与别人不同,她在写诗的时候,要"点上一炷清香,摆一瓶插花,穿一袭白绸睡袍,面对庭中一池荷叶,在清风飘飘中酿制佳作"。林徽因的堂弟林宣说:"我姐对自己那一身打扮和形象得意至极,曾说'我要是个男的,看一眼就会晕倒',梁思成却逗笑道,'我看了就没晕倒',把我姐气得要命,嗔怪梁思成不会欣赏她,太理智了。"这是一个自恋的林徽因,一个自恋得有些可爱的林徽因,她的这份自恋是对一个男子的致命诱惑,谁都难以逃脱。

生活像是一杯开水,你注入自信,它就变成了高贵的葡萄酒;你注入自卑,它就变得浑浊。不要对别人的自恋嗤之以鼻,殊不知,相较自卑而言,自恋有时也是一种增加幸福度的方式。特别是女人,更要懂得发现自己的美,正确地认识自己,理智地总结归纳,提高对自己的评价。

英国大提琴家杰奎琳·杜普蕾,非常欣赏自己的音乐和人格,她的自信在音乐里飘扬。她不会为了任何人而改变,也不会因为世俗的眼光而有所动摇,更不会因为外界的妄加揣测而改变自己的信念。像杜普蕾那样活得精彩绝伦的人,生命和美丽自然会不朽。纵使岁月荏苒,光阴不在,她也能够给自己一片天空,留给人们无尽的怀念与惊叹。

安娜曾是一所名牌大学计算机专业的学生,毕业后在一家私营的小公司里做一名文件管理员,拿着微薄的薪资。其实,她并不甘心一直如此,只是迫于生活的压力,才让自己暂时降低了标准。一年之后,她有了一定的物质保障,也有了些许的工作经验,于是她便离开那家公

第五章
绽放真我,保持高贵而独立的灵魂

司,开始寻觅自己中意的工作。

可她心里并不太自信,每次与人谈到自己的工作经历时,她的眼神总是飘忽不定,与人说话时,声音也十分微弱,担心别人嘲笑自己矮小的个子,微胖的身材,给人第一印象极差。纵然她有一身的才华和能力,却也没能得到展示的机会。自卑深深地扎根在她心里,她知道这样不好,只是没有勇气去克服。看着周围的朋友有所长进,安娜心里既羡慕又烦恼,暗自伤神。

在一次面试的实操环节,考官安排应聘者做同一项资料的整理工作。安娜在接过考官递来的资料时,并未敢与对方四目相对。考核的结果,她的工作能力得到了考官的认可。当时,考官语重心长地对安娜说了这样一番话:"从面试之初,我就留意到你是个有心的女孩。这次的实操考核,文件很烦琐,你归纳得有条有理,且做了详细的分析。对于你的工作能力,我确实很欣赏,如果你能再自信一点,那就更好了。希望在以后的工作里,能看到你的蜕变和进步。加油吧!"

向来自卑怯懦的安娜,顿时感觉身体里的血液沸腾。她没想到,自己竟然真的脱颖而出,被心仪的公司录用了。其实,自己的工作能力一直都不差,只是因为外貌的原因太过于自卑。于是她决定,要换一种方式来生活。

此后的她,每天早起都会对着镜子露出一抹微笑,对自己说:"你不差,你很棒!"在工作中,遇到问题她不再退缩,不怕被同事嘲笑,大大方方地向人请教,这让她进步飞快。一旦公司有什么大型活动,她都会主动报名参加,为的是练习自己的胆量和勇气。

两年之后,安娜已经脱胎换骨,成了一位干练而优秀的职场达人。她不会再在任何人面前羞怯地低着头,也不会再躲避任何人的目光,她那么坦然,那么自信,让人不禁开始欣赏她独特的魅力。当有人问及她的"成功"秘诀时,安娜笑笑说:"接纳自己,欣赏自己,将所有的自卑

最美不过
林徽因

全都抛到九霄云外。这就是我的'秘密'!"

"金无足赤,人无完人"。女人不是因为美貌而可爱,而是因为可爱而美丽。如果你因为自己脸上有瑕疵而不敢露出灿烂的微笑,如果你因为手指不够修长而不肯与别人真诚地握手,如果你因为身材不佳而不敢翩翩起舞,那么你就会错过鲜花和掌声。阳光从来都在,只是你一直背对着它,才会只看到阴影。内心充满了自信,不完美的生活也会闪闪发光。

每个女人都有权利彰显自己的美丽,甚至可以有一点点自恋,那是在为自己制造美好的氛围,让自己拨开乌云欣赏自己的美,塑造一种与众不同的态度。自恋的小情绪,也是一个自我鼓励的加油站,让女人对自己充满希望,走出狭小的视野,告别自怨自艾。

当你感叹外表平凡时,请记得为自己营造一份快乐的心情,修炼一份丰盈的内在,在举手投足间绽放从容优雅的姿态,在言谈之中显露内在丰富的魅力人格,让自己独特的气质和睿智的思想在那些漂亮女人中间熠熠生辉。这种不断进取、不断完善的行为以及欣赏自我的姿态,是对生活的热爱,对美好的向往,对幸福的追求。

请记住,风景不只是远处的好,美丽也不总是别人的好。女人一定要找到自己的闪光点,走出一条自己的美丽之路,领略自己的独特风景,活出轻松和自在,不被外界迷惑,不被自己打败。只有懂得欣赏自我的女人,才能得到上帝的眷顾。

第五章
绽放真我,保持高贵而独立的灵魂

4.坚持自我,不为取悦任何人

比尔·寇斯说:"我不知道成功的秘诀,不过我可以确定失败的教训,就是不要取悦所有的人。"

在这个越来越浮华的世界里,女人脆弱而凌乱的心仿佛只有得到他人的认可,才能收获平静与安宁,才会显得不那么孤单。否则的话,整个人都会陷入一种焦躁的状态中。于是,为了取悦别人,为了得到赞美和羡慕,许多事情明明不情愿去做,却又无可奈何地选择了妥协。

事实上,取悦他人的女人,内心深处都不太相信自己。对于自身的定位,对于事情的评判,没有自己的标准,丧失了主动的意义和心灵的自由。不过,这种取悦的结果,并不见得能够讨好到谁,反倒会给人一种卑微懦弱的感觉。最终,千般讨好,万般忍耐,却落得不被尊重的结局,徒增烦恼。

曾有个漂亮的女人,认为自己的舞姿倾国倾城。许多年来,她四处表演,试图得到他人的认可,可惜的是,围观的人不少,但夸赞的人并不多。她思来想去,不知何故。

一天,她遇见一位禅师,便向禅师诉说了自己的苦恼。禅师笑笑,指着窗外的一株植物对她说:"你看,那是什么花?"女人看后对禅师说:"那是夜来香。"

禅师说:"它只在晚上才会开放,所以叫夜来香。那你是否知道,夜来香为何只在晚上开放,而白天却不开花呢?"女人愣住,摇了摇头。

最美不过
林徽因

　　禅师笑着说:"夜晚开花,只是为了取悦自己!"见眼前的女人不作声,禅师接着说:"白天开放的花,只是为了引人注目,取悦别人。而这夜来香,在无人欣赏的情况下,依然努力盛开,芳香四溢,其实只是为了让自己快乐,它只是在做好自己而已。"

　　禅师看了看已经有所领悟的女人,笑着说:"许多人总是把幸福的钥匙交给别人,所做的一切都只是为了取悦别人,其实这样毫无意义。不管什么时候,都要记得做自己的主角,走好自己脚下的路,欣赏自己身边的风景。"

　　一味地将别人作为自己生活的主角,生活的基调也就不是自己所喜欢、所向往的了。女人在取悦别人的同时,灵魂里的声音被压抑,不敢成为真实的自己,说什么、做什么都像是戴着面具,浑身不自在,因此,她付出的代价可想而知,留下遗憾也在所难免。与此同时,如果一个女人总是想着取悦别人,而不从内在修炼自己、强大自己,那她整个人只会变得越来越卑微,越来越浅薄。

　　有个女孩自幼跟随父亲经商,见过各种各样的大场面。一开始,她希望别人都喜欢她,也希望自己出类拔萃,得到别人的关注。可后来她发现,世界上的人性格各异,没有办法一个一个去讨好。而且,无论她怎么取悦,总是顾此失彼,弄得筋疲力尽。她很苦恼,感觉自己渺小得一文不值。她不明白,为什么自己这么努力还是无法得到别人的认可。

　　精明的父亲看出了女儿的心思,他告诉女儿:"取悦别人并不能让自己得到尊重。真正的优秀,是尽自己所能,活出最大的价值,给别人欣赏自己的机会。"父亲教她如何打高尔夫球,如何评鉴美酒,告诉她如何做个有品位的人。业余时间,她还学会了摄影、舞蹈,把自己最美

第五章
绽放真我,保持高贵而独立的灵魂

好的一面展示出来。与此同时,她还了解投资和理财,学着经营事业。多年后的她,成了一个美丽与智慧并存的女人。这份内在的修养,赢得了许多人的赞赏与羡慕。

女人要学会做自己,表达自己的特色,不要轻易为了谁而改变自己,反正哭来哭去也永远无法迎合每一个人的喜好,只会在不断地改变中失去自我。改变是为了更好,不是为了适应谁,迎合谁,女人一定要学会坚持自己的立场,坚持自我!

梁思成说:"林徽因是个很特别的人,她的才华是多方面的。不管是文学、艺术、建筑乃至哲学,她都有很深的修养。她能作为一个严谨的科学工作者,和我一同到村野僻壤去调查古建筑,又能和徐志摩一起,用英语探讨英国古典文学和我国新诗创作。她具有哲学家的思维和高度概括事物的能力。"

"所以做她的丈夫很不容易。中国有句俗话,'文章是自己的好,老婆是人家的好。'可是对我来说,老婆是自己的好,文章是老婆的好。我不否认和林徽因在一起有时很累,因为她的思想太活跃,和她在一起必须和她同样地反应敏捷才行,不然就跟不上她。"

林徽因对待事物有自己独到的见解,而且她还能坚持自己的见解,并且说服别人,让人信服。

1949年7月10日,中华人民共和国成立前夕,新政治协商会议筹委会在《人民日报》等各大报刊,刊登了公开征求国旗、国徽图案及国歌词谱的启事。梁思成和林徽因领导了清华大学国徽设计组的工作,同时,梁思成还担任了国旗、国徽评选委员会顾问。

但是,全国各地包括海外侨胞设计的900多件图案,都没有被选用,政协筹委会决定把设计国徽的任务交给清华大学和中央美院。

最美不过
林徽因

林徽因说:"国徽是一个国家的标志,它体现一个民族的历史,一个国家的意志,一个政党的主张。中国的国徽要有中国的特征,政权的特征,形式也要庄严富丽,应该表现出中国人民的自豪感。商标只是商品的标志,它只具有商品注册的意义,这是两个完全不同的概念。我们必须加以区别。"

为了证明自己的观点,林徽因还找出一些国家的国徽,一一讲解这些国徽的历史和代表意义:"你们看这只国徽,是爱尔兰的……"林徽因还找了一些古代的铜镜、玉环、玉璧等工艺美术作品,作为参考资料,从中寻找灵感。

国徽审查小组要求在国徽图案中添加天安门的图像,林徽因认为这是一个很好的构想,便派人去画天安门的透视图。当时,营造学社藏有测绘天安门建筑的图纸,有百分之一比例和二百分之一比例的天安门立面、平面、剖面图。

林徽因认为,在国徽图案中采用天安门立面图,可以使比例尺寸严格正确,同时在视觉上可以让人感到天安门广场的广阔深远。她还建议,把两个华表向左右方向拉开距离,这样有整体上的开阔感,构图也比较稳定。

于是,在绘出一张又一张图纸,经过一场又一场争论后,大家的设计思路越来越明确了。林徽因始终主张,国徽应该放弃多色彩的图案结构,采用中国人民千百年来传统喜爱的金红两色,这是中国自古以来象征吉庆的颜色,用之于国徽的基本色,不仅富丽堂皇,而且醒目大方,具有鲜明的民族特色。讨论当然是激烈的,观点与观点的碰撞,美与美的较量,稍有不坚定,就会被别人的意见左右,但林徽因一直坚定地坚持自己的观点,她对美对于国徽所代表的意义,有自己独特的看法。

经过3个多月的讨论和昼夜奋战,一枚定型的国徽图案诞生了。图

第五章
绽放真我,保持高贵而独立的灵魂

案外圈环以稻麦穗,下端用红绶带绾接在齿轮上,国徽中央部分和下方是金色浮雕的天安门立面图,上方绘有金色浮雕的五星,衬在红色的底子上,如同天空中飘展的五星红旗。整个图案左右对衬,庄严肃穆。林徽因提出的意见大部分被大家接受。

后来,经过些微的修改,在图纸上首,林徽因用红纸剪了"国徽"两个字,图的下方写了"国徽图案说明":

国徽的内容为国旗、天安门、齿轮和麦稻穗,象征中国人民自"五四"运动、新民主主义革命斗争和工人阶级领导的以工农联盟为基础的人民民主专政的新中国的诞生。

1950年6月23日,全国政协一届二次会议召开,林徽因被特邀参加了这次会议。会上,通过了由梁思成、林徽因主持并设计的国徽图案。当掌声在大厅里回荡的时候,林徽因激动得热泪盈眶,她病弱的身体,已无力从座位上站立起来答谢了。

新中国成立后的第二个国庆日,病骨支离的林徽因,由梁思成、莫宗江陪同来到金水桥头。仰望着城楼上悬挂的国徽,林徽因的泪水模糊了双眼,这是她用自己的骄傲捧出的辉煌。

坚持自己的立场,不轻易为了谁而改变自己,保持自我的独立性,尤其是对女人而言。女人容易被他人影响,被自己所认为的最重要的人所左右,最后失去了自我。坚持自己的立场,不管是输是赢,总能保持自己的身份和尊严。

与其浪费时间在别人身上,获得一时的好处,不如给自己制订一个完美的计划,一步一个脚印,走到自己期望的地方去。取悦只是一时的,而活得快乐却是自己的。与其等待别人"赏赐"幸福,不如自己创造。释放自己,让心灵自由,不失为一种莫大的幸福。

也许,偶尔你可能会被孤立,会被误解,但那都无妨,只要你活出

了真正的自己,那就是值得的。因为在这个世界上,没有一个人可以做到让所有人都满意,压抑一两次内心的想法没什么,可是压抑一辈子实在太委屈。人生短短几十载,何不做一个自由自在的人,听从自己的想法,快乐一生呢?要相信:当你成为大海时,百川自会汇聚;当你成为盛开之花时,蝴蝶自会飞来。

5. 自爱,才会更让人爱

女人的美,向来都是由内而外的。举凡美者,或样貌出众,摄人心魄,或才情、品质、举止,皆令人赞不绝口。林徽因却是个例外,她样貌出众,才情斐然,诗文让人心碎。她宛若一粒饱满而精致的种子,种在一寸之间,刹那花开。

身为女子,一颦一笑,一言一谈,总让人在心里流泻出一泓情感,不免暗自忖度:是什么让这个女子如此惹人心醉?是什么敲打着诗人的心?

是自爱。

懂得自爱的女人,内心是强大的。不需外界的恭维,不需他人心生怜悯,就孑然一身站在那里,等待绽放。曾经有一位著名的女演员说过,女人有三样东西是属于自己的:一是自己的身体,二是自己的知识,三是自己的朋友。

很多女人一生忍辱负重,一辈子拼了命爱儿女、爱丈夫,却唯独忘了她自己。即使是在现代女性身上,这种品质仍然根深蒂固。女人有了

第五章
绽放真我,保持高贵而独立的灵魂

家,她会爱孩子、爱老公,自然就把自己排在了最后一位。比如,她看上一款中意的时装,一看价格就开始打退堂鼓,琢磨着够老公买一件夹克,够孩子买一双小皮靴的了。买菜的时候,女人也很少考虑自己的喜好,总是捡孩子和老公爱吃的买。总之,就是不会爱自己。

而另外一些活得优雅精致的女人,她们穿自己喜欢的衣服,做自己喜欢的事,为这个世界增添一抹亮丽的色彩。

1935年初,南京国民政府决定修缮和养护山东曲阜的孔庙,梁思成成为这一重要工程的顾问。就在梁思成忙于工作的时候,林徽因的肺结核病又犯了。协和医院的大夫要求她卧床休息3年,但她只想休息6个月,她请了一位训练有素的护士照顾她并主持家务,这样她就可以和家人待在一起,也可以集中精力写作,这是病中的她唯一的爱好。她在尽力捕捉构成她许多当前情绪的那些消逝的梦想、感情和见解。

"听到我所熟悉的曲子,那时我还是一个很小的小女孩,乘坐着一艘船,穿过印度洋回家,那月光、舞蹈表演、热带的星空和海上的空气一起涌进了我的脑际,而那一小片被称作青年时代的东西,和一首歌里短暂的轻快片断一样,像梦幻一样地迷住了我,半是忧愁半是喜悦,我的心中只是茫然若失。"

到夏天,在这段近乎隐居的日子里,林徽因仍能静心地做着自己喜欢的事情,这让她心情愉悦。金岳霖这样说她那段生活,"她刚刚完成了一篇短篇小说,有节奏地展开一个接一个的美丽情节,直到高潮到来并沉入某种遥远和崇高的境界之中。"还说:"她不久就要到北戴河(北方的海边避暑地)去。"大约一个星期以后,林徽因从北戴河写信来说:"这里的天气是无可挑剔的。和平、健康和财富实际上到处可见,而海又是多么好!"

最美不过
林徽因

梁晓声曾在一篇文章中写道："倘若有轮回，我愿自己来世为女人。我不祈祷自己花容月貌，不敢做婵娟之梦；我想，我应该是寻常女人中的一个。那么，假如我是一个寻常的女人，我将一再地提醒和告诫自己——决不用全部的心思去爱任何一个男人。用三分之一的心思就不算负情于他们了。另外三分之一的心思去爱世界和生活本身。用最后三分之一的心思爱自己。"

用三分之一的心思爱自己，这番话说得多么动容。可世间能够做到这一点的女人，哪怕仅仅留四分之一的爱给自己的女人，也并不多见。尤其是在有了家、有了孩子之后，女人大部分的心思都放在了丈夫和孩子身上，心甘情愿地付出，无怨无悔地奉献。

这份爱是伟大的，可却让女人的生命或多或少缺失了一点点色彩。当岁月日复一日带走了那些美好的年华，再也寻不到任何蛛丝马迹时，看到斑白的两鬓，看到岁月在脸上刻下的痕迹，还有那些未曾实现却始终埋藏在心底的梦之花时，有几人可以毫不犹豫地说一句"我这一生了无遗憾"？

一位女作家在餐厅吃饭，遇到一对年轻的情侣。

女孩想喝酒，只见男孩白了她一眼，说她起哄，女孩就乖乖地放下酒杯，不再说什么。女孩想吃辣，男孩说了一句"我不吃"，女孩就没再提，把菜单递给了男孩。

女作家看得出，女孩很在意身边的男孩，一会儿变身男孩的丫鬟，一会儿变身他的姐姐或母亲，言语中带着关心与体贴，同时还有一份依赖。男孩除了外表出众之外，女作家没觉得他有什么特别的吸引人之处，至少在吃饭的那段时间里，他始终摆出一副高傲的表情，言语上也丝毫不客气。

第五章
绽放真我,保持高贵而独立的灵魂

看到眼前这一幕,女作家不禁想起不久前刚刚离婚的一位女性朋友。当年,她对爱人倾心倾力,毫无保留地付出,甚至愿意为了他放弃自己最钟爱的职业,远离父母家乡跟随他去了别的城市。她的心里只有他,处处想的都是他,对自己的生活从未静心思索过。

就像电影里一贯演绎的情节那般,男人出息了,却抛弃了她。在他决意要离婚时,她还在穷追不舍地问为什么。他给出一句冰冷的话:"不是你不好,而是你太好了,这份好让我觉得太压抑。"她明白,他觉得自己终日围着他转,厌烦了。

女作家为眼前的女孩感到担忧,她不知道,女孩未来的生活会怎样。可她心里隐隐地会感觉到一丝不安,她很想走向前去告诉女孩:"不要为了任何一个男人忽略自己的存在,也不要在爱情的世界里迷失自己。唯有懂得自爱的女人,才会拥有他人的爱,才值得被人深爱。"

奥修曾经说过:"石头吸引石头,花朵吸引花朵。如此一来,会有一种优雅的、美妙的、充满祝福的关系产生。如果你能够得到这样的关系,那将升华为虔诚的祈祷,极致的喜乐,透过这样的爱,你将领悟到神性。"

女人只有懂得爱惜自己,才会在任何时候都不伤害自己。爱惜自己,即使遇到情场失意、事业受阻带来的短暂的低落,也不会因此而堕落或放纵。爱惜自己,真正关注自己的健康状况,积极地参与健身运动以保持自己良好的身材,不会吝惜花在保养容貌及身体上的金钱与时间。爱惜自己的女人,会拥有良好的生活习惯,不会抽烟、饮酒,不会通宵达旦地宴饮狂欢,损害自己的身体。

如果一个女人把爱自己理解为"自我放纵",那就是大错特错,因为这不叫爱自己,而是毁自己。如暴饮暴食、烟酒过度、生活习惯不规

最美不过林徽因

律、完全不运动、不吸收新知识、懒惰等行为,都是在虐待身体,伤害自己。错误的放纵,实际上等于自我憎恨,这是在害自己,跟自己过不去,更是对自己的不尊重。

真爱应当是健康的,给人感觉自由、愉悦,也唯有在自由、愉悦、享受的气氛下,爱才能得以滋长。爱别人时应该如此,对自己也一样。

爱自己也要正确健康地去爱,首先要让自己感受到真正的自由,时时倾听内心的声音,和自己对话,诚实地面对内心深处的各种欲念。这样,我们才会在纷繁复杂的人事中不受约束,才能完全保持平衡。当我们能用这样的态度爱自己时,就能真正了解爱的意义,而且有能力去爱其他人。

爱自己,就要诚实地面对自己真实的感受和欲念,选择自己想要的,不曲意承欢,不委曲求全,不因为刻意讨好别人而压抑自己。

其实,爱自己是一种责任,就像爱家人和朋友一样。我们只有爱自己,珍惜自己,才会小心翼翼地保护自己内心的纯净,才能抵抗太多的诱惑和堕落。这样也才能真诚、健康地爱自己所爱的人,同时也能保证自己的家庭和事业都向着良性而又健康的方向发展,这才是生活中真正的幸福。

一位国外知名女星说过:"我不怕自己变老,我获得的智慧和成长是上帝送给我最好的礼物,我不感叹青春的流逝,我只想让自己成为无论几岁都是这个年纪中最棒的女人!"爱自己的女人,懂得取悦自己的女人,无论走到生命的哪段时光,都是最好的状态。

无论你是资质平平的普通女孩,还是天生丽质的漂亮女人,都请你好好地爱自己。这是属于你的权利,也是给自己创造幸福和快乐的能力。一个女人只有懂得爱自己,让自己幸福,才有资格让别人去爱、去尊重、去欣赏,才有能力给别人幸福。爱自己的女人,身上散

第五章
绽放真我,保持高贵而独立的灵魂

发出来的正能量,会让每一个靠近她的人,感受到那种从内至外的自信与从容。

弗朗索瓦丝·萨冈曾说:"总是有这样一段年纪,一个女人必须漂亮才能被爱;也总是会有这样一段时间,她得被人爱了才更美丽。"记得将这段话铭记于心。在你懂得精心地爱自己后,就不会畏惧岁月这把无情的雕刻刀,而是在岁月中慢慢蜕变出美如珍珠的光华。

第六章
好好修养爱，不做爱情的守望者

爱情是林徽因一生最出彩的地方。徐志摩视她为诗意的源泉、情感的梦幻，为听她的演讲最终魂归蓝天；金岳霖为她终生未娶，一生都与她毗邻而居；梁思成为她终其一生情致，给予默默无闻的呵护。爱，就是一场修行，女子当如林徽因，在爱情的舞台上，舞出最美的"华尔兹"。

第六章
好好修养爱，不做爱情的守望者

1.男人没有最好，只有最合适

张小娴曾经说过："爱上一种味道，是不容易改变的。即使因为贪求新鲜，去尝试另一种味道，始终还是觉得原来的那种味道最好，最适合自己。"

金属锡痛恨自己太软弱，一直都想找个办法让自己变得坚强些。锡知道金刚石非常坚硬，它渴望金刚石吸收自己，但却遭到了拒绝。锡又找到了生铁，没想到还是被拒绝了。

屡屡碰壁，锡的心里很难过。它把自己的苦闷告诉了和它一样软弱的金属紫铜："我们都很软弱，谁能帮我们呢？"

紫铜说："锡，你也不要伤心了。如果你不嫌弃的话，我们结合在一起吧！"于是，伤心欲绝的锡投入了紫铜的怀抱。

然而，就在它们结合的那一刻，奇迹发生了。锡和紫铜不再软弱，它们都变得很坚硬，而且它们还有了一个共同的名字——青铜。

生活中总有这样的情景：一个帅气的男孩选择相貌平平的女孩做女友，一个美丽的女人非要嫁个身材矮小的男人做妻子，一个才华横溢的男人甘愿与一名普通的女工过一生。他们看起来如此不般配，却过得很幸福，甚至实现了"执子之手，与子偕老"的梦想。或许你曾质疑过他们的选择，也曾一度想要知道他们幸福的奥秘。此刻，我相信你已经从上面的寓言故事中找到了你想要的答案。

两种同样软弱的金属物质，结合在一起竟然能够变得异常坚硬，

最美不过
林徽因

这也暗喻了一点：在爱情和婚姻中，最合适的就是最好的。如果把锡比作女人，把紫铜比作男人，那么两个最合适的人结合起来，就是幸福。这个道理，女人们大多都听过，但不是每个女人都能在爱情路上作出正确的选择。事实上，她们往往都是在亲身经历一些事情之后，才能真正领悟到其中的真谛，不过这也总好过执迷不悟。

在我们一生中，谁是最适合我的人？谁是能与我白头到老的人？我们在面临选择时，总是问自己这样的问题，谁能与我相伴一生？

两性之间的捕捉与追逐是最常见的爱情形式。但爱情是追到手的吗？显然不是。爱情是两个人、两颗心的相互靠近。在你喜欢上他的那一刻，也许他已经喜欢上你了。

林徽因和梁思成是年少时的玩伴，再相见，更是相互理解，相互吸引的。他们在很多方面极为相似，如价值观与人格、兴趣和经验、人际风格，这让他们之间的好感可以相互传达出强大的力量。诚然，门当户对也很重要，但最重要的是兴趣相同，不然，没有共同语言，即使在一起，仍然会感觉到孤单。他们一样热爱文学、热爱艺术，也热爱建筑学，这让他们在相伴中能够相知，相处中可以相容。

能够和林徽因相爱，让梁思成觉得自己是世界上最幸福的人。在他眼里，林徽因是完美的化身。她的秀美、灵动，以及她的气质、见识，无一不让他倾心。他对林徽因不仅是情爱，更是欣赏和珍爱。

林徽因也沉浸在爱的幸福中。两心相许、真挚深情地去爱和被爱，是她从少女时代就有的梦想和渴望，而梁思成让她的梦幻成真。

对于两个相爱的年轻人的未来，家里早有安排——等梁思成从清华学校一毕业，就送他们去美国留学深造。但老天好似非要考验他们，看他们是否能相互扶持走完一生。

1923年5月7日，北京的学生举行"五四国耻日"游行，梁思成和弟

第六章
好好修养爱，不做爱情的守望者

弟梁思永驾驶摩托车追赶游行队伍，结果被大轿车撞倒，摩托车重重摔倒在地，梁思成被压在摩托车下面，梁思永被甩到远处。因为这次事故，梁思成的左腿就比右腿短了1厘米，跛足和由于脊椎病而装设背部支架的痛苦从此伴随了他一生。

林徽因得知消息后，迅速赶来看望，并守在梁思成的病床边照顾。此后，她天天来看望梁思成，在每个下午都坐在病床边，热心地和他说话，开玩笑、安慰他，或者帮他擦汗、翻身。患难见真情，对处于恋爱中的人来说，爱人的一个眼神或一个微小的动作，都会让对方感到异常甜蜜。

但令林徽因感到沮丧的是，她的表现没有得到梁思成母亲的赞赏。这个古板守旧的老妇人认为，一个未婚女子这样频繁地抛头露面，与异性接触，实在是太出格了，她甚至断定梁思成娶这么个女子不会幸福。林徽因得知后自然很是苦恼。

突如其来的灾难并没有分开两个相爱的人，反而让他们的心灵更加紧密地结合在一起。次年7月，林徽因、梁思成前往美国进修。此时，梁思成不时收到姐姐梁思顺的来信。姐姐与母亲还是对林徽因很不喜欢，坚决反对他们俩结婚，这让梁思成异常苦恼。林徽因对此自然感到非常委屈，她并没有做错什么，但这些事还是让她感到抑郁，后来更因此生病。令林徽因欣慰的是，梁思成很懂得林徽因的苦衷，还十分体贴。

后来，因为同在美国留学的弟弟梁思永的劝说，姐姐对林徽因的态度终于有所改变。但这时，梁思成的母亲病重，而他刚入大学不久，无法返回，由此一来，他和林徽因终日黯然神伤，内心十分痛苦。

次年，仍在美国的林徽因接到了父亲林长民去世的消息。得此噩耗，林徽因悲痛万分，大哭不已。她与父亲的感情非同一般，亦父亦友，她是父亲最疼爱的孩子。正当壮年、年仅49岁的父亲竟然就此离

最美不过
林徽因

世,怎不叫她伤心欲绝?父亲一生清廉,家里的积蓄仅有300块,母亲和弟妹又该如何生活?此时,林徽因恨不能立刻回国。这时,父亲的好友、梁思成的父亲梁启超发来电报说,家里的事不用她担心,他会帮着处理,要她好好注意身体,安心在美国求学。梁思成也一直陪伴着几近崩溃的她,并劝说她继续求学,林徽因这才终于没有回去。但她心里难过至极,整天以泪洗面,很快就病倒在床。这段时间,梁思成一直无微不至地照顾她,帮助她渡过难关。

真正的爱情,不止是花前月下,也要经得起雨打风吹。从梁思成当年的伤病、他母亲的强烈反对,到经历梁思成母亲和林徽因父亲相继过世的痛苦,再到她的病倒,两人几经磨难,但一直不离不弃、相伴相依,这才有了他们后来的幸福相随。

真正的幸福,不是寻找到最优秀的人相伴,而是找到最适合的人相随。真正的了解,不是看清他的人,而是懂得他的心。

雨雯是个优秀的女孩,人长得漂亮,工作能力强,身边不乏追求者。不过,雨雯对于选择男朋友的事很谨慎,她的态度就是宁缺毋滥。雷奥是雨雯大学时代的校友,是个儒雅的男人,他对雨雯一直情有独钟;公司的同事乔安是个事业型的男人,对雨雯也颇有好感。两个人对雨雯都展开了猛烈的追求,周围的朋友劝雨雯选择乔安,说这样的成功男人不可多得;雷奥倒是人不错,可总觉得雨雯嫁给他这样一个平常的男人有点委屈。朋友们的话雨雯听在心里,可她有自己的想法。

在雨雯生日那天,她收到了两份特别的礼物。雷奥和乔安都知道雨雯几天后要参加姐姐的婚礼,于是不约而同地为她买了双鞋。乔安送了雨雯一双古奇的高跟鞋,是当下最流行的款式;而雷奥却送了一

第六章
好好修养爱,不做爱情的守望者

双普通的、看似有点老气的坡跟凉拖。看到这两份礼物之后,雨雯在心里作出了选择。

朋友们笑雨雯傻:"乔安那么有品位的男人你不要,非要雷奥这个土老帽。你看看他送的鞋子,怎么能在婚礼上穿呢?"雨雯笑了笑,说雷奥更适合自己。

原来,雨雯的脚一直有伤,每次穿高跟鞋的时候,脚后跟都会疼。在婚礼上,她要给姐姐做伴娘,一天下来肯定会很累,如果穿高跟鞋脚会痛得走不了路,穿坡跟鞋会更舒服一点。雨雯觉得自己在生活中是个粗心大意的人,有时为了工作废寝忘食,她渴望有个人在身边照顾自己,关心自己,雷奥的这份踏实和细心正是雨雯所需要的。至于乔安,或许他是浪漫的,懂柔情的,但雨雯的世界最需要的并不是这些,她要的是一个贴心的爱人。

有人曾说,爱情就是当你知道对方不是自己所崇拜的人,而且明白对方还有着种种缺点时,仍然选择了对方,而不会因为他的缺点否定其全部。雨雯知道雷奥不懂风情,不像乔安那样了解女人的心思,但她仍旧选择了他,只因为他适合自己。

2.有一种爱叫做放手

爱要学会放手,喜欢一个人不一定在一起才幸福,真正的爱便是如此,不求回报,不愿拖累,即使爱已深入骨髓,也毅然选择放弃。如若

最美不过
林徽因

那满满的爱带来的只是无尽的烦忧,以及对自由的束缚,那爱便太重、太沉、太苦了。何不放开手里的缠绕,让爱的人自由,让爱自由呢?

从小到大,我们一直都在寻找着可以与人连结,又可以与自己连结的双向感情。我们在寻找所爱的人的同时,也希望对方对我们有着同样的感情。结果也只有两个,爱或不爱。最怕的就是当爱已不在,唯一的出路就是放弃和放手。

也有一种情况就是,还爱着却因为种种情况不能再爱。我们常常听人说:"爱一个人,就要让他幸福!"但在现实生活中,要做到这一点并不容易,因为他的幸福未必是自己能给的。那也意味着有时我们必须放手让爱的人走,这是一个痛苦的抉择。因为要放弃曾经有过的美好感觉,放下曾经拥有的执著。

金岳霖比林徽因大9岁,比梁思成大6岁,夫妇二人视他如兄长,他们毗邻而居,关系十分亲近。后来战乱,偶尔不在一地,例如抗战时在昆明、重庆,金岳霖每有休假,总是跑到梁家居住。金岳霖对林徽因的人品才华赞美至极,十分呵护她;林徽因亦对他十分钦佩敬爱,他们总是能适时地明白对方的意愿,心灵沟通非同一般。时日长久,两人之间产生了一种微妙的感情,但这时林徽因已经罗敷有夫,而且丈夫梁思成一直爱她敬她,他何其无辜?当什么事情都没发生过,她又做不到。

终于有一天,林徽因经过深思熟虑,对梁思成毫不隐讳地说起自己同时爱上了两个人,不知怎么办好。她坦诚得如同小妹求兄长指点迷津一般,把决定权交给了自己丈夫。梁思成听到后,矛盾痛苦至极,但他比较了金岳霖优于自己的地方。梁思成在文学、艺术各方面都有一定的修养,但缺少金岳霖那哲学家的头脑。金岳霖精通英文,习惯于用英文思考哲学和逻辑学问题,但又在中国传统文化中浸濡很深,总能跟上林徽因那敏捷的思维,并常常可以切中要害。同时,他和林徽因

第六章
好好修养爱，不做爱情的守望者

在艺术上有更多的话题，他对中国山水画有很高的鉴赏力，还酷爱京剧，家中收藏有许多京剧名角的唱片，自己也能唱得有板有眼。苦思一夜，次日，梁思成眼圈晕黑，决定把选择权交给妻子："你是自由的，如果你挑选老金，我将祝你们永远幸福！"林徽因又原原本本地把一切告诉了金岳霖，金岳霖的回答更是率直坦诚："看来思成是真正爱你的，我不能去伤害一个真正爱你的人，我应该退出。"于是，他欣慰地放手了。此后，他们三人毫无芥蒂，终身为友。金岳霖一直跟着梁、林作邻居。他们相互间也更加信任，甚至有时梁、林夫妻俩吵架，也是找理性冷静的金岳霖来仲裁。

放手和放弃，其实并不是非得在爱情消逝的时候去做。事实上，当爱情还在的时候，在爱还没成为伤的时候，就该懂得放手的智慧，这也是爱情中最高的智慧。林徽因正是因为她的这种智慧，使她在三个人的爱情中还能保持清醒，以她的坦诚赢得了丈夫的谅解和金岳霖的尊重。

每天，蜜蜂都会来到花园，直奔着一株玫瑰花飞去，拼命地吮吸着花蜜。那是一株大朵的红玫瑰，它美丽的样子和甘甜可口的花蜜，令蜜蜂沉醉不已。对于蜜蜂来说，如果每天能够从它的身上吮吸一点花蜜，简直就是人生中最幸福的事。

然而，一场大雨过后，那朵盛开已久的玫瑰花枯萎了。蜜蜂像往常一样，又落在玫瑰的花蕊中。它拼命地吮吸着，但这一次它吮吸到的不是花蜜，而是毒汁。蜜蜂知道这一点，因为毒汁是苦涩的，与花蜜的味道完全不同。但它不甘心，也舍不得离开，它只是不停地抱怨，为什么花蜜的味道变了。

终于有一天，蜜蜂不知道因为何故，扇动着翅膀飞高了一点。这时

最美不过
林徽因

候,蜜蜂突然发现,那朵枯萎的玫瑰花周围,到处都是鲜花,只是一直以来它忽略了。

娇艳的玫瑰象征着爱情,采蜜的蜜蜂象征着爱情中人。美丽的爱情会给人带来甜蜜的幸福感,可当爱情枯萎的时候,人们就无法再从中吸取甜蜜了,若是苦苦强求,最终得到的也只是苦涩。可是,在现实生活中,当一场轰轰烈烈的爱情成为过往时,年轻的脚步总是难以做到从容又决绝,就像蜜蜂一样苦苦留恋着过去的美好,不肯承认自己吮吸的是毒汁。要知道,世间万物都有生命,爱情也不例外。所谓的海枯石烂,不过是一个遥不可及的承诺,如果两个人能够让这份感情保持到彼此生命结束就已经是"永远"了。若是没能相扶走到老,那也不必为此拒绝未来,试着放手继续走自己的人生路,才是明智的选择。

莜沐与林峰的恋爱像一场马拉松赛,顺利地走过了三年之痛,熬过了七年之痒,终于步入婚姻的殿堂。林峰的家庭条件很优越,莜沐与他结婚的时候举办了一个中西合璧的婚礼,美煞了婚礼上的那些待字闺中的女友们。然而,浪漫的婚礼并没有让幸福延续。

婚后不久,林峰就有了外遇。不过,纸终究包不住火,他用出差之名欺骗莜沐的把戏被揭穿了。莜沐崩溃了,丈夫对于自己的出轨并没有丝毫的愧意,甚至当着莜沐的面谈及和那个女人的故事。莜沐给了林峰一个耳光,消失在他的视野中。

莜沐选择了离婚,由于房子是林峰婚前的财产,莜沐无权拥有。这一场失败的婚姻,莜沐净身出门,她真的一无所有了。莜沐不敢把这件事告诉朋友和父母,她觉得自己很丢脸,结婚才八个月,家里就出了这样的丑事。别人听了是会骂林峰负心汉,还是骂自己瞎了眼?

第六章
好好修养爱,不做爱情的守望者

没有林峰的日子,莜沐突然发现自己失去了生活的方向,因为她这些年的人生始终都以林峰为圆心,没有了这个"点",生活该怎么继续?那段日子,她辞去了工作,每天抽烟、酗酒,在堕落中寻求解脱,可她的心终究捱不过那段痛苦的记忆。直到有一天,她接到了好友晴的电话,一个晴天霹雳般的消息传进了她的耳朵:晴得了乳腺癌!

莜沐停止了对生命的挥霍,她第二天便出发去了晴所在的城市。这个和她相识已有十年的女子,是她最好的朋友,现在竟然站在了死亡的边缘……莜沐不愿接受这个事实,更不敢接受这个事实,她害怕再失去一个至亲至爱的人。陪伴晴的日子里,莜沐暂时忘记了痛楚,她觉得自己是晴的支柱,她唯一的心愿就是晴能够坚强地活下去。

最终,晴选择了切除左侧的乳房,尽管这让她失去了做女人的魅力资本,但与生命比起来这些都不重要了。陪伴在晴身边的莜沐,在目睹了这一切之后也终于明白,不管发生什么都要好好地活下去!

我们都知道世间有一种爱叫做长相厮守,却不曾想还有一种爱叫做放手,就像芬芳带刺的玫瑰,用结束自己娇艳欲滴的生命成全恋人的爱情;就像惊艳的昙花,用刹那盛开的美丽成全了夜的寂寞。当爱已成往事,心爱之人已经离你而去,那就该勇敢地说一声"再见"。爱不再重来,但生活却依然在继续,一个人的世界多了一分寂寞,但也少了一份沉重与不安。当他不爱你的时候,就该试着学会放手。

也许每件事都有对错,唯独爱情分不出绝对的对错,每个人想要选择的爱情不一样,勉强的爱情就像是强扭的瓜,不甜!许多时候,我们固执地认为,爱就是拥有,即使明知爱已走远,但心里仍存有一份侥幸,觉得只要我们牢牢握紧,他就还会回来,事实却是,我们握得越紧,他越会远走。

当爱已走远,很多不美好的感觉开始浮现心头;紧紧拽着,只会让

最美不过
林徽因

自己和对方一起痛苦纠结,能否惩罚对方是个未知数,但是自己绝对是被惩罚最深的一个。因为自己把自己享受快乐和幸福的可能剥夺了。爱不是一种权利,更不是交易,所以不能用占有和控制的方式对待它,因为你能控制和强迫对方的身体和行动,却束缚不了对方的心。因此,林徽因的智慧更让人觉得敬佩。

所以,在生活中,如果有一天我们遇到了这样的情况,当爱情逝去,不需要争吵,也不要让我们的记忆永远停留在灰暗的角落里;如果有一天我们想放弃对方,不要觉得是负担,因为这是给双方幸福的机会。

莎士比亚说:"再好的东西都有失去的一天,再深的记忆有淡忘的一天,再美的梦也有苏醒的一天,该放弃的绝不挽留。"因此,当爱情走远的时候,无论是发生在自己或是对方身上,放手是唯一的出路,也是最明智的选择。如果不能放弃曾经的美好,不能放下曾经的执著,只会让更多的痛苦压在自己的心上。失去了一个爱人,但不要因此丧失爱的能力,他可以不爱你,但他不能阻止你爱自己,你也不要让他的离去剥夺了你重新开始享受快乐和幸福的机会。

当爱情走远的时候,学会用微笑来送别吧!但你要继续相信爱情,相信好男人还存在,并在茫茫人海中寻觅你。失意的时候回味一下韦庄的那首词:"春日游,杏花吹满头。陌上谁家年少,足风流。妾拟将身嫁与,一生休。纵被无情弃,不能羞!"是不是仿佛看到了一千多年前那个敢爱敢恨、敢作敢为的女人,鲜活地出现在你眼前?没错,做女人就要这样豪迈洒脱,活得潇潇洒洒!

第六章
好好修养爱，不做爱情的守望者

3. 偷来的爱情迟早要还

人生的路上，爱，妙不可言。爱情是盛开在女孩子青春岁月里的一朵玫瑰，芬芳、娇艳。可是，有些人却爱得身心疲惫，伤痕累累，这样的爱情是开在深夜里见不得阳光的"恶之花"，改变了爱情原有的面貌和滋味。这一切只源于爱情里的第三个人。

爱上一个不该爱的人，为什么我们还要爱呢？明知他有家室，给不了自己未来，却依然不管不顾地投入他的怀抱，自己的行为无异于飞蛾扑火，结局可想而知。有的时候说自己爱他就足够了，不要求他给你婚姻，但没有未来的爱情是不可能圆满的，为何要用爱情的名义来伤害自己呢？

当林徽因遇到徐志摩时，她正值花季，而他，已经是一个3岁男孩的父亲。

他是父亲的好友，也是林家的常客。每天下午4点，是林家的下午茶时间，常有父亲的朋友来此聚会，林徽因担任了女主人的职责。她轻盈的身影会不时出现，恰到好处地续上茶水，端来热气腾腾的点心，有时她会好奇地插上几句，有时候，也会代父亲接送客人。

随着与林长民交往的深入，徐志摩和林徽因也逐渐熟悉。他发现，这个梳着两条辫子、像个不谙世事的中学生模样的小姑娘，不仅长得俊秀可爱，而且是个可以对话的朋友。他们常常谈及一些作家作品。林徽因的表达能力极强，她的北京话略带一点儿福建口音，而英语则是地道的牛津音，发音吐字有音乐感，听上去舒服极了。徐志摩和她谈自己的求学经历,谈政治理想,谈济慈、雪莱、拜伦和狄更斯……林徽因大部分时候是忠实的听众,她饶有兴味地听他滔滔不绝,间或插上几句精妙的点评。这样的对话,对于说者和听者,都是精神的盛宴和享受,这让他感到兴奋。他觉得,徽因的可爱不仅在她的外貌,更在她活泼跳跃的思维,明澈清新的识见。她对文艺作品的理解和悟性超出了她的年龄。

此后,他总是早早地来到林家,在聚会中目光紧紧地追随着林徽因,林徽因的一举一动、一颦一笑在他看来都宛若天籁。他寻找着各种借口在林家磨蹭,使自己是最后一个离开林家的客人,那样,林家的大小姐就可以大大方方地送他一程。

终于有一天,徐志摩不再满足精神上的交流了,他想对她坦白和倾诉自己的情感,他把那封炙热的信投进沙士顿小镇的邮筒。

面对徐志摩热烈而率真的感情追求,林徽因不知所措了。她爱徐志摩广博的见识、独立的见解、奔放的性情及坦荡率真的为人,也感激徐志摩为她打开了心灵的空间、生活的空间,她的精神在这种交流中得到了舒展和升华。她承认,她喜欢和徐志摩在一起,除了父亲之外,她从来没有和任何异性说过这么多话。

16岁的林徽因还不太区分得清,在她对徐志摩的感情里,有多少是友情,多少是异性间的倾慕。也许,这些情感本来就是互相纠缠在一起的。用林徽因的终身好友——费慰梅的话来说:"她是被徐志摩的性格、他的追求和他对她的热烈感情所迷住了……对他打开她的眼界和唤起她新的向往充满感激。""在多年以后听她谈到徐志摩,我注意到她的记忆总是和文学大师们联系在一起——雪莱、济慈、拜伦、曼斯菲尔德、弗吉尼亚·沃尔夫以及其他人。在我看来,在他的挚爱中他可能承担了教师和指导者的角色,把她导入英国诗歌和戏剧的世界,以及那些把他自己也同时迷住的新的美、新的理想、新的感受。"

第六章
好好修养爱,不做爱情的守望者

最初的慌乱过去后,林徽因沉静了下来。当初,正是清楚地知道徐志摩是有家室的人,才会毫无顾忌地跟他交往,她怎么会去破坏别人的家庭?更何况,出身名门、从小跟着祖父母生活的林徽因,尽管后来阅读了许多西方文学作品,但她仍然是在传统的伦理教育中长大的。

单纯的生活阅历、高傲的性情以及她的理性,都使她不会去做爱情中的第三者。她很明白,这样的爱情少有修成正果的。

与爱情应有的美好、甜蜜不同,第三者的爱情更多的是痛苦、无奈、煎熬,甚至自责。有人把第三者的爱,比做毒酒,常让饮者含恨,他们的结局往往超过爱情本身,甚至惨烈到令人叹息。越是这样,越是让他们欲罢不能,不认输、不甘心,为什么自己的爱情会是这样?最后,一步步变得偏执而冲动。爱,一旦变成怨和恨,就是一把锋利的刀。伤人,也伤己!

这桩事情传到了国内,林徽因的几个姑姑在这桩事关林徽因的终身大事上空前的一致。她们无论如何也不能想象,林家的大小姐会嫁给一个有妇之夫。她们写给林长民的信措辞激烈,强烈地表达了家族的意志和声音。

于是,徐志摩等到了林长民的一封信:

志摩足下:长函敬悉,足下用情之烈,令人感悚,徽亦惶恐不知何以为答,并无丝豪(毫)mockery(嘲笑),想足下悮(误)解耳。星期日(十二月三日)午饭,盼君来谈,并约博生夫妇。友谊长葆,此意幸亮察。敬颂文安。弟长民顿首,十二月一日。徽音附候。

父女二人没有绝决地拒绝他,但也清晰地表达了他们的立场,将他们的关系定位在了"朋友"上。1921年秋,林长民出国考察的时间到期。10月,林徽因随父亲乘海轮归国。

最美不过
林徽因

　　后人早已无法得知林徽因到底有没有爱过徐志摩,但她对爱情清醒而理性地处理使她得到了更多人的尊重。是啊,在爱情里,第三者的境遇是痛苦可悲的,而爱情的另一方,也同样忍受着煎熬。他背叛了自己的婚姻,却不能给所爱的人一份完整的爱情,他同样受着世人的非议和良心的拷问。爱情的姿势有许多种,但我们应该拥有一种最美的姿势!

　　所以,当你深陷在三个人的爱情里无力自拔时,不要急着下结论,要多看看自己、多想想对方,多思考这份爱情究竟给你带来了什么,是幸福,还是痛苦?如果你能看清楚,你所坚持的爱情到底给自己、给对方带来什么,就会有一个正确的选择!爱一个人,不仅仅是占有。当这份爱,带给对方也带给自己太多的困惑和痛苦时,或许放手,才是对爱的救赎。

　　人的一生会面临很多选择,有些事情可以做,有些事情不可以做。爱情也是一样,有些爱情是不被允许的,一个自尊自爱的人不会去做第三者。女人要管住自己的心,理智地控制感情,不要沦为感情的奴隶。自己的青春没有必要浪费在一段阴暗的爱情中,不做第三者,既是尊重别人,也是尊重自己。不必徘徊于这样的恋情,只有属于自己的感情才会让自己幸福一生。当女人遇到错误的恋情时,聪明的女人懂得放手,懂得从第三者的队伍中把自己拯救出来,懂得忘掉伤痛,去寻找属于自己的爱情。能把自己的爱情经营得成功的女人,就是一个成功的女人。

第六章
好好修养爱,不做爱情的守望者

4.适可而止的爱情是一种幸运

自从人类发现爱情的存在,就注定了人要被情所累,为情所伤!爱情是美丽的,但爱也是一把双刃剑,即可伤害别人,也可伤害自己。

爱情似火,但不能无度燃烧。很多时候,爱情真的应该适可而止,世间的痴男怨女总给爱情加载太多的负担与现实,使爱情失去了原有的味道。爱需要的是默契,是宽容和理解,爱,需要适度。

1920年的秋天,伦敦,24岁的徐志摩遇到了小他8岁的林徽因。16岁的林徽因,花骨朵一般的新鲜、灵秀、清幽,使徐志摩一见惊目,再见倾心,于是心心念念,辗转一番写下滚烫直白的情书一封。

和父亲在伦敦生活的那段时期,林徽因是孤单的,林长民平日事务忙碌,经常是她一个人守着空荡的大房子,看书、吃饭、偶尔哭泣。特定环境特定时期,出现了这么一个对她热辣示爱的人,即便是真的不懂用情也该有过撞鹿的心动吧。大家都知道,徐志摩这个人是标准的美男子,五官端正,齿白眸明,面相线条柔和,有女性的阴柔之美。但又决不是华而不实、惯混风月场的纨绔子,他干净温和又性情奔放,才华横溢又见解独特,梁实秋就说他"行文典雅丰赡",茅盾则评价其为"中国布尔乔亚的'开山'的同时,又是'末代'的诗人"。所以,林徽因本人和其家人,才一直肯承认林徽因确实被徐志摩热烈追求过(若遭一介平庸书生爱慕,事件再轰动,怕也是不值一提)。想必那时,林徽因对徐志摩也是有过爱的暗示的,哪怕仅是欣赏和喜欢,也促使已结婚生子的他爱得更加理直气壮,到最后干脆一意

最美不过
林徽因

孤行,弃了原配张幼仪,成了民国第一个离婚的男人。

在懵懂的16岁,林徽因未必没有对徐志摩动过心,但她理性地选择了沉默,郑重地珍藏起了徐志摩的情感,对这份美好的情感她永远报以深情的凝视。这使她在以后的岁月里,始终与徐志摩保持着朋友间真诚而纯洁的情谊,而她对徐志摩感情的理解和尊重也使她永远拥有徐志摩的敬重和挚爱。

多年以后,徐志摩乘飞机遇难,悲痛的林徽因在给胡适的信中,谈到自己对徐志摩的感情:

我的教育是旧的,我变不出什么新的人来,我只要"对得起"人——爹娘、丈夫(一个爱我的人,待我极好的人)、儿子、家族等等,后来更要对得起另一个爱我的人,我自己有时的心,我的性情便弄得十分为难……

这几天思念他得很,但是他如果活着,恐怕我待他仍不能改的。事实上太不可能。也许那就是我不够爱他的缘故,也就是我爱我现在的家在一切之上的确证。志摩也承认过这话。

从中,我们可以看到林徽因真实的心迹,不是不爱,亦非不敢,而是不能。

任何事情都有两面性,她有她的选择和坚持,她也深深懂得,要生动就得折腾,要宁静只有淡泊。过分的热情和过于执著的追求,往往会失去最基本的理性的克制。徐志摩的感情率性、浪漫、沸腾,注定了他感情的摇摆性和不确定性。这一点,冰雪聪灵的林徽因应该最清楚。因为终日和这样一个郁郁寡欢的母亲生活在一起,林徽因更加确定了自己想要的婚姻——健康、安宁、包容、圆满,不要一丝差错。这样的婚

第六章
好好修养爱,不做爱情的守望者

姻,只有梁思成可以给予。

人生路上,要走的不是两三天,而是一世。感情的事,最难之处,不在于爱上一个人或是对他说我爱你,而在于爱的尊重、爱的持久和爱的平等,因此,必须懂得把握尺度,适可而止。

在后来处理和金岳霖的感情时,林徽因亦聪慧地做出了自己的选择。

如果说徐志摩是有福气的,见识了林徽因新兰般清灵的年华,那么另一个爱慕林徽因的男人金岳霖是幸运的,可以几十年陪伴林徽因左右,直至终老。

据金岳霖称,当年他还是通过徐志摩认识林徽因的。那时,梁思成和林徽因的家在北平一座典型的四合院里,几乎每周,家里都举办沙龙聚会。一身缎子长袍,脖子上绕着一条精细马海毛围巾的徐志摩是沙龙的常客。西装革履,仪表堂堂,一米八高个头的金岳霖则是徐志摩亲近的朋友,某一日随了去,此后风雨无阻,热情不亚于徐志摩。那年的林徽因已结婚生女,着一袭淡雅旗袍,穿着并不时髦光鲜,但超俗的气质和举手投足之间的从容自信,深深地吸引着当时参加沙龙的各界名流,更有无家无室无牵无挂的金岳霖。

金岳霖是相当优秀的男人,青年时代饱受欧风美雨浸淫,文化底蕴扎实丰沛而不刻板,理智处世,笃实为人,不少女性包括外国女郎对他倾慕至深,但偏偏是这样的一个男人,遇到了别样的林徽因,于是一切繁华便沉寂了,花草再招摇,他自守着怜着这一朵奇葩,心无旁骛,别无二念。这样好的男人,心思玲珑,情感丰富的林徽因自然不会无动于衷,于是在某一日,她仰起脸来,单纯又复杂地看着梁思成坦言道:"我爱着一个你,同时又爱上一个他,如何是好?"面对孩童般透明的妻子,梁思成思量了一夜后说:"老金比我好,你是自由的,如果决定选择

最美不过林徽因

他,那我会真心祝你们幸福。"林徽因将此话转达给金岳霖,金岳霖的回答也同样令人惊异甚至动容:"看来思成是真正爱你的,我,不能伤害一个真正爱你的人。我应该退出!"

1955年,51岁的林徽因去世。心就那样一下子被硬生生地掏空了,追悼会上,金岳霖的泪水,一刻都不曾停止。他送上了一幅极尽赞美的挽联:"一身诗意千寻瀑,万古人间四月天!"

林徽因的玲珑剔透,只能意会,不能言传。

谁都知道,在这芸芸众生中寻找一个值得爱的人并不容易,有时穷极一生也未必如愿。太多的时候,爱别人或者被别人爱都是进退两难的,就如徐志摩之于林徽因。而真正懂爱的人不会让自己爱的人受伤,值得让你流泪的人也不会让你哭泣。金岳霖和林徽因志趣相投、交情至深,他们一直毗邻而居,一生为友。从1932年到1937年夏的北京北总布胡同,到四川李庄,再到新林院,他以这种温和的方式默默守护心中至爱,她习惯着他的呵护,任何时候,只要她需要,他都在,只要他在,她就心安。

幸福不是因为你找到了一个完美的人,而是你与一个合适的人努力建立了一种完美关系。如果太关爱、讨好他,容易把他宠坏。但太自我、高傲,又会令他对你心有顾虑,不敢靠近。所以,爱情需要适度的空气和养分,需要适可而止。

在现实生活中,人总要经历这样那样的考验,我们会遇到很多意想不到的事情,不是一句我爱你就可以解决所有问题,我们要有足够的耐心去面对。甚至有时,我们所爱的人并不一定爱我,而爱我的人又不一定会是我所能爱的,但是,无论我们的人生遭遇到多大的变化,无论这个变化对我们的现在乃至未来会有多大的影响,都要记住:爱,需要适可而止!

第六章
好好修养爱,不做爱情的守望者

5.爱,要落地生根

无数懵懂少女都曾经喃喃自语:"到底什么是爱情呢?"其实爱情有时候只是一种心灵上的感觉,一场精神上的盛宴。这样的爱情里,你感觉不到柴米油盐的琐碎,看不到捉襟见肘的窘迫,更不需要承担某种责任,这样的爱情美好,却虚幻。

林徽因曾经这样告诉儿子:"徐志摩当时爱的并不是真正的我,而是他用诗人的浪漫情绪想象出来的林徽因,可我并不是他心目中所想的那一个。"

在林徽因看来,徐志摩当年疯狂追求和爱上的只是文学世界里的林徽因,而不是现实中的人。

有人形容林徽因是从徐志摩诗歌中走出来的女子,她只是诗人心中创作的素材和文学作品的梦想寄托,诗人所追求的林徽因是一个被无数次理想化、诗化的女子,甚至是一个现实当中根本不存在的女子。

在这一点上,徐志摩和英国诗人雪莱有着惊人的相似经历。他爱的不是现实生活中的某个女人,而是与他的诉求相关的女人身上的某些特质,以及由这些特质所衍生出来的理想的女子。这样的女子是完美的典型,但和现实中的人或者是原型又有着本质的区别和根本的不同,这和文学作品源于生活又高于生活有着异曲同工之妙,拔高了的形象只是意识世界的产物。

林徽因是理智的,她知道她"并不是他心目中所想的那一个",所以她谨小慎微地把握着"永远照彻我的心底"的"那颗不夜的明珠"。徐

最美不过
林徽因

志摩说："须知真爱不是罪,在必要时我们得以身殉情,与烈士们殉国、宗教家殉道,同是一个意思。"他理解下的感情脱离了生活的原态,甚至为爱而爱,为谈感情而谈感情,进而不惜"殉道"。

林徽因身上只是拥有了诗人创作的某些灵感,那是诗人所梦寐以求的东西。在他的意念里,和她生活在一起,就等于和他的创作源泉生活在一起,和他理想中的人物形象生活在一起,对他来讲,没什么比这更重要的了。所以,相比之下,妻子张幼仪和他的孩子就显得微不足道了。而这一点恰恰是在感情之余又活在现实中的林徽因所比较看中的地方,在这一片区域里,她和诗人之间是没有交集的。

在文学创作方面,她和诗人可以无话不谈,可以共同经营诗歌里的那份浪漫,甚至在这些领域里产生感情的碰撞,这都是再正常不过的事情。林徽因的好友费慰梅形容她对诗人的爱:"她是被徐志摩的性格、他的追求和他对她的热烈情感所迷住了……对他打开她的眼界和唤起她新的向往充满感激。徐志摩对她的热情并没有引起同等的反应。她闯进他的生活是一项重大的冒险。但这并没有引得她脱离她家里为她选择的未来的道路。"

也许,在林徽因的心里,诗人徐志摩同样也只是一个梦,这个梦是易碎的,经不起现实生活的风吹雨打。林徽因的文学创作受到了徐志摩的影响,比如那首《你是人间的四月天》,同徐志摩的作品丰富的感情和跳跃的思维有着并非偶然的相似。但也仅此而已,他们在感情上的重叠区域只是由诗歌所引起的精神世界的共鸣,这种共鸣好像并没有延伸到生活中,所以徐志摩的追求成了一种幻想,他无法引领她共同迈进生活中,也就注定了他们之间的相遇相知会成为一个被封存的爱情神话。

1920年,林徽因16岁,正是花一样的年纪。

第六章
好好修养爱,不做爱情的守望者

那一年,徐志摩24岁,一个风华正茂的年纪。

9月,年轻才子来到了这个终日烟雨的国度——英国。10月时,他登门拜访林徽因的父亲林长民,与林徽因初次相见。一个年轻貌美,一个才华横溢,在那座浸满了柔情的康桥小舟上,爱情便悄然而生了。

16岁的花季少女,遇上了一个才华横溢的英俊书生,怎么会不心生爱慕。但这种爱慕不是爱情的全部,爱情不仅仅需要这种感觉,还需要能够承载现实的重量。我们不能靠着感觉生活,爱情需要走进现实里。

在现实里,徐志摩有妻子和孩子,这就注定了康桥绝恋只是一座空中楼阁,永远无法成为现实。所以,林徽因终究没有和徐志摩成为恋人,他们只是朋友,亦或他是她的蓝颜,她是他的红颜。

其实,所有的爱情的起点都只是一种感觉,而感觉是最捉摸不定、变化莫测的东西。林徽因和徐志摩是不是一见钟情,我们已经无从考证,但康桥绝恋的起源也只是一种感觉。

当这种感觉滋生的时候,因为不能正确地判断,所以根本无从防范,也无须防范。这种最初的感觉,也许只是某种程度的志同道合,在某个时间看到了某个人,感到身心愉悦,想要多说上几句话而已。

这种感觉无关婚姻,无关责任,无关道德,甚至无关爱情。它也许只是各自想象中的一种美好感觉,也许只是异性之间因为彼此的优秀而相互吸引的一种必然。我们可以对很多异性产生这种感觉,但最后不一定会发展成爱情。

林徽因和徐志摩的爱情刚开始的时候也是如此。当徐志摩来到林徽因在英国的家时,两个年轻人有许多共同的话题,喜欢诗,喜欢文学,喜欢美,会说一些家常,在交流中,他们彼此产生了好感,无关风月,无关爱情,只是人类最简单的交流而已。

最美不过
林徽因

如果爱情永远都停留在这个时候,那它是一个美丽的梦,我们根本就不需要清醒,因为没有人会迷失自己。因为这种感觉所能涵括的不仅仅只有爱情,还有友情和亲情。我们可以想象一下,当你看到一对陌生的男女坐在一起,快乐地谈论天气,抱怨各自的职业时,难道他们一定要谈恋爱并结婚吗?也许下一个路口,他们就会擦肩而过,成为陌路人。

林徽因是清醒的,她没有为了一种感觉而背负"破坏"的后果,更没有为了一种感觉而让自己失去实质的东西。既然爱情只是一种感觉,到了该放手的时候,那遗落就好,何必要让自己狼狈收场呢?

我们不得不佩服林徽因在爱情里的清醒,爱过徐志摩的女子,张幼仪让自己卑微到了尘埃里,陆小曼自始至终背负了骂名,只有她不仅保全了自己,全身而退,还留下了一段千古佳话。

其实,谁不曾有过这样的康桥绝恋,只是我们未必如林徽因般清醒。当我们的康桥绝恋来临时,无须戒备,更不要为自己戴上太多精神的枷锁,要知道想得到太多只会自寻烦恼。我们需要做的只是享受这种感觉,享受每一个快乐的当下,千万不要辜负了这来之不易的美好。

但一定要记住时刻保持清醒,感觉不是爱情的全部,它只是一场精神的盛宴,要知道,它的存在或许只是为了让我们下一次爱得更好,更清楚爱情到底是什么。所以,千万不要为了这种感觉而沉迷,也不要让自己因此而狼狈,更不要为了这种感觉而放弃自己更加珍贵的东西。

曹晓丽的丈夫成熟稳重,事业上小有成就。走过几年的婚姻之路,他们之间的感情已经犹如亲情。夫妻俩平日里没什么矛盾,可曹晓丽却总觉得生活中少了点什么,似乎是日子太过平淡了,没有激情和浪

第六章
好好修养爱,不做爱情的守望者

漫,简直像一杯白开水。

偶然的一天,曹晓丽对丈夫说,她厌倦了现在的生活。说出这一番话的时候,她并没有顾及丈夫的感受。那天夜里,丈夫独自一人想了许久,只是没有做出任何举动。曹晓丽对丈夫的表现很不满,说他不知道何谓"危机感",自己实在不知道还能指望他什么。

丈夫被激怒了,问她:"怎么做你才满意?"

曹晓丽耍起了小女人脾气,给丈夫出了一个不切实际的"浪漫难题":"我要悬崖峭壁上的花,你得冒着生命危险去摘,你愿意吗?"

丈夫无奈地摇摇头,说:"明天给你答复。"

第二天早上,曹晓丽醒来时发现丈夫已经离开了。客厅的餐桌上放着一张字迹潦草的信。

亲爱的丽:

原谅我,我不会为你去采峭壁上的花。因为你出门总是忘带钥匙,我不得不跑回家为你开门;你上网时总是会把程序搞乱,每次都坐在屏幕前大发脾气,我不得不动手恢复那些搞乱的程序,还要安抚你的臭脾气;你累的时候总是痉挛,我不得不为你按摩;你喜欢旅行,可你却是个路痴,总是迷路,我不得不陪着你;你一个人在家里总是害怕,我不得不陪在你身边,让你感到安全;你偶尔会觉得无聊,为了给你解闷,我不得不想尽办法逗你开心。

所以,亲爱的,我不会去摘那朵悬崖峭壁上的花,除非我知道这个世界上还有人比我更爱你,我才会离开。

看到这里,曹晓丽的眼泪流了下来。信的下面还有一行字:"如果你认为我说得对,就赶紧去开门,我买了你最爱吃的豆浆和油条。"曹晓丽急忙去开门,她已经忘了悬崖之花,看到手里拿着早点的丈夫,喜笑颜开。

她终于知道,爱情只在这一朝一夕的相处中,平平淡淡滋味,最美

最美不过
林徽因

也最令人沉醉。每一份平淡中都有不凡,淡也是生活最浓的滋味。幸福,就像一杯清茶,细细品来,清香悠远,历久弥新。

　　三毛说,如果爱情不落实到吃饭、睡觉、数钱,就不能称之为爱情。
　　生活也无非是柴米油盐酱醋茶,平平淡淡地过小日子,有个可以依靠的安全港湾,是很多女人的追求。徐志摩有才,是个大诗人,但林徽因不可能同他一起靠啃诗句过日子,也不大可能在持续不断的浓烈高潮中度过每一天的生活,尽管有爱,有感情,但生活毕竟是生活。
　　感情是必要的,但感情本身当不了饭吃,获得感情是必需的,但因感情而获得幸福的生活才是最重要的。林徽因同我们一样,都只是凡尘中人,生活在凡尘中就要遵循感情不等于生活的逻辑。
　　一碗粥、一杯开水,就是生活,生活是一种真实的状态,生活中可以有轰轰烈烈,但一直轰轰烈烈的绝对不是生活。生活中有责任,有亲情,有友情,生活中不可以没感情,但感情不是生活的全部。
　　我们需要明白,虽然感情往往会被一些生活琐事消磨,但生活恰恰就建立在这些琐事之上。我们深陷爱河时,总以为感情就是生活的全部,但事实上,感情只是生活的开始。如果说感情是一项长跑,那么生活就是跑道。我们需要调节好自己的心理,要明白感情不是生活的全部。
　　女人都有一颗脆弱的心,这颗心不允许我们犯错误,我们的生活是很现实的,因为我们必须生活在这个社会里,所以就要遵从这个社会的规则去生活。感情经常发生在不该发生的时间和地点,让我们应对不及,有时候,这样的感情很热烈,像一团火焰,随时都可能将我们燃烧。越是这样的时候,我们越是需要明白,感情之外,还有生活。

第六章
好好修养爱,不做爱情的守望者

我们都不是童话里的那个不食人间烟火的公主,必须适度地学会向浪漫妥协,要知道,平淡的生活才是感情的最终归宿。

我们每个人的内心世界里都有一个浪漫的自我,在外界诱因的作用下,它会时不时地跳出来左右我们的判断,让我们按它的意志去做出一些动作,来满足它的欲求,很多女子都败倒在它的脚下。我们还可以选择不听它的使唤,虽然要承受一些痛苦,但却不必承受热烈过后留下的创伤。

感情,不等于生活。我们要感情,更要幸福的生活!

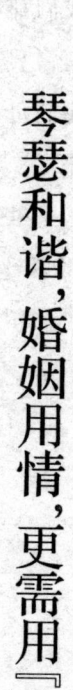

第七章
琴瑟和谐,婚姻用情,更需用『心』

当甜蜜的爱情遇到琐碎的生活,幸福就变得不易把握。然而,婚姻的成功,是林徽因人生道路上最为重大的成功。她从容冷静地选择了一个适合自己的人生伴侣,并同时与爱慕者保持恰当的距离。在生活中,她将各种角色都扮演得恰到好处,并与梁思成风雨同舟、患难与共,演绎了一段令人羡慕的倾城之恋。

林徽因的成功在于她在婚姻中,始终保持一份理智、一份清醒,她将自己的感情经营得有声有色,用智慧把握自己的幸福。

第七章
琴瑟和谐,婚姻用情,更需用"心"

1.两个人相处,距离最好在转身之间

有一个故事说,有两只刺猬在严寒中伏卧在一起,想得到对方的温暖,但由于靠得太近,它们身上的刺却刺伤了对方,又只好相互分散到适当的距离,以达到既不受伤害又不失温暖为止。

所以,夫妻之间应该有个适当距离才好,唯有把握好相处的距离,才能互相包容对方身上不同的素养、性情、爱好、观念、习惯和其他所有的差异,同时又能维护良好的感情。

在通往幸福的路上,谁都渴望有心爱之人的陪伴。可是,有些人能一同抵达幸福的终点,有些人却在中途分道扬镳。相爱的刺猬希望朝朝暮暮在一起,彼此亲密无间,最后却付出了生命的代价。如果它们能够记得前世发生的事情,那么转世成为连体人的它们一定会后悔当初太傻,若是那时彼此保持点距离,也许可以一直相互依偎,不会落得如此凄惨。

在爱情的旅途中,到底两个人该怎样相扶相携才能走得远呢?爱是需要距离的,恋人之间不可能时刻都亲密无间,否则爱情之花就会凋谢。只可惜,女人总是后知后觉,很多道理都要等到受伤后才会明白,可是那样是不是有点太迟了?

梦佳很爱她的男友达达,为了达达她放弃了出国的机会,因为她担心距离会把他们分开。上班的时候,她每天都要达达挂上QQ,自己在公司里的大事小事她总是第一时间给达达"播报";下班后,她总会到达达的单位门口等他,两人一起吃晚饭,分别的时候还会恋恋不舍。

最美不过林徽因

别人都看得出梦佳对达达的爱,可是达达心里却有说不出的苦。

达达总是对朋友说:"我们不在一起的时候,我确实很想她。可是在一起的时候,我却有点烦她。也不是我的要求太高,我只不过渴望有点自己的空间。周末我想去打打球,可梦佳总是拉着我去逛商场;晚上下班我想和朋友们侃侃大山,出去喝点酒,可她却要跟着,一会儿不让我做这,一会儿又不让我做那,真是烦死了!"

梦佳的好友知道达达的心理活动后,暗示过梦佳:给男人一点空间。可梦佳却觉得自己渴望和达达时时刻刻在一起没有错,毕竟她也是因为爱达达才这样做。不过,她的爱太沉重了,达达终于不堪重负向梦佳提出了分手,理由很简单,只有一首诗:生命诚可贵,爱情价更高。若为自由故,两者皆可抛!达达告诉梦佳,在爱情和自由面前,他更想要自由。

达达和梦佳分手的时候,看得出他也很难过。梦佳更是哭得一塌糊涂,她不知道自己到底做错了什么,苦苦央求着达达不要离开她……

梦佳和达达真是一对可怜的恋人,甜蜜的爱情成了负担,把两人压得喘不过气。梦佳是努力地靠近达达,付出了百分之二百的真心;而达达却承受不住这份沉重的爱,拼命地想逃离。其实,如果梦佳能早点听朋友的劝告,多给达达一点自由的空间,她自己就不必爱得那么辛苦,也不会让达达那么为难,两个人完全能够甜甜蜜蜜地爱下去。爱得太深、爱得太自私、爱得占有欲太强,就会令彼此都觉得疲惫不堪。梦佳不明白,很多女人也不明白:男人要爱情,但更要自由。

当女人给予的爱让他们感到过分沉重的时候,他们便会想到逃离。"享受"爱情也会变成"索取"爱情,两个人的感情再也没有最初那般纯美。男人是独立的个体,而不是女人的私人物品,他们有自己的交

第七章
琴瑟和谐，婚姻用情，更需用"心"

际圈，也有自己的"地盘"，当女人把索要爱情的触角伸向了不该伸的地盘时，男人只会觉得女人不可理喻。

爱情是甜蜜的，但它也有秉性，这就如同仙人掌，它明明不需要太多的水分，而你却因为"爱"拼命地浇灌，结果可想而知。想要呵护自己的爱情，就必须掌握爱的秘诀，那就是适当地保持距离。真正的爱是有弹性的，彼此不是僵硬的占有，也不是软弱的依附。相爱的人给予对方的最好礼物是自由，两个自由人之间的爱，拥有张力，这种爱牢固而不板结、缠绵却不黏滞。没有缝隙的爱是可怕的，令人生畏，爱情在其中失去了自由呼吸的空气，迟早会因窒息而"死亡"。

据西方心理学家研究发现，男欢女爱亲密如初的感觉最多只能持续3个月。所以我们要懂得这个时间周期，不要过了几年了还依然故我。把握好相处的距离，诚如心理学家所说的那样，"随着时间的推移，人们对过去事物的回忆具有某种扬善弃恶的本能，会忘却或者忽视对方的缺点，会反思凸显对方的优点"，把握好距离，也就等于把握住了幸福。

"做她的丈夫很不容易。中国有句俗话，'文章是自己的好，老婆是人家的好。'可是对我来说，老婆是自己的好，文章是老婆的好。我不否认和林徽因在一起有时很累，因为她的思想太活跃，和她在一起必须和她同样地反应敏捷才行，不然就跟不上她。"这是后来梁思成谈论对林徽因的感觉。

的确，两个人生活在一起，距离的把握是项技术活，两人的思维必须保持在同一个频率上才能获得和谐的生活。

梁思成说："林徽因是个很特别的人，她的才华是多方面的。不管是文学、艺术、建筑乃至哲学她都有很深的修养。她能作为一个严谨的科学工作者，和我一同到村野僻壤去调查古建筑，测量平面爬梁上柱，

最美不过
林徽因

做精确的分析比较,又能和徐志摩一起,用英语探讨英国古典文学或我国新诗创作。她具有哲学家的思维和高度概括事物的能力。"虽说林徽因的节拍相对快了些,但她还是努力维护和丈夫之间距离的和谐感,她做到了,并得到了丈夫高度的认可。

作为两个个性完全不同的人,林徽因热情、要强,富有个性,情绪有些极端,梁思成稳重、冷静、低调,懂得沉默。一个像一团火,一个像一汪清水,本来是有些水火不能相融的,但他们通过共同的志趣和对彼此真诚的爱,将他们的个性完美地融合在一起。

在野外工作,是不可以少了林徽因的,否则梁思成会觉得浑身不舒服。他在给林徽因的信中说:"你走后我们大感工作不灵,大家都愉快地回忆和你共处工作的畅顺,悔惜你走得太早。"是的,他早已习惯了身边的她,她必须处在他一转身的距离内,不然他就会"六神无主"。

经常外出考察的梁思成,有时难免让双方的距离远了一些,此时金岳霖对正怀着身孕的林徽因悉心照顾,使得林徽因对他萌生了一种感情,从而才有了梁思成考察回来后林徽因苦恼的倾诉。

两个人相处,距离是需要近一些的,要不然对方一转身,没有发现你的身影,会顿时失去安全感。而太远的距离则是一个危险的信号,一方可以暂时脱离对方的视线,但绝对不要太久。

有时候,女人是男人的心灵靠山,女人亦必须深谙此道,方能于轻松之间驾驭男人的心。

在"太太的客厅"里,林徽因总是能成为最亮眼的人物。虽然客厅里汇集了当时的各界名流,她毫不掩饰自己的个性与激情,而梁思成深深理解她的做法,他的一贯态度就是沉默,给她充裕的自由,让她按自己的想法去为人处世,成全她所有的意愿。林徽因的单纯,她的不崇

第七章
琴瑟和谐，婚姻用情，更需用"心"

拜物质，以及她对出入世之间的把控，都让她赢得了与丈夫相处的优越距离。毕竟，在所有的聚会上，如果没有梁思成的配合，林徽因的"独角戏"是唱不下去的。

本来算得上是千金大小姐的林徽因，嫁入梁家后并没有享受养尊处优的生活，除了诗文建筑，柴米油盐的琐碎生活也经营得井井有条。战乱后的折腾令她的身体每况愈下，在那样的情况下她还坚持打理家务等相关事宜，她给予梁思成的更多的是感动和心疼，所以当他们的景况略微改善后，林徽因的身体好转了，梁思成像是过年似的把这个好消息四处转告。

把握好相处的距离，需要真心的付出，将真正的爱延伸到生活的点点滴滴中。

在林徽因所有公开的文字里，人们好像看不到对梁思成或者这个家庭丝毫的不满或抱怨，她对家庭与丈夫始终有着强烈的爱与关照。而她获得的回报是，梁思成从徐志摩遇难的现场找回一块飞机残骸交给林徽因，并允许她郑重地将其长期挂于墙面显眼的地方。当林徽因说出对金岳霖的好感时，他居然说，若是真的，那就嫁给他吧。他们之间的距离真的是可远可近，在弹性之间，在一波三折中却没有形成波澜。连林洙提到林徽因时也说："她是我一生所见到的女子中最美、最有风度的。"

距离的确也是需要经营和精心打理的，虽说是距离产生美，但也要是合适的距离，很多时候距离太近反而易使双方受伤，而距离太远，让对方转身的时候找不到，又怎能产生美呢？

由于我们生活的环境不同，接受到的资讯信息不同，也就有着不同的情感取向和价值观。作为独立的个体，其实不管是男人还是女人，每个人都有自己独立的空间，也都有一些存在于内心深处不想与他人分享的人生经历及感受，所以彼此之间的距离可以说在一定程度上决定了两个人相处的幸福指数。

不太聪明的女人往往刻意要求对方公开他的"秘密空间"，甚至认为对方公开透明的程度是爱的忠诚度的考量标准，于是乎，QQ密码、手机短信、通讯记录、个人邮箱等都要向"组织坦白"，有句话叫"水至清则无鱼"，这种没有距离感的感情其实是让人无法呼吸的，就像抓沙子一样，越是想抓得紧、抓得多，反而流失得越快，也越多。等到对方实在受不了了，可能也是他要离开的时候了，所以太近的距离是很有杀伤力的，同时女人也阻断了自己的退路。

当然，成天腻在一起也未必是件好事，久而久之会造成审美疲劳，林徽因的偶然离开，反而为梁思成留下了更美好的印象和念想。

太远的距离自然不好，尤其是在当下社会，条件好的男子在正常的情况下尚有人盯着，一旦产生长期的距离差，岂不是给别人腾出了时间和机会？有不少的感情就是在这样的时候被瓦解了，造成了既成事实，责怪谁都是没有意义的，只能怨我们自己没有打理好彼此之间的距离，给别人创造了时机。

可取的做法是，偶尔出次小差，或者偶尔回趟娘家，少则一天两天，多则三天五天，让对方略有牵挂，但不至于分心，甚至不给他提供任何可以与别人加温的机会。他当然会念着我们的好，平时衣来伸手饭来张口，但当你小离几日，他才发现原来有女人的日子才叫日子，所以才有"小别胜新婚"的说法，的确是有一番道理的。

适当地创造时空的距离感，有时真的可以创造出一个新的境界，为感情生活注入更加新鲜的活力与滋味。适时地给婚姻减压，让各自保留新鲜感，为生活增添更多乐趣。

第七章
琴瑟和谐,婚姻用情,更需用"心"

2. 爱,是两人同站一个角度

爱情不是花荫下的甜言,不是桃花源中的密语,不是轻绵的眼泪,更不是死硬的强迫,爱情是建立在共同的基础上的。

林洙在《困惑的大匠梁思成》中写道:众多兄弟姐妹里,梁启超最寄望于思成,从学业、婚姻到谋职,无不一一给予入微的关怀、照顾。思成结婚前夕,梁启超致信说:"你们若在教堂行礼,思成便用我的全名,用外国习惯叫做'思成梁启超',表示你以长子资格继承我全部的人格和名誉。"(梁启超:《手迹》)而且,梁启超还是开明的。梁思成具备多方面发展潜能,梁启超没有规定儿子一定要走哪条路,只是不希望他再做政治家。

当林徽因与梁思成憧憬着美好未来的时候,自然少不了专业选择问题。林徽因由于受到欧洲所见所闻的影响,她告诉梁思成,以后准备学习建筑。这让梁思成感到很意外,在当时的环境下,他觉得眼前这个清秀、文弱的女孩子选择"建筑"是个意外。梁思成问:"建筑?你是说house(房子),还是building(建筑物)?"

林徽因笑道:"更准确地说,应该是architecture(建筑学)吧!"林徽因把建筑比作"凝固的音乐""石头的史诗",她的状态影响到了梁思成,他就这样糊里糊涂地选择了建筑学专业。

梁思成后来说:"我第一次去拜访林徽因时,她刚从英国回来,在交谈中,她谈到以后要学建筑。我当时连建筑是什么还不知道,林徽因告诉我,那是艺术和工程技术为一体的一门学科。因为我喜爱绘画,所

所以我也选择了建筑这个专业。"

林徽因在面临诸多诱惑的情况下，能够与梁思成度过一生的幸福时光，很大程度上得益于他们共同的事业，他们除了用深情的目光相互送情外，更多时候，是在注视同一个方向。所以，在他们结婚20周年家庭聚会时，林徽因的一个压轴节目是做了一个关于宋代都城的建筑学术报告，这放在一般人身上绝对是不可思议的。

林徽因把梁思成推上了一条轨道，他们俩沿着相同的方向共同航行。他们一起出国，一起进入宾夕法尼亚大学。由于该大学建筑系里不收女生，于是林徽因选了与建筑有很大关联的美术系，而梁思成念了建筑系。这样一来，梁思成学了建筑也相当于她学了，她也可以相对自由地去旁听建筑学方面的课程，自己又学了美术，真的是一举多得。

在美国的求学过程中，林徽因意外断了经济后援，于是她不想继续学习，打算回国自谋生路。梁启超说："徽因留学总要以和你同时归国为度。学费不成问题，只算我多一个女儿在外留学便了。"(《与思成书》)

几天后梁启超就着手兑现，致信问梁思成："林徽因留学费用还能支撑多少时间，立刻回告，以便筹款及时寄到。"当时，梁家的经济也很困难，梁启超准备动用股票利息解难，甚至说了这样的话："只好对付一天是一天，明年再说明年的。"由此可见，梁启超早已把林徽因提前纳为家庭的一员，对她多了一份舐犊之情。在给海外子女的信中他牵挂着孩子们："思成、徽因性情皆近狷急，我深怕他们受此刺激后，于身体上精神上皆生不良的影响。他们总要努力震摄自己，免令老人担心才好。"(《给孩子们书》)

梁林的婚姻俨然是天作之合，梁启超等父辈是他们强有力的支柱，不光是他，林徽因的母亲与他们看的也是同一个方向。

林徽因的母亲见梁思成待人谦和、彬彬有礼，自然很喜欢他，所以

第七章
琴瑟和谐,婚姻用情,更需用"心"

每当梁思成来看林徽因时,她总是特别吩咐家里的厨师多准备几个小菜,很是看好他们。

这两人承载着家长的祝福,加之出身教育与文化构成有太多的相似之处,可谓志趣相投。林徽因与梁思成的结合其实已经是既定的事实,因为他们身后有着庞大的推动力,从各方面看,他们都在向着同一个方向发展。

较早的生活方式的趋同,培养了他们之间的默契度。

回国后,他们同在东北大学建筑系执教,而后回北平(北京)工作。此间他们一起设计了吉林大学校舍、沈阳郊区的肖何园,他们还常常偕同外出考察古建筑,不怕路途艰辛,同甘共苦。共同的志向和事业,将他们结合得日益紧密起来。

很多女人的感情、生活、工作和男人是两条永不相交的平行线,各有各的圈子,各有各的行为路径,太多的时候两人不能同视一个方向,久而久之,感情难免会平淡化。

真正的爱情不是四目相对,而是两个人同视一个方向。如果爱不是建立在共同的追求和价值观的基础上,将来就会很容易出现矛盾。

聪明的女子都会选择与自己价值观相似的男人为配偶,只有彼此的价值观相似,才可能长期进行密切的交往和深层的沟通,共同向着相同的目标行进,彼此相互配合,使双方产生越来越多的安全感和满足感。共同的目标感、思维习惯和相似的作为,都是感情和谐度提升的加速器。

在杨澜的语录里有这样一段话,"我认为婚姻最坚韧的纽带不是孩子,不是金钱,而是精神上的共同成长。爱情有时候也是一种义气,不光是说这个人得了重病,或者他破产了你仍然跟他在一起。还有另一种是,当他精神上很困惑、很痛苦,甚至在你身上发脾气的时候,你

最美不过
林徽因

依然知道他是爱你的。我经历过很多困惑,但我丈夫吴征就属于特别讲义气的那种,不管你怎么样,我就要跟你一块儿走。这种力量是蛮强大的。当你走过那段时光,回过头时你会特别感谢那个人"。而现实中,我们在维系婚姻的时候,又做了什么呢?

和玉和她的丈夫杰西结合费了不少周折,从两人的相恋,到最后走到一起可以说是共患过难的。

他们毕业后在那个城市租了一间房子,开始了两个人甜蜜的生活。可是在高消费的城市里,他们微薄的工资只能勉强养活两个人。和玉找工作的时候还好点,可是杰西却屡屡碰壁。一个月下来他们的积蓄连每个月500元的房租都付不起,和玉每天只在公司吃一餐,而杰西每天只吃馒头和辣椒来充饥。

那个时候,杰西劝和玉放弃,可是和玉却认真地说:"我不在乎每天和你吃馒头过苦日子,我在乎的是你,是你对我的疼爱。而不是那些漂亮的衣服,昂贵的零食。只要有你,我就不怕苦。"

之后他们结婚了。结婚好几年后,杰西每次说到和玉的时候总是带着笑说:"那个愿意陪我吃馒头的女人,让我永远都放不下。"

俗话说"患难见真情,贫贱夫妻百日恩",所以,只有在精神上给过男人支持,给过安慰,才会让男人对你更加的死心塌地。很多失败的婚姻,都有一个相似的原因,那就是夫妻间没有共同语言了。这个时候不只是单纯的没有话题,而更多的是男人从女人那里得不到精神上的共同点。所以,只有女人在精神上和自己的男人共同成长,婚姻的城池才会更加的牢固。

所以,女人还是把更多的时间放在和男人的精神一起成长上面吧,有一些共同的爱好,一些相同的兴趣,再困难也不放弃,这样的情

第七章
琴瑟和谐,婚姻用情,更需用"心"

谊才会让婚姻的纽带更加有力而富有弹性。

在许晴主演完两部电视剧《沙家浜》、《靠近我,温暖你》时,她依然举止优雅地出现在了观众的面前。当她的事业进入一个高峰期的时候,她对婚姻也有了一个更深的理解:"婚姻需要爱情之外的另一种纽带,最强韧的一种不是孩子不是金钱,而是关于精神的共同成长。那是一种伙伴的关系,在最无助和软弱时,在最落魄和沮丧时,有他／她托起你的下巴,掰直你的脊梁,命令你坚强并伴你左右,共同承受命运。"其实,这样的婚姻生活也是经得起诱惑的。

心理学家兼心理治疗师帕特里克·埃斯特拉德说:"对很多夫妻来说,最初的激情过后,在真正的夫妻关系开始时,他们才发现双方在本质问题上不能相容。"而双方不能相容的重要原因之一,就是双方不能同视一个方向,在价值观上不能达成共识。埃斯特拉德认为:"价值观由每个人的伦理决定,它是我们对待生活的方式,是我们选择的契约原则,支持我们在日常生活中取得进步。如果价值观迥然相反,相互在很多重大问题上不能达成一致,对方说的话、做的事甚至会引起另一方的反感,这种婚姻的寿命不可能太长。"

我们不妨试着进入男人的圈子或者试着经营相同的事业,这样不仅每天生活在一起,就连工作也是在一起的。我们在生活上相互体贴和照顾,在事业中也能像林徽因和梁思成一样,相互交流自己的思想和智慧,并从中升华我们的爱情。

我们共同承担生活和事业中的艰辛与磨难,也共同分享工作中的喜悦和成就,我们可以拿出更多的时间和空间去体验生活与爱情、事业和谐共生的美好感受,相亲相爱,相互依偎,相互温暖对方,相濡以沫地走过爱河里所有的时光。

爱是一种高度社会化的情感,它存在于我们生活的方方面面。如果夫妻之间把各自封闭在自己的小圈子之中,爱的温度是很难维持的。

　　当然,我们不一定像林徽因那样对丈夫有着强大的影响力,但为了避免价值观的冲突,保证双方同视一个方向,就要多花一点时间去和对方沟通。诚如心理学家埃斯特拉德所说:"只要彼此相爱,就没有什么不可逾越的障碍。如果双方决定共同生活,并让两个不同的内心世界和平相处,他们就会真心实意地接受彼此的差异。"

　　两个人同视一个方向,就可以拥有相同或相似的价值观,拥抱和谐幸福的生活。

3.给婚姻加点料:像"炒菜"一样吵架

　　爱尔兰著名女作家伏尼契在《牛虻》中说:"争吵是生活中的盐。"如果生活中少了这"盐",可能会变得索然寡味。但争吵归争吵,若是一味地吵下去恐怕也不好,所以还是要把握好争吵的度,见好就收,这样才不会对生活造成太大的影响。

　　在我们印象中,吵架绝对是一件让人难以接受的事,但稍稍改变一下思考问题的角度,我们就会想起那些隔三差五就为了鸡毛蒜皮的事小吵小闹的夫妻,不但没有分道扬镳,反而达到了"执子之手,与子偕老"的境界。所以,吵架逐渐成为一个心理学话题,很多心理学家研究发现,吵架其实是一种情绪宣泄。

　　但是,千万不要把两个人的矛盾公布天下,也没必要非要在外人面前争争吵吵,让别人笑话,自己尴尬。不管你在家如何狂风暴雨,在

第七章
琴瑟和谐，婚姻用情，更需用"心"

外夫妻两人必须要保持一致，即便是装也要装成琴瑟和鸣，这样才是真正的以退为进。

因为个性和脾气的差异，林徽因和梁思成之间难免会经历一些感情的挣扎，甚至有时会爆发激烈的争吵。他们都是从年轻时代走过来的，在还没学会宽容对方的时候，争吵自然在所难免。

大家都知道林徽因心直口快，有人说她是刀子嘴豆腐心，而梁思成善于沉默，被亲戚称做"烟囱"，但再好的脾气也有爆发的时候，再好的烟囱也会有堵塞的时候。有人说，他们俩都爱面子，如果遇到别人在旁边时，他们居然会改用英语继续争吵。

或许是对这两个人都有深刻的了解，梁启超在他们结婚时曾如此写信："你们俩从前都有小孩子脾气，爱吵嘴，现在完全成人了，希望全变成大人样子，处处互相体贴，造成终身和睦安乐的基础。"梁启超告诉他们俩，成家之后都要变得成熟，不要再像小孩子那样吵来吵去，老人家真是用心良苦。

根据记载，林徽因和梁思成曾经发生过一次特别大的争吵，事后梁思成乘火车去外地出差了，而林徽因却为此痛哭了很长时间，一天只睡三四个小时。最后的结局是梁思成在火车上连发了两封电报和一封信，使得两人"化干戈为玉帛"，日子又恢复了昔日的平静。

当时林徽因对沈从文说："在夫妇之间为着相爱纠纷自然痛苦，不过那种痛苦也是夹着极端丰富的幸福在内的……冷漠不关心的夫妇结合才是真正的悲剧。"她认为夫妻争吵是因为彼此有爱，彼此在乎对方，有争吵的爱才是真的爱，而两个人如果没感觉了，自然不会争吵，两个人不在乎彼此了，也自然不会争吵。

显然，林徽因把握住了夫妻间争吵的"度"，没让其任意泛滥成灾、一发而不可收拾。当然，争吵中必须有一个率先作出妥协。

最美不过
林徽因

争吵的确是痛苦的,梁思成曾给大姐梁思顺写过信,倾诉争吵后的痛苦:"今年思成和徽因已在佛家的地狱里呆了好几个月。他们要闯过刀山剑林,这种人间地狱比真正地狱里的十三拷问室还要可怕。但是如果能改过自新,惩罚之后便是天堂……其实我们大家都是在不断再生的循环之中。我们谁也不知道自己一生要经过几次天堂和几次地狱。"真是一念天堂,一念地狱,不过话又说回来,哪对夫妻没争吵过呢?

好在他们中间还有一个金岳霖,每当他们夫妇发生争吵时,金岳霖都会去从中说和,调解他们的"纷争"。

有一个好邻居也很重要,他(她)能够在二人争吵的时候出现,避免两人长时间的"死磕"。

在日常生活中,夫妻间争吵是再正常不过的事情了,很多夫妻就是这么争争吵吵地过一辈子,争吵已然成了他们生活中不可或缺的一部分。当然,也有夫妻能几十年如一日地和睦相处,相敬如宾,相濡以沫,彼此之间从不争吵,不过这应该是凤毛麟角吧。我们都是寻常百姓,争吵总是难免的。

苏菲与韩磊吵架了,吵架的原因不值一提,无非是争论到底由谁来做饭。争论很快便上升为吵架,苏菲一气之下便回了娘家。

走进家门,正赶上母亲一个人在包饺子,而父亲优哉游哉地坐在沙发上跷着二郎腿跟着电视里哼京戏。没等父母开口,苏菲就黑着一张脸说:"爸,有你这样的吗?我妈一个人又是擀面皮,又是包饺子,你就不会帮点忙呀?"想起家中那个懒男人,苏菲就来气,所以话想也没想就出了口,根本没管对方是自己的父亲。

父亲只是笑。母亲把苏菲叫进厨房,问:"怎么,你们又闹别扭了?"

第七章
琴瑟和谐,婚姻用情,更需用"心"

她低声说:"没有。"母亲说:"看你那张脸,都写在脸上了!"

苏菲说:"哼!气死我了,为什么他上班我也上班,家务却要我做?下了班,我要做饭给他吃,买米买菜也要我想着,这也罢,周末总该帮个忙吧,嘿!他看电视上了瘾,居然拉都拉不动,光等着我去伺候。"

母亲便笑:"他不做,你就做呗,这有什么呀?"苏菲没好气地说:"我可不像你那么老实,我爸一天到晚看电视唱京戏,光等着吃,让你自己在厨房做饭,要是我,我就不干,非把他拉到厨房来不可!"

母亲微笑着说:"虽然他没做饭,但是也有很多事情是他做的呀。比如说,交水费电费、跑银行等跑腿的事,我不喜欢做,你爸爸就全做了。做这些事时,他也没怨言,他喜欢听京剧不愿来做饭,我就自己做呗,干嘛非要拉着他,惹他不高兴呢?"

苏菲低着头,母亲接着说:"你想想他的好,别一点小事儿就斤斤计较,其实人这一辈子,跟谁在一起的时候最多呢?跟父母不过20多年,跟孩子也是20多年,还不就是和自己的爱人一起相处的时间最久?所以,无论如何,一定要好好疼他。你疼他,他就疼你,你为他着想,他就为你着想,这都是相互的。"

听着母亲絮絮叨叨的话语,韩磊的好突然一下子都闯到她的心里。她写作,经常没了灵感,夏日的傍晚韩磊就会开车带她去野外兜风,甚至雪夜里他也会陪她出去散步。怀孕时,她只说了一句想吃鸡蛋羹,韩磊不会做,便打电话问同事,现学现做,一碗不成功,马上又接着做第二碗。

苏菲越想越坐不住了,扭头就往外走。母亲说:"吃了饺子再走哇!"苏菲一边关门一边说:"不行,今天是他的生日,我得回去给他做面条。"

苏菲回到家,刚打开门,韩磊就拉她来到厨房。满满一桌,都是她

爱吃的菜：鸡蛋炸酱、黄豆芽、黄瓜丝、香菜、西红柿卤。

苏菲一边掉眼泪一边说："对不起，以后，我一定好好疼你。"

韩磊搂着她的肩，在她耳边轻声说道："是我们彼此，好好疼。"

俗话说："谁家的烟囱都冒烟。"再恩爱的夫妻，相互间也难免发生争吵。在家庭中出现夫妻争吵本无可厚非，最重要的是要把握好争吵的度，不要令感情罅隙日益加深。让争吵成为加深夫妻感情的催化剂，幸福就可以自动"续期"。

生活就像是做菜，在搅拌中进行，搅拌得越均匀，做出来的菜越可口。婚姻更是如此。中国民间流传着这样一个说法，不吵架不叫夫妻，也就是说，正常的夫妻生活正是在磕磕绊绊中走过的。

世界上没有不吵架的夫妻，婚姻中吵架也占着一定的比重。每个人都不希望吵架是婚姻的必须，然而吵架的确成了婚姻当中不可避免的问题。既然每一对夫妻都是要吵架的，那么我们就应该在婚前或者婚姻当中，明确、客观地看待婚姻中的问题。

其实，吵架不是问题，不吵架的婚姻有可能才是真正的危险。相敬如宾固然是好，但那只能是小说里的故事，没有摩擦的生活是虚幻的，也是难以想象的。所以，如何把架越吵越亲，越吵越甜，这就是一种生活艺术。

专家支招：夫妻越吵越爱的四大秘笈

◎就事论事，不伤及无辜

一个简单的争执，有时会因为你的胡乱"开炮"，而从他身上扩展开去：他父母去年中秋没有请你吃饭；他那"穿开裆裤"的死党很不识相，经常到你家骗吃骗喝……吵到最后，你撂下一句伤人的话："真不

第七章
琴瑟和谐,婚姻用情,更需用"心"

该和你结婚!"

英国心理学家指出,绝对不要在吵架时引出一大堆陈年旧事,不要打击对方的家人、朋友以及同事、老板,否则战场将无限扩大,而你原本所想解决的问题却淹没其中。心理学家建议,在开战前30秒,先问自己3个问题:究竟是什么在让你生气?这件事情是否很糟糕,需要通过吵架来解决?吵架能解决问题吗?在回答完这3个问题后,你会发现,有些事情根本不值得争吵。

◎以退为进,从控诉到沟通

"糖衣炮弹"有时比真枪实弹来得更有威力,因为男人通常是吃软不吃硬的。吵架艺术的最高境界在于,既不指着他的鼻子作河东狮吼状,也不恶狠狠地跟他约法三章,而是"以柔克刚"。

Sandy打算在参加同学聚会时,将丈夫介绍给自己的高中同学,但丈夫迟到了一个小时,而且只是向Sandy的同学简单地打了个招呼,就匆匆离开了。等到聚会散场,Sandy强忍的怒火再也无法抑制,她开始指责丈夫:"你总是这样目中无人!那些都是我5年没见面的死党,你怎么能对人家那么冷漠呢?"

心理学家建议,在遇到这种情况时,与其怒不可遏地指责他对你的朋友太不礼貌,还不如平心静气地对他晓之以理。比如说:"你只是招呼一声就匆匆离开,真的很可惜,因为本来有很多关于你的话题要跟大家谈的。"这样,你就不再是一个歇斯底里的控诉者,这会给你们之间进一步的沟通打下良好的基础。

◎切勿空对空地争吵

李女士最近刚刚从一场失败的婚姻中走出来。她和丈夫经常为一

最美不过林徽因

些鸡毛蒜皮的小事吵架,为晚饭到哪家餐馆吃而争吵,为何时生孩子而争吵,甚至还会为了一句话中不恰当的形容词而争吵,以至于最后到了分手的地步。李女士将婚姻的破裂归咎于"性格不合",可在离婚后的一个星期,一次和前夫的长谈让她颇感意外:原来前夫"记仇"的,正是李女士在每次争执中所说的那些"气话"。

心理学家认为,许多夫妻吵架到最后,都发展成一场"控诉会",你恨不得把心掏出来,他却句句都在误会,这样,几乎所有的吵架都以冷战不了了之。那么,在争吵时,怎么样才能进行有效的沟通呢?专家提出了三"不"建议。

(1)说"我"不说"你"。"你居然用这种态度对我?""你又犯老毛病了。"这样的句式是不是很熟悉?当我们开始用"你"句式谴责对方时,就已经把对方逼到一个自卫的角落里。对方认为你在乱下判断,第一个自然反应就是捍卫自己,然后反攻。当防御体系建立起来时,沟通就立即停止了。

(2)不进行冷嘲热讽。"你不带我出去玩,我还要多谢你给了我自由呢!"嘲讽是夫妻吵架时常用的蹩脚伎俩,用途只是激怒对方。但这种伎俩的负面影响却很大,会给双方带来巨大伤害,很可能一下子给感情减去很多分。

(3)不打断他说话。抢白他或打断他,你认为你完全知道他想说的是什么,但事实并不是这样。如果你拒绝倾听,那么对方怎么会注意倾听你的想法呢?告诉对方你的理解,以此来确定这是否是他想要表达的意思。在争吵时,常常用"你是说……吗"、"你的意思是……"的句型重复对方说过的话,以保证你对他的话的正确理解,这样才能达到聆听的目的。

第七章
琴瑟和谐,婚姻用情,更需用"心"

◎不要打消耗型冷战

有一招虽然不是很高明,但是大家都喜欢用,那就是冷战。吵架后,不接对方电话,故意"忘记"此前的约定,或者一气之下搬到娘家去住。

冷战成了一场赌博,赌的是耐心,看谁先选择妥协,而冷掉的是感情。专家建议说,不要想用各种各样的形式去惩罚对方,因为与此同时你也在惩罚自己。

当你在大街上漫无目的地闲逛,想晚点回家时,不如用积极一点的态度给争吵后的感情加温。回家和他一起吃顿饭吧,也不必再犹豫要不要接听你们吵架后他打来的第一个电话,除非你永远都不想接听他的电话,否则,第一个电话和第五个电话有什么区别呢?

很多时候,婚姻也需要休养生息。长期带着"火气"运转,总有一天会着火,所以给婚姻找一个发泄点是十分重要的。婚姻不是相互改造,而是相互适应。婚姻不是爱情的坟墓,而是爱情的升华。怎样使婚姻时时处在保鲜状态,使婚姻在幸福的轨道上平稳运行,需要我们的聪明和智慧。

吵架虽然是一门艺术,但只要吵架,就意味着对一件事情要争执到脸红脖子粗的地步,掌握这门艺术的人,是在用吵架的方式达到双方沟通的目的,而没有掌握这门艺术的人则是用极端的方式发泄自己的怒火,这样的吵架不叫艺术。所以,在双方的婚姻生活中,还是应该尽量避免吵架,即使吵架有其艺术的一面,最好还是用沟通的方式心平气和地交谈。

4. 握住幸福的沙漏——理解和包容

有句话说:"相爱容易相处难。"从甜蜜浪漫的恋人变成朝夕相处的夫妻,双方如何和谐相处、让爱情"保鲜"? 这是许多家庭普遍关注的话题。家庭和谐是直接关系家庭成员幸福指数的核心问题。作为家庭中的核心成员,夫妻之间能否达到相互理解、相互包容,无疑是家庭和谐的关键所在。

在家庭生活中,有一种感动叫相亲相爱,有一种感动叫相濡以沫,还有一种感动叫理解与包容。家庭犹如行驶在大海中的一帆小船,有时风平浪静、一帆风顺;有时风雨交加,急流暗礁。所以,只有划动理解的桨,挂起包容的帆,夫妻同心协力,才能到达幸福的彼岸。

理解和包容在家庭中是一种高贵的品质、崇高的境界,是夫妻双方思想成熟、心灵丰盈的标志;理解和包容是一种仁爱的光芒,是对别人的释怀,也是对自己的善待;理解和包容是一种生存的智慧,是洞悉了社会人生以后,所获得的那份自信和超然;充满理解和包容的家庭,就一定是和谐、温馨、幸福的家庭。

如果把恋爱比作风花雪月浪漫小夜曲,那么婚姻就是锅碗瓢盆命运交响曲,演奏着最朴实的乐章,谱写着最平凡的家庭曲调。婚姻中的爱情,最终会慢慢的不再被提起,彼此更多的是同甘共苦,相互守候,相互扶持。在家庭中仅仅靠守望爱情的基础是不够的,夫妻双方还要用心去理解和包容,用心去经营和维系。

婚姻里没有谁对不起谁,双方都是为了一个幸福快乐的家而彼此理解和包容。家庭不是一个人的事情,家庭里的夫妻双方都要对

第七章
琴瑟和谐,婚姻用情,更需用"心"

婚姻负责。有这样一句妙语:"婚姻是唯一没有领导者的联盟,但双方都认为自己是联盟的领导。"试想,婚姻中一对陌路相逢的男女,要在同一屋檐下风风雨雨几十年,而且又有着各自的个性,和睦相处一生实属不易。当个性冲突时,往往带来了家庭不和,很多家庭因此而亮起了红灯。此时,家庭更需要彼此的理解和包容。

如果把家庭比作汽车,爱就是灯光,而理解、包容、忍让和体贴就是动力。在一个具体的家庭生活中,当男人暴跳如雷的时候,女人的忍耐可以化解战争;当女人使小性子的时候,男人的包容也能化解这种纠缠,即使发生激烈的冲突,也会化险为夷。人类爱情的最高境界,是回归到同甘共苦的亲情中,回归到共担责任的家庭中,即所谓的"执子之手,与子携老"。

在多数人眼里,林徽因于梁思成可谓是一对金童玉女,从才情到情趣,从家世到经历,从品貌到眼界,两人无不相投相合。但是,婚姻毕竟不是王子与公主的浪漫童话,而是柴米油盐的现实生活。两个人在一起,即使再合拍,也难免会在现实的碰撞中生出矛盾来。而他们都是善解人意的人,彼此信任,还善于用理解与包容化解生活中的各种矛盾或冲突,这让他们一生都能和谐相处,幸福美满。

梁思成是一个沉着、稳重的人,在美留学期间,他时常觉得自己对林徽因有责任,想管着她。但林徽因则是深受美国自由文化的影响,所以,当梁思成因为爱着她而想约束她时,林徽因则没有与之对抗,常常只是付之一笑,给予理解和包容。

梁思成对林徽因很是体贴,对她也有很有耐心。据说,他们每一次约会,梁思成都会在女生宿舍下面等二三十分钟,林徽因才打扮好,姗姗下楼。因而,梁思永曾为他们撰写了一副对联:"林小姐千装万扮始出来,梁公子一等再等终成配。"横幅是"诚心诚意"。

最美不过林徽因

两人互相理解和包容,让他们的恋爱显得甜蜜而美好。

婚后,林徽因和梁思成也常会因为个性与脾气上的差异,而发生激烈的矛盾和冲突。

1936年年初,梁思成要去上海,结果因为一件小事,两人发生了口角。与平日的小争执不同,这次两人是真生气了。而且在气头上,都拣着最解气最伤人的话说,结果,梁思成生气地离家出门了,而林徽因则在家哭肿了眼睛。第二天一早,林徽因的心情平复了很多,想着如何设法补救,在她看来,这种小吵小闹,只要及时解决,就会成为生活中的一味调剂品,但要是听之任之,就会成为婚姻中的毒药。梁思成也是同样的想法,他先后从火车上发回了两封电报和一封信,对林徽因述说着他的牵挂和对吵架的懊悔。林徽因原本一夜没睡好,头有点晕,梁思成的信和电文更让她感到了幸福的眩晕。

有时,生活里的事情是很奇妙的,当林徽因被家庭困扰得痛苦不安,刚刚得到缓解时,女佣又送来了沈从文的一封信。沈从文与妻子张兆和发生了矛盾,十分苦恼,便写信向林徽因倾诉。读着沈从文的信,林徽因禁不住微笑了。她对这种家庭问题带来的苦恼不仅理解,而且肯定地认为:"人活着的意义,基本的是能体验情感。"

她写信给"二哥"沈从文,并理性地清理自己的思绪,剖析自己的感情,开导和劝慰着苦恼中的"二哥":

我的主义是要生活,没有情感的生活简直是死!生活必须体验丰富的情感,把自己变得丰富、宽大,能优容能了解,能同情种种"人性",能懂得自己,不苛责自己,也不苛责旁人。不难自己所不能,也不难别人所不能,更不怨命运或是上帝,看清了世界本是各种人性混合做成的纠纷,人性又就是那么一回事,脱不掉生理、心理、环境习惯、先天特质的凑合!把道德放大了讲,别裁判或裁削自己。任性到损害旁人时如果你不忍,你就根本办不到任性的事。想做的事大

第七章
琴瑟和谐,婚姻用情,更需用"心"

多,并且互相冲突时,拣最想做——想做到顾不得旁的牺牲的事做,未做时心中发生纠纷是免不了的,做后最用不着后悔,因为你既会去做,那桩事便一定是不可免的,别尽着怪罪自己。

我方才说到极端的愉快、灵质的透明的美丽的快乐,不知道你有否同一样感觉。

我的确有过,我不忘却我的幸福。我认为最愉快的事都是闪亮的,在一段较短的时间内迸出神奇,如同两个人透彻地了解:一句话打到你心里使得你理智和感情全觉到一万万分满足;如同相爱:在一个时候里,你同你自身以外的另一个人互相以彼此存在为极端的幸福;如同恋爱,在那时那刻眼所见,耳所听,心所触,无所不是美丽,情感如诗歌自然的流动,如花香那样不知其所以。

这些种种便都是一生中不可多得的瑰宝。世界上没有多少人有那机会,且没有多少人有那种天赋的敏感和柔情来尝味那经验,所以就有那种机会也无用。

……在夫妇中间为着相爱纠纷自然痛苦,不过那种痛苦也是夹着极端丰富的幸福在内的。冷漠不关心的夫妇结合才是真正的悲剧!

如果在"横溢情感"和"僵死麻木的无情感"中叫我来拣一个,我毫无问题要拣上面的一个,不管是为我自己还是为别人。人活着的意义基本的是在能体验情感。能体验情感还得有智慧有思想来分别了解那情感——自己的或别人的!……

算了吧!二哥,别太虐待自己,有空来我这里,咱们再费点时间讨论讨论它,你还可以告诉我一些实在情形。

我这24小时中只在想自己如何消极到如此田地,苦到如此如此,而使我苦得想去死的那个人自己在去上海的火车中也苦得要命,已经给我来了两封电报一封信,这不是"人性"的悲剧么?那个人便是说他最不喜管人性的梁二哥!

最美不过
林徽因

　　林徽因对丈夫的理解和包容,也换来了丈夫对她的理解和包容,他们之间真正做到了心无芥蒂、坦诚相待。生活中,她们相互间遇到任何烦扰或心中泛起茫然的心情,在对方那里都能得到安慰。

　　家不是一个讲理的地方,而应该是个宽容错误的地方,是个宁静的避风港湾。对家人多份爱心和宽容,那么家庭生活也就会多份幸福和美好。

　　在徐志摩的飞机坠毁后,梁思成很理解妻子的苦痛,为了安慰她,他便从现场捡了一块烧焦的飞机残骸拿回家去。林徽因也一直将其挂在卧室的床头,一直到她去世。夫妻间如果没有绝对的理解与包容,是不可能做到这些的。

　　徐志摩去世后,林徽因曾经回顾与他十多年的过往,她在给胡适的信中做了小结:"这几天思念他得很,但是如果他活着,恐怕我待他仍是不能改的。事实上不太可能。也许那是我不够爱他的缘故。也就是我爱我现在的家在一切之上的确证。志摩也承认过这话。"在另一封信中,她更是毫不掩饰地说:"我爱思成,爱自己的家庭胜过一切。"

　　可以说,是林徽因用自己的坦诚换来了丈夫的理解和宽容,丈夫亦用他开阔的胸襟和坦荡无私换来了她至真至渝的爱。

　　金岳霖也是他们坦诚的最好见证。林洙在她的书中这样写道:"我曾经问起过梁公金岳霖为林徽因终生不娶的事。梁公笑了笑说:'我们住在总布胡同的时间,老金就住在我们家后院,但另有旁门出入。可能是在1931年,我从宝坻调查回来,徽因见到我哭丧着脸说,她

第七章
琴瑟和谐,婚姻用情,更需用"心"

苦恼极了,因为她同时爱上了两个人,不知怎么办才好。她和我谈话时一点不像妻子对丈夫谈话,却像个小妹妹在请哥哥拿主意。听到这事我半天说不出话,一种无法形容的痛苦紧紧地抓住了我,我感到血液也凝固了,连呼吸都困难。但我感谢徽因,她没有把我当一个傻丈夫,她对我是坦白和信任的。'"

林徽因把这种坦荡做到了极致。

"我想了一夜该怎么办?我问自己,徽因到底和我幸福还是和老金一起幸福?我把自己、老金和徽因三个人反复放在天平上衡量。我觉得尽管自己在文学艺术各方面有一定的修养,但我缺少老金那哲学家的头脑,我认为自己不如老金,于是第二天,我把想了一夜的结论告诉徽因。我说她是自由的,如果她选择了老金,祝愿他们永远幸福。我们都哭了。"梁思成也是经过了复杂而痛苦的思想斗争才告诉林徽因这个结果的,他对林徽因的这种坦诚显然没有足够的思想准备。

林徽因后来把梁思成的意思转告给了金岳霖,金岳霖的回答是:"看来思成是真正爱你的,我不能去伤害一个真正爱你的人。我应该退出。"林洙说:"从那次谈话以后,梁思成再没有和徽因谈过这件事。因为他知道老金是个说到做到的人。徽因也是个诚实的人。后来,事实也证明了这一点,他们三个人始终是好朋友。他自己在工作上遇到的难题也常去请教老金,甚至连他和徽因吵架也常要老金来仲裁,因为他总是那么理性,把他们因为情绪激动而搞糊涂的问题分析得一清二楚。"

"你是自由的",多么朴实和令人感动的一句话,是一位男子汉的痛苦抉择,是一位真男儿的心声。真爱一个人,不一定要占有,而是为了对方的幸福而割舍自我幸福,在这一点上,梁思成做到了。面

最美不过
林徽因

对这样一位男人,林徽因亦给予了最令人感动且令男人都无法拒绝的话:"你给了我生命中不能承受之重,我将用一生来偿还!"这一份"重"是丈夫对她的尊重和宽容。

他是她丈夫,可她并没有将他紧紧地束缚在自己周围,并没有因为他的不完美而与他发生这样或那样的冲突和矛盾;她是他的妻子,可他并没有剥夺她的社会角色:作为学者的身份,作为徐志摩恋人的身份,作为金岳霖朋友的身份……只有心怀大爱、心胸坦荡之人,才能容忍自己的妻子深切地悼念自己的初恋,才能容忍妻子与曾经心动的男人做一生的朋友。

林徽因用理解和坦诚,换来了梁思成的信任和呵护;梁思成亦用大度和宽容,让她死心塌地地与他过完了一生。

有人曾问梁思成:"你这么一直让着她、宠着她,你感觉幸福吗?"梁思成则回答道:"老婆是自己的好,宠着她就是我最大的幸福,在我面前,她可以不讲理。"

林徽因对他的包容也曾给予了真挚地回应,她曾发自内心地说,如果她的人生可以重新安排,她依然会选择梁思成,选择现在的家庭。

爱,其实就是理解和包容。真爱一个人,首先要懂得他和理解他,除了要爱他的优点之外,最重要的就是接受和包容他的缺点,这样的爱才是真爱,这样懂得爱才能经受岁月和生活的重重考验。

"海纳百川,有容则大。所以理解和包容是一种素养,是一种姿态,是一种境界,更是一种美德。而这种美德绝不是与生俱来的,必须靠长期的真诚相处修炼得来。用理解和包容面对生活、面对人生,才会使自己拥有一个平静从容的心态,才能使自己活得更轻松、更洒脱。理解和包容别人,其实就是理解和包容我们自己,多一点对别人的理解和包容,我们的生命中就会多一点自由空间。

第七章
琴瑟和谐,婚姻用情,更需用"心"

家庭中的幸福,其实就是一种甜蜜爱情的延续,是由婚姻中的理解和包容堆积而成的,是由真情实意串起的珍贵记忆。因此,这种理解和包容,都会珍藏在我们的心里,如同花粉存放在蜂房里一样,有朝一日会酿出甜蜜。理解和包容有着夫妻间心与心纯洁的承诺,家庭中有了理解和包容,便会有很多让你感动的美好回忆。家庭中学会了理解和包容,会让你的心态更平和,会让你的心情更轻松,会让你的心胸更宽阔,会让你的人生更美丽。

第八章 淡定娴静,形如云水淡如菊

花花世界的诱惑,尘世的浮躁喧嚣,时常会扰乱女人那颗敏感而不安的心。在欲望和诱惑的怂恿下,有人加速了奔波的脚步,追随着虚无缥缈的名利,任由贪婪肆虐,把自己变成了生活的傀儡;也有人过于迷恋灯红酒绿的色彩,让繁杂纷乱扰乱了自己的心绪。

于是,我们总会听到一些女人无奈地抱怨自己多么不幸福,多么不快乐。与其说纷扰的外界环境让她们的生活少了一份安宁,不如说是她们的内心少了一份淡定。

淡定,是一种积极的生活态度,是智慧的不争,是宠辱不惊,也是对简单生活的一种追求,但它绝不是平庸。亦如林徽因一样,她只追求自己认定的幸福,简单快乐,"不以物喜,不以己悲。"

第八章
淡定娴静,形如云水淡如菊

1.活在当下更快乐

我们生活在今天,生活在此时此刻,既不是过去也不是未来,我们的生活,仅仅只是现在,此时,当下。活在现在,就是当下,就是眼前,把握好眼前的生活,我们才能创造出最有希望的生活。

有个小和尚,每天早上负责打扫寺庙里的落叶。这是一件辛苦的差事,尤其是在深秋时节,每次一刮风,树叶落得满地都是,小和尚要打扫很久才能清理干净。为此,小和尚有点苦恼,他琢磨了很久,终于想到了一个能够让自己轻松一点的"好办法"。

在第二天打扫落叶之前,小和尚用力地摇树,把落叶都摇了下来,他心想:这样的话,我明天就不用再扫落叶了!隔天,小和尚起床后到院子里一看。他顿时傻了眼:院子里的落叶和平时一样,满地都是,一点也没少。

这时候,师父走了过来,对他说:"孩子,不管你怎么摇那棵树,明天的落叶还是会落下来的。"

小和尚突然明白了,这个世界上有很多事情都是没有办法提前的,只有认真地活在当下,做好现在的每件事,才是可取的。

小和尚渴望在今天把明天的落叶清扫干净,却没想到明天落叶依然会飘零。故事听起来似乎有点荒谬,我们也不禁会笑小和尚傻得可爱。其实,生活中有些女人和"小和尚"一样,喜欢预支明天的烦恼,渴望早一步解决明天的烦恼。她们无法专注于"现在",总是若有所思,心不在焉,想着明天、明年甚至下半辈子的事情。可是,她们从未认真地考虑过,明天的烦恼今天是无法解决的。

幸福就在当下,就在你手中的每一天,甚至每一刻,而非过去或者未来。

林徽因最在意的是现在,是此时此刻,她最受不了的就是无所事事。在昆明,在李庄,在随时会遭遇炸弹轰炸的处境中,她最为忧心的,并不是安全问题,而是"什么事也做不成"。她在给费慰梅的信中不止一次地谈起这个问题:

在昆明,"可怜的老金,每天早晨在城里有课,常常要在早上五点半从这个小村子出发,而还没来得及上课空袭就开始了,然后就得跟着一群人奔向另一个方向的另一座城门、另一座小山,直到下午五点半,再绕许多路走回这个村子,一天没吃,没喝,没工作,没休息,什么都没有!这就是生活!"

在李庄,"我必须为思成和两个孩子不断地缝补那些几乎补不了的小衣和袜子……当我们简直就是干不过来的时候,连小弟在星期天下午也得参加缝补。这比写整整一章关于宋辽清的建筑发展或者试图描绘宋朝首都还要费劲得多。这两件事我曾在思成忙着其他部分写作的时候高兴地和自愿地替他干过。"

林徽因深知,活在当下是一种全身心地投入人生的生活方式。没有过去拖在你后面,也没有未来拉着你往前,将全部的能量都集中在这一刻,生命因此具有一种强烈的张力。

当生命即将结束的时候,问问自己:你这一生想做的事你都做了吗?你有没有好好笑过、真正快乐过?你觉得了无遗憾吗?

你这一生是怎么过的:年少,你拼命学习,想挤进一流的大学;随

第八章
淡定娴静,形如云水淡如菊

后,你希望赶快毕业,找一份好工作;接着,你又迫不及待地结婚、生小孩;然后,你又整天盼望小孩快点长大,好减轻你的负担;小孩长大了,你又恨不得赶快退休;最后,你真的退休了,不过,你也老得几乎连路都走不动了……当你正想停下来好好喘口气的时候,生命也快要结束了。

其实,大多数人都是这样迷迷糊糊地度过一生。他们一生劳碌,时刻为未来担忧,为未来做准备,一心一意计划着以后发生的事,却忘了最重要的现在,等到时间就这样流逝,他们垂垂老矣,才恍然大悟"时不我予"。

活在当下,并不是说不为明天做准备,而是不要为明天的事情而盲目焦虑,尽量做好自己的事情。今天是我们最珍贵的资产,也是我们唯一可以拥有的资产。

有位圣哲说过:"过去与未来并不是'存在'的东西,而是'存在过'和'可能存在'的东西,唯一'存在'的是现在。"人生就像串联起来的课堂,每一天都有每一天的人生功课,如果今天的功课都无法做好,那么明天的事还是明天再说吧!活在当下是一种全身心地投入人生的生活方式,女人只有活在当下,才能不被过去拖在后面,也不会被未来拉着勉强向前跑,才能将全部的能量集中在这一刻,使生命具有强烈的张力,让自己体会到生活的幸福。

蓝茜是个32岁的单身女子,曾经有过一段长达六年的恋情,但最终没能修成正果。或许是因为"一朝被蛇咬,十年怕井绳"的缘故,这些年蓝茜一直不敢触碰感情,她总担心自己会受伤,更觉得年龄越来越大,经不起感情的折腾。

在一位同学的婚礼上,蓝茜碰到了多年未见的某同学,她穿着时尚,人也显得十分精神。她在酒桌上谈笑风生,给大家发名片,畅谈她

最美不过
林徽因

目前做的业务和对未来的憧憬。蓝茜觉得时间真是个可怕的东西,它能让人发生不可思议的改变。在她印象里,这位同学在高中时总是柔柔弱弱的,可如今却蜕变成一个如此干练的女人。

后来,蓝茜无意中了解到这个同学离婚了。蓝茜不知道她离婚的具体原因,也不敢妄加评论。但她心里一直在想:如果换做是我,我能够像她一样勇敢地面对生活吗?

那天晚上,蓝茜在日记里写到这样一段话:活着,其实是很当下的一个词语。相爱,本来就没有过去和将来,曾经的柔情和海誓山盟只是过眼云烟,无法找回。既然如此,不如珍惜现在。哭过之后就算了,一切都可以重新来过!

蓝茜是个聪明的女人,即便她之前浪费了一段宝贵的时间,陷在过去中不肯自拔,但她终究还是明白了人要活在当下的真谛。当一个人认真地把握现在,努力享受身边拥有的一切,无论是单身还是恋爱、结婚,女人都能体会到属于自己的幸福。最可怕的是执迷不悟,停留在美好或伤心的回忆中不肯迈出一步。

到底什么才叫做"当下",答案很简单,"当下"就是指,你现在正在做的事、待的地方、周围一起工作和生活的人。"活在当下"就是要你把关注的焦点集中在这些人、事、物上面,全心全意地去接纳、品尝、投入和体验这一切。不要总想着,如果明天……我一定会快乐、幸福,要知道欲望是无止境的,真到了"明天"你可能还会出现新的需求。如果你身在一月,那就做好一月的事,别幻想二月份的,因为你在幻想的过程中很可能就丧失了一月得到的良机。别忘了,真正的满足不是在"以后",而是在"此时此刻",那些想追求的美好事物,不必费心等到以后,现在便已拥有。

斯宾塞·约翰逊曾经出过一本叫做《礼物》的书,讲述的是一位充

第八章
淡定娴静,形如云水淡如菊

满智慧的老人告诉孩子世界上有一个特别的礼物,能够让人生更快乐,而这个礼物只有靠自己的力量才能够找到。孩子从童年到青年,想尽办法四处寻找,越是拼命找越是不快乐,他生命中的礼物始终都没有出现。后来,年轻人决定放弃,不再盲目地追寻,这时候他突然发现,那份礼物其实一直都在他身边,这个人生最好的礼物就是——此刻。女人如果时刻都将精力耗费在已逝的过去和未知的未来,对眼前的一切视若无睹,那么她永远都不会幸福。

当你存心去找幸福的时候,往往会空手而归,只要让自己活在"当下",全神贯注于周围的事物,幸福就会不请自来。或许人生的意义,不过是嗅嗅身旁每一朵绮丽的花,享受一路走来的点点滴滴。

2.笑对人生的起起落落

生活总是会给我们很多意外,意外也会给我们带来很多改变,我们最好就是选择接受,不做过多的抱怨。事实上,所有活在世上的人都必须承受生活所带来的意外。既来之,则安之,只要坦然接受,就会发现,意外的人生并不会使你失去很多,反之它可能会给你带来很多。

一匹战马,曾经多次立下战功,还曾解救过一位将军。当年,为了表扬它,首长亲自接见它,为它佩戴红花,绕城行走。后来,它在一次战役中受了重伤,待伤养好后,部队便将它卖给了一位腿部受伤的农夫。

到了农夫的家里,马被安排到磨房里拉磨。这时候,农夫看到马哭了。

"自从你来到我家,我不曾亏待过你,你为何哭呢?"农夫问。

马说:"你对我的确很好。我哭是因为觉得命运不公。当年,我是功勋卓著的战马,享受过无限的荣誉;可如今,我却在磨房里拉磨。我心里难过。"

农夫笑了,说:"以前我也是个骁勇善战的士兵,还得到过首长的接见。后来,我受了伤,便退伍回乡了。可我没觉得这两种生活有什么不同,我每天过得都很开心。"

马和农夫都曾经在战场上立过功,并获得了殊荣,他们也都是因伤而离开了战场,可是马过得不开心,而农夫却依然乐观地生活着。其实,人生就是这样。有时荣华富贵,有时举步维艰;有时一切顺利,有时却处处碰壁。可是不管怎么样,我们都该保持一种豁达的心胸,淡然地面对这一切。唯有如此,才能够在处境突变时不会有失落和痛苦,才能笑对人生的起起落落。

"不以得为喜,不以失为忧",是种非常良好的心态。这种心态的优势是专注于自己的事情,不因失而忧心忡忡,不以得而兴奋狂跳。也不要大喜大悲,那样会使我们失去冷静。

要以一种泰然处之的心态去面对,生活是我们的向导,它能把我们从痛苦中引领出来。在沉重的打击面前,需要有处乱不惊的乐观心态。冷静而乐观,愉快而坦然地在生活的舞台上,学会对痛苦微笑,学会坦然面对不幸。

1937年"七七事变"后,日军全面侵华,身在北平的人们开始了大

第八章
淡定娴静，形如云水淡如菊

迁徙，对于林徽因一家来说，这无疑是个最坏的旅行季节，未卜的前途，茫茫的前路，终点在哪里，无从知晓。在这个时节举家迁徙，步履蹒跚几乎是必然的，可是，战火烧到了生活的边缘，不离开又如何生存下去？

因为是逃难，林徽因和梁思成不得不舍弃北平家中那些精致的岁月积累，除了生活必须的钱和工作必需的论文、古建筑研究资料外，字画古董服装摆设只能统统放弃，尽量轻装上路。

1937年8月，林徽因一家从北京乘火车到天津，从天津坐船到烟台，再转车至潍坊、青岛，之后乘火车至济南，再到郑州，最后抵达大后方长沙。这一路上，林徽因上下舟车16次，进出旅店20次，堪称她人生中最密集的辗转，身体劳累到了极点，所幸的是，在这压抑的空气中，她依旧保持着乐观。

在逃亡途中短暂的居留地——长沙，人们的心情如何可想而知，只有林徽因的家中仍能传出嘹亮的歌声，以歌声赶走心头的阴云，仍希望着美好的明天。有人说，林徽因的身上，有一种奇特的团聚人的力量，她的优雅和坚定影响着周围的人，就仿佛神话中懂得人心灵密语的女神，总能够在人们最困惑的时候，给予他们心灵的安慰。

1937年10月，梁思成的弟弟辗转来到阴雨绵绵的长沙，他供职的中央研究院历史语言研究所准备迁往昆明。战时路途格外崎岖，林梁二人犹豫了。可战争的残酷不由得他们犹豫，日军轰炸了长沙，同时，梁思成主持的营造学社是民间组织，为了更好的发展，他也准备随研究院一起去昆明。于是，林徽因一家不得不再次出发。

12月初，林徽因一家离开长沙，奔赴昆明。

可是，对这一对夫妻来说，意外迭至。梁思成在年轻时脊椎受过伤，他们一路逃难，刚到昆明，长途跋涉的辛劳使他的脊椎病发作，背部肌肉痉挛，痛得彻夜难眠。经过医生诊断，说是因为扁桃腺的脓毒所

最美不过
林徽因

引发,需要切除扁桃体。可是切除了扁桃体后,却又引发了牙周炎,这让他疼得吃不下任何东西,甚至连水都不能喝,于是他满口的牙齿又被医生拔掉了。半年多时间里,疼痛使他不能在床上平卧,日夜半躺半坐在一张帆布椅上。

林徽因承担起了全部家务,买菜、做饭、洗洗涮涮,往常最令她厌恶的家务她都一一亲历亲为,过去有女佣,但现在一切只能靠自己。她变着法子做可口的饭菜,只想让梁思成多吃一口。医生怕梁思成服用过量的止痛药会对药物产生依赖,建议他做些手工,以分散注意力。可是坐在躺椅上能做什么手工呢?林徽因的心思灵巧,她找出家人袜子来,让他学着织补。

同时,他们的生计问题也同样严峻,家里的积蓄眼看着就见底了。为了维持生计,林徽因到云南大学为学生上英语课,每星期6节课。课虽说不多,但学校离他们的住所很远,每次去上课来回要翻4个山坡,昆明海拔高,爬坡上山走得快了,林徽因就会胸闷气短,特别是下课回家,更觉得累乏。一个月下来,能赚40元钱的课时费。

拿到钱,林徽因就在回家的路上走进了卖日用杂货的商店。她第一个要买的,便是外出考察古建筑用的皮尺,价值23块钱,占了工资的一半。林徽因没有犹豫,她想,梁思成见了这皮尺一定也会很高兴。

走到回家的那条街拐角处,林徽因又花了几角钱为孩子们买了一些当地的特产——核桃糖、一包糖炒栗子。核桃糖是把核桃仁和熬化的蔗糖在盆里混在一起,凝结成冻状后扣在案板上,买多少切多少,像北京的切糕似的。糖炒栗子让林徽因想起了北京,不过昆明的糖炒栗子比北京的好吃。

林徽因的买皮尺和张爱玲小时候得到5块钱稿费时第一时间便跑去买了支口红,这两者之间的相似之处是她们对于所买的东西,都有一种真的热爱;相异之处,张爱玲是对生活之爱,带着点负气的意味,

第八章
淡定娴静,形如云水淡如菊

林徽因是对事业和丈夫的爱,她真的是把事业当成生命。

为了生活,他们还帮人设计私人住宅,可往往拿不到应得的报酬;他们也会受邀出席权贵们的宴会,可林徽因必做声明:"思成不能酒我不能牌,两人都不能烟。"即使生活遭遇种种挫折和意外,但她依然保留着知识分子的那份清冷。

人的一生会因一些意外而改变,但并非所有意外都是坏的,生活中频繁光顾的意外让林徽因饱尝颠沛流离的滋味,但她也真正洗去了一身铅华,在饱尝生活的艰辛后,成了生命的勇者。这个世界上有几个人能一直沿着自己所追求的路走下去呢?生活本来就是到处充满意外,或者说是到处充满机会、到处充满障碍。

一个人的坦然是种生存的智慧。生活的艺术,是看透了社会人生以后所获得的那份从容、自然和超然。

然而,女人大多都是感性的,高兴的时候会大笑,悲伤的时候会痛哭,在遇到事情的时候很难保持从容和镇定,得意忘形,失意悲伤。原本一切很好,富贵得意,可一旦发生意外情况,女人就会失落到底,甚至产生自卑、抑郁的情绪,就像是变了一个人一样。佛告诉我们:人应无所住而行布施,是解脱,是大解脱,一切事情,物来则应,过去不留。一个女人只有用一颗平常心看待人生的起落,她的内心才能得到真正的解脱。

安茜性格开朗,无论什么事情都很有主见,对待感情她更是敢爱敢恨。安茜也曾经历过一次伤心的恋情,被伤得体无完肤的她只身一人来到了北京。原本想凭借专科学历找份好工作,无奈北京人才济济,投出去的简历总是杳无音讯。那时,她有些沮丧,可是很快她就转变了想法:北京有那么多人都在找工作,又不是我一个人,怕什么呢!

最美不过
林徽因

后来,安茜又面试了几家公司,最终被录用了。在新公司里,她认识了原野,而原野正是她的上司。凭借自己的能力,安茜半年后就得到了提升,而原野对她也越来越不一样。面对公司上下的议论,原野敢爱却不敢承认。安茜也察觉到了这一点,但她没说什么。但安茜在背后经常遭受同事的谩骂,说她是"小姐"、"寄生虫"之类的。对此,安茜很平静。

面对流言蜚语,原野有些沉不住气了。他找到安茜,并向她承认了自己的懦弱。面对原野的胆小怕事,安茜没有无理取闹,只是平静地接受了。后来,公司里的人发生了争执,大家开始陈芝麻烂谷子地说起旧事,结果闹到了董事长那里。安茜和原野的"地下情"曝光了,但安茜也没有被吓倒,她平静地向董事长陈述了自己和原野的关系,她的大方和平静得到了董事长的赏识,直接被提升为总经理秘书。

看到安茜镇定、从容的表现,原野自愧不如。他找到安茜,向她道歉,两人又和好如初。就这样,安茜在现实生活面前用微笑面对,赢来了爱情和事业的双丰收。

要学会坦然面对生活中的那些意外,因为只有你接受了,才会看到新的希望,只要生活能使自己过得快乐些,那么你必会坦然地面对意外的人生并不断勇往直前。

第八章
淡定娴静,形如云水淡如菊

3.不抱怨命运的不公

生活不会辜负认真对待它的每一个人。只要坚持不懈地努力,就算他无法实现最初的梦想,生活也同样会给他一个额外的奖赏。实际上,我们要做的只是停止抱怨,适当修正自己的目标,并且加倍努力地去行动。

比尔·盖茨说过:"人生是不公平的,习惯去接受它吧。请记住!永远都不要抱怨!"生活不可能绝对公平,每个人来到世上,都会和别人有所不同,比如出身背景、家庭关系等,这种"不公"是我们从出生开始就必须接受的。

其实,怨天尤人、不肯正视现实的人们,总是站在自我的角度上思考问题,所以总觉得这个世界不公平。但对于那些努力拼搏的人来说,"不公"的存在只能决定他的起点,不能决定他的终点。

狮妈妈的孩子被一个猎人给捉走了,不幸的它愤怒咆哮,整个丛林中的动物都吓得战战兢兢。

夜又黑又静,在这里,妖魔仿佛都在施展各种法术。狮妈妈的一声声哭嚎,使得每一只动物都不能安然入睡。最后,母熊实在忍不住了,开口对它说:"我的好大妈,我只想问问您,那些所有到了您口里的孩子,它们难道就没有爹妈,是从石头缝里蹦出来的吗?"

"它们有啊!"

"假如如此的话,它们中的任何一位死去后,也没见谁的爹娘为孩子的死闹得大家头昏脑涨。既然这么多的母亲都能忍气吞声,狮妈您

最美不过
林徽因

就不能少哭闹一点吗?"

"哦?我惨遭如此不幸,要我完全不作声?我失去我的儿子后,我的晚年将是多么的痛苦和孤独啊!"

"请您告诉我,谁让您遭受如此之不幸啊?"

"这是仇视我的命运女神和我故意作对,是它们成心想与我过不去……"狮妈妈仍不停地抱怨着。

狮子妈妈因为失去了自己的孩子,便不停地抱怨命运对它不公,令周围的动物深感厌恶。试想一下:未来的某天,它在丛林中捕捉到鲜美的猎物,那一刻的它是否又会感谢命运对它的垂青呢?这则寓言故事告诫女人:人之所以常常抱怨命运不公,是因为对自己的处境总是抱着一种悲观的态度,而不会用乐观和快活的心去面对生活。

林徽因从名门闺秀沦落到四处逃亡,从衣食无忧到为了一点积蓄仔细算计,她是不是可以抱怨自己遭遇的种种不公呢?他们当时生活的艰难又岂是现在生活在太平盛世的我们能够想象得到的?

1937年10月,长沙是连绵的阴雨天气。林徽因闹肚子,她歪在床上,身上搭着被子,屋子里散发出霉湿的味道。梁思成和林徽因商量着动迁昆明的事,两个孩子在门口接雨水玩儿。在这阴郁的日子里,他们清亮的笑声是唯一的亮色。

走,还是不走?林徽因在考虑。但如果要去昆明,必须尽快走。再不走,等天气冷下来,一路上翻山越岭,下雨落雪会有许多困难。可是如果要走,除去路上的花销,一家人到昆明,手头就只能剩下300来块钱了,他们没有收入,身上的这一点点钱,等到了那偏远的西南,这一家老老小小该如何是好呢?

商量一番后,梁思成、林徽因便决定,还是先过几天看看情况再

第八章
淡定娴静，形如云水淡如菊

说。梁思成打算与中美庚子赔款基金会联系上，看是否能为营造学社申请到研究基金。

第二天，天放晴了，林徽因把发潮的棉被和衣物一一晾晒出去，然后坐在廊上的破藤椅上，眯着眼睛享受着这难得的阳光，有一搭没一搭地和屋里的梁思成说着话。

突然，空中响起巨大的轰鸣，是战斗机飞过的声音。

"是中国的飞机吗？"梁思成跑出来问林徽因，因为事先他们并没有听到空袭警报。

震耳欲聋的爆炸声响起，还夹杂着炮弹穿越空气的尖利呼啸。

是日机的轰炸！

来不及多想，完全是出于本能，林徽因和梁思成一人抱起一个孩子，拉着外婆就往楼下跑。还没跑出院子，一颗炸弹就在他们附近爆炸了，房子顿时四分五裂，林徽因抱着儿子被气浪抛了起来，但幸运的是自己和孩子居然都没有受伤。房屋开始轧轧乱响，门窗玻璃、隔扇、屋顶、天花板，全都坍塌下来。危急关头，容不得人想太多，林徽因、梁思成飞快地冲出院子，跑到混乱的街头。

他们希望能跑到临时大学避难。但是眼看飞机一阵俯冲下来，林徽因、梁思成绝望地停下了脚步，一家人紧紧地偎在一起。反正人腿跑不过飞机，索性全家人死在一起吧！

爆炸声又起，居然是他们刚才准备跑过去的临时大学校园。

他们的住所已成了一堆废墟。死亡，原来距离他们那么近。

硝烟散去，惊魂稍定，从废墟中扒出了他们所剩无几的家当，当晚只好到朋友张奚若家去借宿。

张奚若租住的地方有两间房子，他们为林徽因、梁思成一家腾出来一间，自己一家五口挤在另一间里。

最美不过林徽因

生活甚至容不得林徽因抱怨什么,生命时刻受到威胁,能活下来,已是万幸,一家人都还在,真的是不幸中的大幸。被环境所逼,一千金小姐跋涉千里,她没有抱怨什么;被生活所迫,一个新时代知识女性却不得不整天忙于家务,她也没有抱怨什么,只是向闺蜜自嘲一番。其实,爱抱怨的人都有一个共同的特点,就是认为自己应该顺风顺水,天经地义地去享受美好生活,而且不需要付出太多的努力,或者认为自己付出一点努力就应该有所收获,一旦得不到预期的回报,他们就变得怨天尤人,仿佛自己是最最不幸、被生活抛弃的那一群人。

这时,抱怨就成了他们逃避现实的隐蔽工具。越是这种时候,我们越要学会接受现实,适应现实。要鼓起勇气,把一切"不公"甩在身后,努力去创造不一样的生活。只有那些缺少自信、没有安全感、质疑自己的重要性、不确定自我价值的人,才喜欢用抱怨来逃避现实。

人生是一张单程车票,所有走过的、经历过的都已经成为既定的事实和历史。如果这些事实是美好的,人们都愿意快乐地接受;如果这些事实是残缺的、不幸的,甚至还带着伤害、眼泪,人们就会从心里排斥它们,陷入懊悔、自责、失望的深渊中。然而,无论你是主动接受还是被动接受,这就是生活的真实面目,谁也无力更改。

有个成语叫做"木已成舟",听到这个词,多少会让人感到有些无奈,但是一块木头既然已经成舟,就意味着它"放弃"了其他所有可能的命运,它只能以舟的形式存在世上,就算不喜欢,甚至厌恶,也无济于事。面对那些"木已成舟"的事实,再多的抱怨也是枉然,我们能做的就是接受生活的现实。

冰冰和姗姗都是某房地产公司的内勤职员,受金融危机的影响,公司决定裁员,她们都没能逃脱这一厄运。公司规定,她们要在一个月之后离岗,听到这个消息时,她们的眼圈都红了。

第八章
淡定娴静,形如云水淡如菊

第二天早上,冰冰的情绪仍然很激动,同事和她打招呼,她就摆出一副爱搭不理的的样子,说话也总是"带刺",她不敢直接找老板去发泄,只能向办公室主任与同事发牢骚:"我做错了什么?凭什么把我裁掉……""这对我不公平"——她声泪俱下的样子,惹得周围的人心生同情,但无论大家怎么劝慰她,也没有用。她一天下来,只顾着到处伸冤诉苦,连自己的本职工作都忘了,传送文件、收发邮件,甚至把订餐都耽误了。冰冰过去在公司是个很有人缘的女人,可现在她整天愤愤不平的,同事们不再像以前那样喜欢和她接触了,甚至优点讨厌她。

姗姗在看到裁员名单后,回家哭了一个晚上,但是她第二天上班的时候,和以往没有什么区别。同事不好意思再吩咐她做什么,但她却主动揽活,面对大家同情而惋惜的目光,她总是淡然一笑,说自己想站好最后一班岗。每天上班期间,她仍旧很勤快,随叫随到,力求做好自己分内的事。

一个月的时间很快就到了,冰冰如期下岗,而姗姗却被从裁员名单中删除了。人事在办公室里向所有同事传达了老总的话:"王姗姗的岗位,谁也无可替代!像她这样的员工,公司永远都不嫌多!"

女人在面临困境的时候,不要抱怨命运,因为抱怨会让你的内心痛苦不堪,而且在怨天尤人的情绪中,事情也只能越变越糟,甚至错过了解决问题的机会。面对不幸和挫折,要学会不断地捕捉生存智慧,承受苦难,直面打击,这样才能够在挫折中成长起来,把握自己的命运。

上帝在你面前把一颗石子扔进乱石堆,你很难再找到它;如果他把一块金子以同样的方式扔进乱石堆,你很快就可以将它捡起。所以,当你还是一颗石子的时候千万不要抱怨命运不公,要学会在平凡的生活中磨砺自己的意志和品格,努力把自己打磨成一块闪闪发光的金子,无论什么时候,什么人都无法掩住你灿烂夺目的光辉。

4. 不在得失之间挣扎

每个人在生活中都是主宰生命的佼佼者,所以我们每个人都要用心地去体会生活。不要去计较什么得失,得到与失去,其实只在一念之间,即使生活中有一千个理由让你哭,你也要找一千零一个理由让自己笑!

人之所以不快乐,不是我们拥有的太少,而是我们计较的太多。人的欲望是无止尽的,我们都在追求高品质的生活,都想得到自己想要的东西,都在为了自己的目标忙碌着、奋斗着,得到了,开心一时,得不到,痛苦一世。

如果我们总是计较我们失去的,那么我们永远无法看到我们得到的,或者在这得失之间痛苦徘徊,斤斤计较。

若真要计较得失,一路逃亡到昆明的林徽因得到了什么,失去了什么?她失去了安定的生活,失去了高朋满座的良好氛围,失去了一展才华的机会,现在,她只能利用做家务活和照顾孩子、母亲之外的一点时间进行自己的工作,而且常常被打扰。看上去,她失去了很多。

1938年,国立西南联合大学的教师和学生陆陆续续从各地来到昆明。他们有坐汽车来的,有徒步走来的,还有从越南绕行的。张奚若一家来了,赵元任一家来了,陈寅恪也来了。金岳霖绕道香港,从河内乘窄轨火车到了昆明。闻一多身穿长袍,挽着裤脚,长髯飘飘,和学生一起从湖南经贵州徒步走到了昆明。

朋友们陆续来到昆明,友人们又见面了。林徽因的生命中,始终不

第八章
淡定娴静,形如云水淡如菊

缺朋友,在这个朋友圈子里,她仿佛永远是最受瞩目的圆心,林徽因在给美国友人费慰梅的信中写道:"我喜欢听老金和奚若笑,这在某种程度上帮助我忍受这场战争,这说明我们毕竟是同一类人。在流亡的日子里,许多人只剩下身上穿着的一套西装或一件长袍,即使找到一间住房,也是真正的家徒四壁。不过,彼此的处境都差不多,在战火与厮杀的边缘上,同一类人簇在一处,这多少能给林徽因一些心灵上的温暖,国难当头,兵荒马乱,大家能重新聚首,就是一种温暖、一种慰藉。

朋友们的再聚,给林徽因带来了很大的快乐,即使她失去很多,但亲友俱在,在这战火纷飞的年代,就算是最难得的一种得了。而且,她学会了在平凡的生活中寻找乐趣,所以,她的心依然是富足的。

金岳霖在给费正清的信中谈到林徽因:"……仍然是那么迷人、活泼、富于表情和光彩照人——我简直想不出更多的话来形容她。唯一的区别是她不再很有机会滔滔不绝地讲话和笑,因为在国家目前的情况下实在没有多少可以讲述和欢笑的。"

梁思成、林徽因一家租住在昆明城内,林徽因在给费慰梅的信中,谈到了他们的生活:

"……梁思成笑着,驼着背(现在他的背比以前更驼了),老金正要打开我们的小食橱找点东西吃,而孩子们,现在是五个——我们家两个,两个姓黄的,还有一个是思永(梁思成的弟弟)的。宝宝常常带着一副女孩子娴静的笑,长得越来越漂亮,而小弟是结实而又调皮,长着一对睁得大大的眼睛,他正好是我期望的男孩子。他真是一个艺术家,能精心地画出一些飞机、高射炮、战车和其他许许多多的军事发明。"

温和的丈夫、幽默的朋友、可爱的孩子,林徽因仿佛在大后方重新找到了女人应该有的完整的生命,在昆明稀薄的空气里,林徽因依然找到了属于自己的和煦阳光。

当然,还有他们一直为之努力拼搏的心爱的建筑事业。在昆明的

最美不过
林徽因

日子里，梁思成关于赵州桥的论文刊登在了世界建筑的权威期刊——《笔尖》上，这对夫妇俩是一个莫大的鼓舞。1939年秋，梁思成和同事们用了半年的时间，跑遍了大半个四川。而后方的家庭，则全靠林徽因支撑着。

林徽因之所以被人称为"绝世女子"，除了她集美貌、才华、智慧于一体外，还在于她拥有高贵的精神与超然的心性。她一生为建筑事业倾尽了自己的心血，甚至透支生命也在所不惜，却从不计较得与失。

当下的女人很少能拥有林徽因一般的人生高境界与大胸怀，总会为了一点利益斤斤计较，为了一点不顺心的事抱怨不止。这样的女人总是站在自我的角度去考虑问题，所以总觉得这个世界不太公平。

人生在世，如果计较的太多，势必难以达到拥有平衡的心态，而不平衡的心理，容易使人处于一种极度不安的环境之中。一旦我们有了时而焦躁、时而矛盾、时而激愤等负面情绪，我们就会误解人生的意义。有时，甚至不惜铤而走险，玩火自焚。生活本来就是柴米油盐酱醋茶这些烦琐而又现实的组合，每个人的生活都是如此。与其看不如意的方面，不如学会寻找乐趣，看生活中美好的一面。

人的一生会遇到很多高兴、幸福、顺心的事，同样也会面对挫折和苦难，此时的你是否还能保持一种积极的人生态度？其实，生活中有些事情并不用太过在意，人一生的得失就像是手中握的沙子，只有以不计较的心态摊开手掌，才能获得更多。

她是一个漂亮女人。生活在山区，家境贫困，为了给哥哥娶媳妇，父母将她卖给了另一山村的男人。谁知刚刚嫁过去半个月，她的丈夫就因车祸而亡。婆婆骂她是克星，克死了自己的儿子。同村的人都对她冷眼相看。回自己父母家，嫂子也不容她。她心灰意冷至极……

第八章
淡定娴静，形如云水淡如菊

在媒人的介绍下，她再婚了。她比他小20多岁。她这次再婚时，家乡的人都以为她傍上了大款，只有她自己知道他是怎样的一个人。

他长得又丑又黑，一口向上鼓起的黄牙，脸上有着一道深深的烧伤疤痕。媒人提亲时对于他的长相只字不提，只是说他是一个善良、老实、能干、有手艺的人，就是因为家穷耽误了娶媳妇。

草原因为偏僻、封闭、落后，在那个年代娶不上媳妇的男人很多。家里有钱的可以托人到山区去找，有河北的、山西的、四川的……花几千元钱或几百元钱就可以找到。这个男人也托人带一个回来，就是她——一个克死了丈夫的女人。媒人去说亲时，她因为实在在家中待不下去，就急忙嫁给了这个50多岁的男人。婚礼过后，她才知道他的手艺就是每天在风吹雨淋中修理自行车，再加上他长得丑，她结婚的第一天就有种上当受骗的感觉，但是自己已经没有退路了。

再婚后，男人非常疼爱她，体贴她。她因为对自己的再婚不满，心中时常不快，常常哭泣，每每这时男人总是将她揽入怀中，什么都不问，将她脸上的泪水擦净……男人每隔几天就给她带些小礼物回来，一块纱巾，一盒擦脸油，一块手表，一双手套，一些樱桃……

她长到近30岁从来没有戴过纱巾，更不用说吃樱桃了，她甚至从来都没有听说过。看着樱桃，她突然觉得有一股无比幸福的感觉涌过心间。她吃樱桃，男人在旁边看着她，她说："给你一个吃吧。"男人赶紧推脱说："不吃，我不爱吃，看着你吃我就快乐。"一次，她上街，偶然问了樱桃的价格，竟然要70元1斤。她辛酸了，她深知他不是不爱吃樱桃，而是不舍得吃呀！

她从此暗暗发誓要一辈子爱他。她更加疼爱他了，早晨他没起床前，她偷偷起来为他烧好早茶；晚上他修自行车回来时，她已经为他做好热腾腾的饭菜。草原的冬天，天气特别寒冷，男人从外面回来时，身体冻得直发抖，女人就用自己的身体为男人暖脚。每到此时，男人都很知足,说自己是有福气才娶到这么漂亮、体贴、温柔的妻子。他的知足话语让女人心花怒放。

一天,女人对男人说:"你一个人在外面修理自行车太辛苦了,我在家待着没事,我和你一起去修。"男人不答应,说自己挣得钱足够养活她的了。但女人偏要去。

从此,大街上的人总能够看到一对老夫少妻在修自行车,他们紧紧的挨着坐,有活就男女一块干,没活时他们有说有笑的谈论着。

冬天的草原风大雪大,女人不禁冻,在外面一会儿的工夫就手脚发麻,脸上发青。每到这时,男人总是跑到对面的快餐店,为女人买来热腾腾的热狗,男人为女人打开皮,之后再为女人打开瓶装的热饮料,女人吃一口热狗,男人再将热饮料递给女人,女人喝完饮料后将热狗塞到男人嘴里,他们就这样你一口我一口地吃着,有说有笑,说笑中充满着关心、体贴、爱和真情……

一天男人对女人说:"总有一天,我会走在你前面的。"女人哭了,她说:"我们一起走,做鬼我们仍是夫妻。"男人说:"不行,你一定要在我走后好好活着。我想从下个月开始中午不回去吃饭了,再在学校门口开个摊位,多挣些钱,等到我走后能够给你多留些钱,保证够你晚年生活的费用。另外,我雇人在自己的草场上为你种植玉米,每年会有万元的收入,还为你买了50只种公羊,10只母羊,等过些年我走了,羊群也发展的数量多了,你每年卖些羊足够你晚年生活的了。"女人再也忍不住扑到男人怀里痛哭起来,她知道从来没有人替她这样着想过,可是眼前这个又丑又老的男人为她想到了年老,她觉得嫁给这个男人她这辈子值了。她觉得自己是世界上最幸福的人。

其实,命运一直都非常公平,它让我们在一处失去什么,必会让我们在另一处得到什么,就像当我们得到了金钱时,便有可能会失去真

第八章
淡定娴静,形如云水淡如菊

挚的感情;当我们得到了高位时,便可能会失去对生命的认知;当我们得到名望时,便可能会失去某些自由。所以,生活中的我们,不应该太过计较得失,因为在或长或短的人生旅途之中,无论是什么样的生命,最终都会得到平衡。

懂得了这一道理,我们便会知道,即使拥有得再多,总会有失去的时候;而即使失去得再多,也总会有得到补偿的机会。所以,在得与失之间,我们无须太过计较,而更应该学会以一颗平常心去对待。

5.活出一种洒脱的姿态

幸福来自于内心的安静和沉淀。想要获得幸福,女人就不能迷失在过去,更不能执著在自己的情绪里。作茧自缚永远是自己最大的敌人,无论是什么原因,无论是何种境况,想要活得坦然和精彩,就要让自己勇敢踏过荒野,甩掉满脚的泥泞。

宋朝无门慧开禅师说:"春有百花秋有月,夏有凉风冬有雪。若无闲事挂心头,便是人间好时节。"女人啊,抛弃过去的羁绊吧!别让自己在过去里沉沦。昨天是回不去的曾经,我们还拥有现在和未来。过去的那些往事,就让它成为永久的回忆。你可以在某个清晨或黄昏,从记忆深处翻开看看,但看过之后要重新整理好自己的行囊,继续人生的旅程。唯有挣脱无谓的痛苦和执著,女人才能享受到真正的云淡风轻。

林徽因在洒脱的一生中,"放下"的事情很多,她能承受一般女人所不能承受之轻,也能承受他人所不能承受之重。

最美不过
林徽因

　　林徽因既耐得住学术的寂寞和生活的艰辛,也享受得了繁华中的尊贵。在处于绝境的时候,她仍然选择留在祖国,即便百般周折也拒绝平庸。诚如费正清所说:"他们不仅具有极高的学术水平,而且还有崇高的品德修养,而正是后者使他们能够始终不渝地坚持自我牺牲,坚定地为中国的现代化作出自己的一份贡献。"

　　抗战期间,林徽因在李庄的6年恐怕是她一生中情绪最抑郁的时期,在战争与疾病中艰难度日的她,几乎过着与世隔绝的生活。

　　对于这段生活,她在给费慰梅的信里写道:"我们遍体鳞伤,经过惨痛的煎熬,使我们身上出现了或好或坏或别的什么新品质。我们不仅体验了生活,也受到了艰辛生活的考验。我们的身体受到了严重的损伤,但我们的信念如故。现在我们深信,生活中的苦与乐其实是一回事。"

　　在最困难的时候,林徽因依然"信念如故",磨难锻炼了她的意志,使她领悟到"生活中的苦与乐其实是一回事",她能够坦然面对现实世界里更多的挫折,苦也好,乐也罢,都会成为过去式。

　　她洒脱到能把"移情别恋"的困苦向丈夫讲出来,这种把真实表现得淋漓尽致的做法着实令人赞叹。

　　早在林徽因刚过门的时候,她就获得了梁启超的高度赞赏:"新娘子非常大方,又非常亲热,不解作从前旧家庭虚伪的神容,又没有新时髦的讨厌习气,和我们家的孩子像同一个模型铸出来。"梁启超形容她"非常大方",是对她洒脱的极好评价。

　　洒脱是林徽因的一贯作风,早在宾夕法尼亚大学学习时就已经流露出来。她的一位同学在《蒙塔纳报》写了一篇访问记,中间描述林徽因的部分有这样的内容:"她坐在靠近窗户能够俯视校园中一条小径的椅子上,俯身向一张绘图桌,她那瘦削的身影匍匐在那巨大的建筑

第八章
淡定娴静，形如云水淡如菊

习题上，当它同其他30到40张习题一起挂在巨大的判分室的墙上时，将会获得很高的奖赏。这样说并非捕风捉影，因为她的作业总是得到最高的分数或是偶尔得第二。她不苟言笑，幽默而谦逊，从不把自己的成就挂在嘴边。"虽然成绩很好，但她从不张扬，只是让事实说话，十分谦逊。

梁思成和林徽因是在加拿大渥太华举办的婚礼，他们选择的日子是为了纪念宋代杰出建筑师李诫。而林徽因不愿在教堂举行西式婚礼，于是结婚仪式是在中国驻加拿大总领事馆举行的。林徽因也不愿意穿西式的白纱礼服，但又没有中式的可以穿，于是她充分发挥自己的天性，亲自为自己设计了一套"东方式"的结婚服装。

这种洒脱中带着一些可爱的成分，但最令人敬佩的还是她的民族情结，虽然接受了西式的教育，但骨子里还是民族主义占主体。李健吾在《林徽因》中也说："她是林长民的女公子，梁启超的儿媳。其后，美国聘请他们夫妇去讲学，他们拒绝了，理由是应该留在祖国吃苦。"这无疑是她活得洒脱的最好的见证，真正的洒脱是脱离了纯粹的个人情趣的。

内心世界充满热情的林徽因，从不遮掩对感情的渴求，她说："没有情感的生活简直是死！"她和金岳霖的情谊被后人赞为"人与人关系臻于最美最崇高的境界"。能够在感情的"漩涡"里做得如此克制而周全，也确实够洒脱了。

内在洒脱的女子，无论处在什么样的生活景况中，洒脱都是不变的旋律。

在昆明避难期间，林徽因一样的洒脱。陈公蕙说："林徽因性格极为好强，什么都要争第一。她用煤油箱做成书架，用废物制成窗帘，破屋也要摆设得比别人好。其实我早就佩服她了。"

最美不过
林徽因

显然,林徽因已经把洒脱打造成了一种生活情趣,那是悲惨生活里的乐观主义。

当听到日本侵略者宣布无条件投降的消息时,林徽因欣喜若狂,她坐轿子到茶馆去,甚至不惜破了不喝酒的戒,那是她历时4年第一次离开居所。而当时她已经是贫病交加,身体状况极差,但这些并没有影响她的洒脱姿态。林徽因说:"生命早描摹了它的式样,是我们的想象太美。在表面的幸福下,这其中有多少割舍不下的缠绵和心痛。"世事多变化,有些东西是注定不属于我们的,我们能够拥有自己想拥有的,珍惜应该珍惜的,已经是莫大的幸福了。林徽因始终是克制的女子,虽追求浪漫与繁华,生活里却更多的是平淡和琐碎,可她从没有让幸福缺席。

生活,的确需要活出一个洒脱的姿态。

做一个洒脱点的女人,让自己的头脑处于冷静的状态,尽管会有一些不甘心,有太多的留恋,也或许会想起他的千百种好,但都不允许自己头脑发热。否则的话,等待一切尘埃落定,留下的可能是更多的后悔。

让自己活得更加坚强一些吧,学会洒脱地面对所有的局面,我们即便非常渴望与需要爱情,但也都不要忘记了家人朋友才是我们生命中最值得珍惜的,他们一直在守候着我们。女人在受伤过后,就不要停留在过去的伤痛中。给自己一点点时间,或者换个环境,学会自我疗伤,学着尽快地走出那片阴霾,删除不良记忆,一切从头再来,其实没有什么大不了的。

这是一个关于女作家三毛童年的故事。三毛小时候是一个非常勇

第八章
淡定娴静，形如云水淡如菊

敢而又聪明活泼的小女孩，但在上初中后，数学成绩渐渐出现了滑坡，几次小测试都不及格，为此，三毛心里很自卑。

后来，三毛发现每次小测试的题目都是从课本后面的习题中选出来的。于是，每次临考前，她都会把习题背熟了。运用这个方法，连续几次的测试她都取得了满分。数学老师对此有些怀疑，决定要单独测试一下三毛。

这天，老师将三毛叫进办公室，将一张准备好的数学卷子交给她，让她十分钟内完成。由于题目难度很大，三毛得了零分。

之后，上数学课的时候，老师在全班同学面前羞辱了三毛。他让三毛站在同学面前，用毛笔在三毛眼眶四周涂了两个大圆圈，全班同学哄笑不已。老师并没有就此罢手，他又命令三毛到教室外面，在大楼的走廊里走一圈再回来，三毛不敢违背老师命令，只得一步一步将漫长的走廊走完。

对于一个十多岁的孩子来说，这无疑是沉重的打击，三毛开始讨厌上学，厌恶学校，于是开始逃学。当父母鼓励她要正视现实，鼓起勇气再去学校时，她坚决地说"不"，并且自此开始休学。

休学在家的日子，三毛仍然不能从这件事的阴影中走出来。当家人在一起时，姐姐弟弟不免要说些学校的事，这令三毛痛苦不堪。这件事对三毛后来的性格以及人生道路产生了很大的影响。

其实，三毛的痛苦就在于她不能忘记。假如一件事对我们已经造成伤害，如果我们不能忘记它，还要经常回忆它，就无异于在旧伤上又添了新的伤口。这时，最明智的方法就是学会忘记，忘掉过去的伤痛。

一个人要想活得开心、洒脱，最好的方法便是做个健忘的人。如果对那些痛苦的事情念念不忘，那么，即使事情只发生过一次，它也会每天在你的脑海中出现，所以，请学着将痛苦的事忘记，只有忘记过去的伤痛,我们才能生活得开心。

　　活出一个洒脱的状态,随时给镜中的自己一个微笑,我们本可以活得更加漂亮,更加自信,更加率性!

　　当然,天下没有不散的筵席,不管是爱憎别离,还是风花雪月,都只不过是人生过程中的一道风景,学会欣赏它们,我们就能永远掌舵生命的方向。当一场刻骨铭心的爱恋成为历史,我们且不妨把自己藏起来,回归自我的世界,待到风平浪静,获得自我的解脱后,一切还是那么美好。学着记住该记住的,忘掉该忘掉的,给自己更多洒脱地活着的机会。

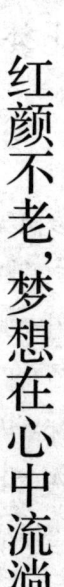

第九章
红颜不老,梦想在心中流淌

在林徽因的一生中,她有着明确的理想与追求,在十几岁的时候就树立了远大的志向,并且用一生的时间来坚持自己的选择,她从没有受到诱惑而中止,也没有因战争等原因而中断。

女人当如林徽因,要用梦想之光深深触动心底,让它照亮的你的一生,成就有影响力的自己。

1. 让梦想在生命里开花

梦想无论怎么模糊，它总是潜伏在我们心底，使我们的心境永远得不到宁静，直到梦想成为事实。梦想从不抛弃苦心追求的人，只要不停止追求，都会沐浴在梦想的光辉之中，创造精彩的人生。梦想虽然不足以使我们到达远方，但是达到远方的人一定有梦想。

林徽因的兴趣爱好很广泛，但令人瞠目结舌的是，作为一个女子，她却选择了与钢筋水泥打交道的建筑作为她的终生事业。她与建筑究竟是怎样结缘的呢？

1921年初夏，16岁的林徽因伴随父亲到欧洲考察。按照出访计划，林长民带着林徽因游历了法国、意大利、瑞士、德国、比利时的一些城市。林长民带着女儿领略那一处处文化名胜、一个个博物馆，还有工业革命后迅速发展起来的一家家工厂、报馆，他认为，这些地方体现了现代资本主义的生产方式和经营方式，可以给中国社会今后的改良做参考，故"不可不观"。

回到伦敦之后，林徽因考入伦敦圣玛利亚女子学院学习，父女俩的客居生活正式开始。父亲林长民忙碌于国联事务，常常顾不上林徽因。林徽因成了父亲伦敦客厅的女主人，每天接待许多前来拜访父亲的中外人士。这种社交活动让林徽因多了一个了解社会的窗口，也让她倍感孤单。

当时，林家的女房东是一位建筑师，因为缺少朋友，林徽因便常和她一道出去写生、作画。家里距离剑桥不远，女房东最爱去那一带，因

第九章
红颜不老,梦想在心中流淌

为那里有画不完的各种建筑和景致。林徽因常常拿着一本书,随她坐在草坪上,观看着富丽庄严的皇家教堂,感受着它散发出来的宁静、幽雅的气息,三一学院图书楼上,拜伦雕像风神潇洒地凝视着遥远的天际。从女房东口中,林徽因知道了建筑师与盖房子的人的区别,懂得了建筑与艺术密不可分。以这样的眼光再去回想她在国内国外看过的庙宇和殿堂,林徽因果然就对这些建筑有了不同的理解和感受。从这时起,林徽因就萌生出了对未来事业的朦胧愿望。

回到国内后,林徽因曾兴致勃勃地和梁思成谈起这次旅欧的感受,也定下要学建筑的宏愿。当时,梁思成对未来还没有确定的方向,见到她对建筑的热情,便默默许下学建筑的决心。谁知,就是这一番小儿女般的聊天,竟然让中国出现了近代最著名的两位建筑师。

女人一生都应该有梦想,它是一种心灵的东西,也是生命的一种释放形式,它有着直观而天然的特性,不会被教化和灌输,它是纯粹的、感性的。如果你希望做一个幸福的女人,有自己精彩的人生,无论何时回忆自己的过去都觉得充满意义,那就不要放弃自己的梦想。

所有非凡的女人背景各异,但她们都源于敢于追梦。当她鼓起勇气为梦想踏出第一步的时候,生命已经不再一样;当她在生命中放飞梦想的风筝,她的心就接近了蓝天的高远。

梦想是女人成功的第一步。

任何人都不能缺少梦想,女人尤其如此,因为有梦想的女人,她对生活和未来充满信心,充满激情,不是什么事就能够打倒的;有梦想的女人,是自信的人,她相信自己的能力,对朋友和同事都有着超强的感染力和凝聚力;有梦想的女人,可以使自己在成长中由弱小变得强大。由此可以说,如果她心中有梦想,她一定是一个美丽的女人。

有人说,正因为舞台小,才有了更大的发挥空间。舞台可以很

小,但是有了梦想,舞台外面的空间就会变得很大很美。梦想让发展的空间变得无限广袤,这种广袤与美丽在张璨的身上就得到了很好的印证。

大学毕业的那天,同学们都兴奋不已,只有张璨无法兴奋起来。张璨羡慕地看着同学们谈论着他们未来的工作和远景,同时心理又在翻滚着:"自己不能分配到中央国家机关当干部,今后的路该怎么走?"

思索良久,张璨最终决定:"国家不安排我的工作,我就自己去闯荡,我要让我的生活充满活力和希望,实现自己更多的梦想。"于是,张璨开始一个人到中关村去闯荡事业。

刚开始,张璨工作没有着落,但是她经常激励自己说:"没有工作也许会更有前途,因为自己面对的机会更多,只要有梦想,一切都将成为可能。"

就是在这样的心态下,张璨开始了她的创业生涯。

创业的艰难对于成功者来说是相似的。从中关村一间小房屋开始,到经营一个部门,再到自己开创电脑贸易公司,期间的艰辛我们不必去详加叙述,相信很多人都能想到。往事已去,不再回首,总之张璨经过自己的努力,终于赚到了自己的第一桶金。

正如张璨说,她真正的第一桶金应该说是做电脑。在当时,做电脑贸易在中关村还没有品牌的概念。她把电脑贸易公司取名为"达因"。

然而,张璨并没有满足于那点成就。由于张璨聪明、机敏而又踏实苦干,她的公司后来成了美国康柏电脑在亚洲的最大代理商。1995年,达因又进军房地产市场。1996年,达因集团显示器生产厂建成,每年出口达1亿美元,内销两三亿人民币。

谁也料不到,"达因"会形成这种聚沙成塔,集腋成裘的力量:如今,达因公司已经成为拥有几十家分公司、净资产上亿美元的大型

第九章
红颜不老,梦想在心中流淌

集团公司。

同时,张璨在创业的路上,还开餐厅、搞房地产,可以说,她既经历了各种艰辛,也承受着失败的痛苦。1994年,公司成为康柏公司亚洲地区最大的代理商。现在她正统领着一个在信息技术、生物与健康和房地产三大领域进行投资与经营的大型民营高科技企业。

面对这些成就,张璨从来没有直接谈自己是怎样成功的,她把这一切都归于自己所拥有的梦想,为了梦想,她学会了追求和奋斗,学会了她父亲时常告诫她的自律。她坚持每天7点起床。人是有惰性的。有时候张璨累得就想好好地在床上多躺一会儿,但是,只要她一想到自己的梦想,一想到要为梦想努力奋斗,张璨就会毅然地起床,开始自己新一天的历程。

张璨要让自己的生活变得丰富多彩,要把自己的梦想都变成生活的现实。然而,张璨知道,梦想不是一朝一夕就能实现的,也不是永远都停止不动的。梦想可能会破灭,成为一抹刹那间消失的泡沫。

张璨说,直到今天她也不敢说自己是一个成功的企业家,她知道在理论和管理实践上她还需要不断地学习。因为她懂得,作为人生来讲,成功只是一段,而成长是一辈子的事;成功只是自己梦想的一个小部分,而成长则是人生永恒不停的步伐与追求。要让自己的生活变得充实精彩,就得靠不断地学习,并在不断成长中实现自己更多的梦想和希望。

女人要用梦想之光深深触动心底,让它照亮你的一生,它将激发你的欲望,去活出梦想并追寻喜悦,成就有影响力的自己。

没有梦想的人生是乏味的,所以无论成功或是失败,女人都应该去追逐人生的梦想。这个追逐梦想的过程,会让女人一生没有遗憾,会为女人带来丰富的生活,也能让女人在追梦的征程上走得更远。只要有梦想,人人皆可升华,终有一天你会破茧而出,冲破现实局限,飞抵梦想成真的美丽新世界。

梦想值得女人珍惜,它和爱情一样,一旦浇灌,就可以带给女人幸福愉悦的体验。不管你的梦想是成为一个事业型女人,在某个领域做一朵铿锵玫瑰;还是惬意地在自己的小小世界里书写美好的童话故事,只要你能坚持不懈地追求这个梦想,它都会给你带来丰厚的回报!

2.在自己的领域里成为专家

现代企业对人才的要求越来越高,术业有专攻说的就是每个人都应有自己擅长的领域,倘若你什么都懂些皮毛,却没有一样精通,那也只能被企业拒之门外。在任何公司,那些难以替代的人都是拥有一技之长的人,即在领域内的专家。

因此,无论你从事什么职业,都应该精通它,下决心掌握自己领域内疑难问题,要做到比别人更精通。如果你在工作方面是行家里手,精通业务,就能赢得良好的声誉,也就拥有了潜在成功的秘密武器。

1932年的阳春3月,林徽因在《中国营造学社汇刊》上发表了《论中国建筑的几个特征》。这是林徽因第一篇建筑学研究的论文,也是她对中国建筑艺术纲领性的总结。写作这篇论文时,她正怀有身孕,强烈的妊娠反应使她常常脸色苍白,不得不离开写字台和绘图板。可整篇文章的思路,包括其中许多图例的绘制,却完成得十分顺利和流畅。

第九章
红颜不老,梦想在心中流淌

在这篇论文中,她在对中国建筑历代演变过程的阐释中,对中国建筑最具代表性的斗拱做了相关的分析。

"斗拱是柱与屋顶间的过渡部分。使支出的房檐的重量渐次集中下来直到柱的上面。斗拱的演化,每是技巧上的进步,但是后代斗拱(约略从宋元以后),便变化到非常复杂,在结构上已有过当的部分,部位上也有改变……在中国建筑演变中,斗拱的变化极为显著,竟能大部分的代表各时期建筑技艺的程度及趋向。

……

最早的斗拱实物没有木造的,是由仿木制石刻看到的。从仿木造汉石阙的最简单斗拱,再到北魏'云冈石窟'前门刻有像今日一斗三升之制的斗拱,就到了唐、宋代斗拱,唐、宋代就进化到斗拱中最有机的部分'昂'。

而从唐、辽、宋、元、明、清斗拱的比较,即可见其由大而小、由简而繁、由雄壮而纤巧、由结构的而装饰的、由真结构的而成假刻的部分,如昂部、分布由疏朗而繁密。不只结构和受力大为降低,比起唐、宋建筑雄壮豪劲相差太多了。

……这九百多年之间,建筑的气魄和结构之直率,的确一代不如一代,但是我认为还在抄袭时期;原始精神尚大部保存,未能说是堕落。"

除了在构架上的研究,对于工程的建筑材料以及结构方法,林徽因也表达了自己的看法:

"中国主要建筑材料为木,次加砖石瓦之混用。"

"中国木造结构方法,最主要的就在构架之应用。北方有句通行的谚语,'墙倒房不塌',正是这结构原则的一种表征。其用法则在构屋程序中,先用木材构成架子作为骨干,然后加上墙壁,负重部分全赖木架;毫不借重墙壁;所有门窗装修部分绝不受限制,可尽量充满木架下空隙,墙壁部分则可无限制地减少。"

"清代匠人对于木料,尤其是梁,往往用得太费。他们显然不明了横梁载重的力量只与梁高成正比例,而与梁宽的关系较小。匠师对于梁的尺寸,因没有计算木力的方法,不得不尽量放大,结果不但是木料之大靡费,而且因梁本身重量太重,以致影响及于下部的坚固。

"中国匠师素不用三角形。他们虽知道三角形是惟一不变动几何形,但对于这原则却极少应用。在清式构架中,上部既有过重的梁,又没有用三角形支撑的柱,所以清代的建筑,经过不甚长久的岁月,便有倾斜的危险。

"地基太浅是中国建筑的一个大病。普通则例规定是台明高之一半,下面垫几步灰土。这种做法很不彻底,尤其是在北方,地基若不刨到冰线以下,建筑物的安全方面,一定要发生问题。"

最后,林徽因非常自信地总结:"好在这几个缺点,在新建筑师手里,根本就不成问题。我们只怕不了解,了解之后,去避免或纠正它是很容易的。"

林徽因对建筑理论也有论述:"我们知道一座完善的建筑,必须具有三个要素:适用、坚固、美观。"然后她对中国建筑进行了各个方面的论证,又述道:"……中国建筑,不容疑义的,曾经具备过以上所说的三个要素:适用、坚固、美观。"

林徽因对建筑审美的三个原则进行的详细阐述,是中国大地上第一次运用国际建筑学共认的原则来评审中国建筑,其理论上的价值是极大的。

直到今天,当我们阅读这篇专业性很强的论文时,仍不能不叹服林徽因高屋建瓴、一气呵成地驾驭材料的能力。这样酣畅的笔墨绝不能仅仅用才华和灵气来解释,而是她长期耕耘、了然于心的结果。

林徽因在建筑学方面表现出了她的学术和理论成就,她的基本认

第九章

红颜不老,梦想在心中流淌

识即使到现在也被证明是十分正确的,并且不断被发扬光大。林徽因不愧为中国第一批建筑学家中的佼佼者。在她写出这些论文、提出这些观点的时候,还没有哪位建筑学家发表过这种明确的学术思想。在此之后,建筑界的研究便呈万马奔腾的局面,可见,将林徽因定位为中国建筑历史与理论的奠基者与先驱者也不为过。

而1932年,林徽因年仅28岁。

我们在找到愿意为之奋斗的事业之后,一定要努力让自己成为这个领域的专家。成为专家不仅是我们个人对自己的要求,也是现代企业对员工的基本要求。如果你是掌握了公司业务核心技术的软件工程师、医术精湛的内(外)科医生、创意无穷的文案写手、对于新闻有着超乎常人的嗅觉力且能写出好新闻的记者、精通多国语言的外贸人员……那么,无论是在哪儿工作,你都会很快成为举足轻重的人物。原因就在于,你是某个领域的专家,你是无可替代的,因为你能做别人做不到的事。

现任北京外交学院副院长的任小萍女士,她不管在什么样的工作岗位上都选择了认真对待,全力以赴。所以,才取得了最终的成功。

大学毕业那年,她被分到英国大使馆做接线员。在很多人眼里,接线员是一个很没出息的工作,然而任小萍却在这个普通的工作岗位上做出了不平凡的业绩。她把使馆所有人的名字、电话、工作范围,甚至连他们家属的名字都背得滚瓜烂熟。当有些打电话的人不知道该找谁时,她就会多问,尽量帮他准确地找到要找的人。慢慢地,使馆人员有事外出时并不告诉他们的翻译,只是给任小萍打电话,告诉她谁会来电话,请转告什么,等等。不久,有很多公事、私事也开始委托任小萍通知,使她成了全面负责的留言点、大秘书。

有一天,大使竟然跑到电话间,笑眯眯地表扬她,这可是一件破天荒的事。结果没多久,任小萍就因工作出色而破格调去给英国某大报记者处做翻译。

该报的首席记者是个名气很大的老太太,得过战地勋章,授过勋爵,本事大、脾气大,甚至把前任翻译给赶跑了。刚开始时,她也不接受任小萍,看不上她的资历,后来才勉强同意一试。结果一年后,老太太逢人就说:"我的翻译比你的好上十倍。"不久,工作出色的任小萍又被破例调到美国驻华联络处,她干得同样出色,不久即获外交部嘉奖……

有人说过:"最悲哀的事情,不是没有见过,而是见过之后忘了。"对于女人的专业素养也是一样的。如果一个女人把自己的专业知识忘了,那么就相当于没有学过。如果一个女人对于自己的专业知识一直停滞不前,没有想过要提高,那么总有一天她会被别人嫌弃。所以,女人要不断地提高自己的专业素养,来充实自己的被需要的价值,这样女人才会更有自信,散发的气质才更迷人。

3.对自己的工作充满爱

石油大王洛克菲勒说:"如果你视工作是一种乐趣,人生就是天堂。如果你视工作是一种义务,人生就是地狱。"我们从事的工作是单调乏味,还是充实有趣,往往取决于我们对待它的心境,因此,只有热

第九章
红颜不老,梦想在心中流淌

爱自己的工作才能把工作做到最好。

结核病一直困扰着林徽因,但她仍然坚持工作,似乎对生活和事业的这种热爱能减轻她的痛苦。

1948年年底,解放军包围了北平(今北京)。林徽因和梁思成一想到古城无数百年建筑可能毁于战火,日夜不眠,寝食不安。1949年年初的一天,林徽因家里突然迎来两位不速之客,这两人是解放军,他们拿着一张北平军用地图来找梁思成、林徽因,希望他们能用红笔圈出重要文物古迹的位置,以便被迫攻城时尽可能予以保护。这一举动让梁思成夫妇十分感动,欣然将古建筑的位置一一标出。

北平解放后,林徽因受聘为清华大学建筑系教授,讲授中国建筑史课程并为研究生讲授住宅概论等专题课程。林徽因和梁思成焕发出前所未有的工作热情。夫妇二人均在清华大学建筑系执教,为我国培养出了一批批优秀的建筑师。

解放北平时,林徽因夫妇挽救了无数古建筑,这一直是林徽因极为自豪的事情,她对建筑事业充满了爱。正是她的这种爱,令她对那些破坏古建筑的人无法原谅,以至于出口骂人。

1953年5月,北京市开始酝酿拆除牌楼。当时负责解释拆除工作任务的是北京市副市长吴晗,为了避免四朝古都仅存的完整牌楼街不因政治因素而毁于一旦,梁思成与吴晗发生了激烈的争论。梁思成被吴晗气得当场失声痛哭,后来更是因提倡以传统形式保护北京古城而多次遭到批判。

其后不久,文化部邀请文物界知名人士在欧美同学会聚餐,聚餐会上,林徽因与吴晗也发生了一次面对面的冲突。她指着吴晗的鼻子大声谴责:"你们真把古董给拆了,将来要后悔的!即使再把它恢复起来,充其量也只是假古董!"同济大学教授陈从周对当时的情景记忆深

最美不过林徽因

刻:"她指着吴晗的鼻子,大声谴责。虽然那时她肺病已重,喉音失嗓,然而在她的神情与气愤中,真是句句是深情。"

林徽因对建筑的热爱以及她对文化的良知令她赢得了很多人的尊重。这年10月,中国建筑学会成立,梁思成被推举为副理事长,林徽因被选为理事,二人还兼任了建筑研究委员会委员。也是这年,第二届全国文学艺术工作者代表大会,林徽因应邀出席,会上遇到萧乾,萧乾坐到林徽因身边,握握她的手,叫了她一声"小姐"。林徽因叹道:"哎呀,还小姐呢,都老成什么样子了。"萧乾安慰说:"精神不老,就永远不会老。"

同年12月,林徽因和梁思成银婚纪念,请他们的学生们来家庆祝。事后,林徽因因天气寒冷先进卧室休息,梁思成感慨地与学生们提到林徽因近年疾病缠身,憔悴了许多,但她心灵却仍旧那么温暖,充满创作的生命力,仍不停地用心工作,对生活充满热爱。

热恋中的情人,有一些举动会令旁人目瞪口呆,他们却处之泰然。工作也是一样,只有迷恋工作,热爱工作,才能长期坚持艰苦工作,林徽因正是由于她迷恋工作、热爱工作,所以她才在战争前夕耗费精力将当时的北平城内的古建筑一一圈出;在重建北京城时,古城墙和古牌楼的拆毁令她痛心疾首,怒斥市长。如果没有对自己工作的大爱,又怎会有这样的勇气?

稻盛和夫说,"自己就是工作,工作就是自己",达到这种程度,才是全身心地投入工作。所以,即使在初期做不到全身心的热爱,但至少不要出现"厌恶工作"这种负面情绪。如果你迷恋和热爱自己的工作,那你就能够承受一切艰苦和非议。

有人常常抱怨工作不是自己喜欢干的,找不到乐趣,觉得生活和工作没有意思。当然,拥有兴趣,你会更容易感受到乐趣;拥有兴趣,你

第九章
红颜不老,梦想在心中流淌

会更自觉地爆发激情。可是,如果没有健康积极的心态,即使你从事的是自己最喜欢的工作,你依然无法真正地体验工作中的乐趣并持久地保持对工作的激情。

即使你的处境暂时不令人满意,也不应该因此而厌恶自己的工作。这种非常糟糕的态度,无助于解决任何问题,反而会使状况更加恶化。即使环境迫使你不得不做一些你不喜欢的工作,你也应该想方设法使之充满乐趣。用这种积极的态度投入工作,无论做什么,都能取得良好的效果。

罗斯·金曾说:"只有通过工作,才能保证精神的健康;在工作中进行思考,工作才是件快乐的事。两者密不可分。"当你在乐趣中工作,精神愉悦,就爱你所选,别轻言变动。如果你开始觉得压力越来越大,情绪越绷越紧,无法从工作中找到乐趣,获得满足感,就得先静下来思考一下,是工作的问题,还是自己的问题。如果我们不从心理上调整自己,即使换一万份工作,也不会有所改观。

苏格兰哲学家说:"有事做的人是幸运的……当一个人的精神倾注于某项工作时,他的身心会形成一种真正的和谐,不管是多么卑微的劳动。"世界上没有卑微的工作,只有卑微的心态。如果你以麻木的态度对待你的工作,你真是亵渎了自己和自己的工作。你对你的重要性熟视无睹,你不知道你的不良态度,让公司有多大的损失;你不知道你的不良态度,让所有期待你振作的人多么失望。

虽然每个人都是为了特定的利益而奔波劳累,但无论如何,"怎样把工作做得更好"都是需要我们仔细思考的问题。诸多事实证明,只有真正热爱工作的人,才能把工作做得更好,才是工作中真正幸福的人。

当然,不是每个人生来就对某样工作产生浓烈的兴趣,通常兴趣爱好与艰苦的工作往往也很难划上等号。任何事情都有两面性,工作也不例外。能不能从你所从事的工作中感受到乐趣,归根到底是一个心态问题。乐观的心态使你在困境中也能发现积极的一面,保持良好的状态,想办法走出困境。悲观的心态使你过分关注不尽如人意的方面,一叶障目,从而看不到工作的乐趣。兴趣可以花时间,慢慢从无到有地培养,乐趣却是需要你用一颗乐观的心,去寻找和感受的。

4. 对工作倾注极大的热情

热情的心态是做任何事情都必需的条件。一个对工作充满激情的人,无论面对什么困难,无论前途看起来多么暗淡,他们总是有足够的信心把心目中的愿景变成现实。有史以来,没有任何一项伟大的事业不是因为热情而成功的。

林徽因给人留下的最深印象就是她的热情,她对文学、对艺术以及对建筑事业的热情。

自林徽因还是孩子的时候,她便萌发了学习建筑的思想。从此之后,她以自己的行动和热情不断地履行着自己的诺言,无论是在新婚的旅行中,还是在危险的战争环境中,她都没有停止过,以至于牺牲自己的健康,也毫不在乎。她的专注和热情,亦让她获得了丰厚的回报,即成为中国建筑学史上不可多得的开宗大家。

这个柔弱的女子很早就明白,一个人想要在人生有限的时间完成一流的事业,就必须集中精力,并对其倾注极大的热情与专注,这样才能做出一流的、美轮美奂的作品,才能铸就伟大的事业。林徽因自从完

第九章
红颜不老,梦想在心中流淌

成学业后便与梁思成完婚。当时的她一心想着工作,在南欧蜜月旅行中,亦不忘观摩各地建筑和美术。

后来,她回国后,与丈夫应东北大学之邀去沈阳创办建筑系。在此期间,林徽因也倾注极大的热情。她白天授课,晚上还经常亲自帮学生修改设计的图纸,总是忙到深夜。也就在那个时候,由于劳累,再加上天气原因,她染上了可怕的肺病。

从1937年开始,在梁思成与林徽因辗转数省颠沛流离的逃难途中,当初自北平带出的私人用品不是丢了就是当了,而战前梁思成和营造学社的同仁们到各地考察所得到的各种资料——数以千计的照片、实测草图、数据、大量的文字记录等,他们却始终带在身边。也有一些不便携带的照片底版、珍贵的文献、图册等,他们存放在天津的一家外国银行的地下保险库。谁知,1939年的一场大水,使得银行的地下室被淹,存放在那里的资料几乎全部被毁,林徽因和梁思成两年后才得到消息,闻讯后两人禁不住痛哭失声。他们非常清楚,失去这些跋山涉水所获得的资料对建筑学研究是多大的损失。

在四川李庄简陋的农舍里,他们摊开了那些用性命保全下来的资料。梁思成、林徽因和营造学社的同事们决定,开始全面系统地总结整理战前的调查成果,着手撰写《中国建筑史》。同时,用英文撰写说明并绘制一部《图像中国建筑史》,完成他们当初留学美国时就有的心愿。

这时,林徽因病了,但对工作的巨大热情使她不愿就这么闲在病榻上,于是她让梁思成从史语所给她借回来许多书,虽然病体让她不能像正常人一样活动自如,但躺在床上也可以翻阅典籍、查找资料。这段时间,她阅读了大量的汉代历史,从中研究汉阙、岩墓的资料。她又翻译了一批英国建筑学期刊上的学术论文,还准备撰写关于住宅建筑的论文。

最美不过
林徽因

梁思成在写给费正清和费慰梅的信中,这样描述他们在李庄的生活:

……很难向你描述,也是你很难想象的:在菜油灯下做着孩子的布鞋,购买和烹调便宜的粗食,我们过着我们父辈在他们十几岁时过的生活,但又做着现代的工作。有时候读着外国杂志,看着现代化设施的彩色缤纷的广告,真像面对奇迹一样……我的薪水只够我家吃的,但我们为能过这样的日子而很满意。我的迷人的病妻因为我们仍能不动摇地干我们的工作而感到高兴。

尽管生活艰难,尽管长期卧病,但林徽因依然为能继续自己的工作而高兴不已,不管环境怎样恶劣,她的热情始终支持着她,让她能坦然面对。

1949年1月,北平和平解放。为了马上恢复工作,梁思成立即召集了建筑系的部分教师和学生,发动大家共同收集有关建筑文献记载,林徽因也是以欣逢盛世的喜悦投入工作,常常通宵达旦,忘了病痛。所有人都以饱满的热情,夜以继日地工作,从翻书、查资料,到刻钢版、折纸页、装订,都是用手工劳动,结果在一个月的时间内,完成了厚厚一本《全国重要文物建筑简目》。

在这本简目中,总计条目450多条,其中作为一级保护的古建筑有北平城、故宫、敦煌、云岗、龙门诸石窟,山东曲阜孔庙等,他们用小圈来区分重要程度。需要一级保护的古建筑条目头上加注了4个小圈,大家都戏称为"四星将",次之的3个小圈,以此类推。重要加圈的就有近200条。条目下附有详细所在地点、文物性质、建造和重修年代,以及特殊意义和价值等,这个工作不但繁琐而且需要精确,工作量极大。林徽因对全书的条目一一作了审核,并在说明中特别指出:"本简目主要目

第九章

红颜不老,梦想在心中流淌

的,在供人民解放军作战及接管时保护文物之用。"

林徽因对事业的专注和热情使她一谈起建筑来就欲罢不能。在20世纪50年代,她的身体日趋衰弱,熟悉她的亲友都懂得,在拜访她的时候要带上能及时打住话头的人,能及时刹车,告辞而去,以免使她过度劳累。她的学生也总是要打听清楚她的睡眠怎样,晚上是否有开夜车,才决定要不要去"打扰"她。

正是由于她对事业的专注和热情,使林徽因在建筑领域取得巨大的成就。如果我们想要成就一番事业,实现自己的人生价值,也需要满足一个条件,那就是专注于自己的事业。

只有对工作倾注自己的热情和专注,才能让自己去克服任何困难,才能不断地激励自己,时刻充满热情地去面对每一次挑战,从而为自己的人生谱写更加美丽的篇章。林徽因因为对个人工作的热爱,才让她能以苦为乐、苦亦似甜地不断努力,在中国建筑事业上留下了浓墨重彩的一笔,为后人所永远纪念。

为此,女人当如林徽因,就要学她的专注和热情。要知道,你要做一件事,或从事某项工作,你所持有的心态不同,就会结出不同的果实,亦会成就不同的人生。如果你赋予工作以热情和专注,那么,无论工作是大是小,再辛苦,再劳累,付出更多的努力,你也会感到快乐。这时,你的潜能也会得到最大程度的发挥,你的每一次进步,都会收获巨大的成就感和满足感,你的一生将会是快乐的一生。

1883年8月19日,在法国的卢瓦尔河畔的索米尔小镇,夏奈尔出生了。她的全名是加布理埃勒·夏奈尔。夏奈尔12岁时,母亲去世了,夏奈尔在孤儿院度过了少年的黯淡时光。17岁,她来到另一个小镇,进入了修道院。在法国,妇女的地位是低下的,一个女孩要想在社会上生存,非常艰难。孤儿院的生活使她明白,高超的针织手艺对于女性而言非常重要,她可以通过针线活来养活自己,于是,18岁那年,她就到一家商店做助理缝纫师。

夏奈尔的卑微出身和早年生活给她的服装理念打上了深刻的烙印。周围的成年妇女穿的工作服使她相信,妇女需要的不是繁琐的装扮,而是适合她们日益活跃生活方式的宽松舒适的衣衫。夏奈尔认为:"女人为造成她们举止不便的服饰所束缚,从而被迫依赖于仆人和男人。"孤儿院穷苦的生活渗入她的设计风格:朴素端庄、简明大方。

她开始设计黑帽,白色短衫,领口系雅致的黑领结,简单素洁的短上衣。同时,在她工作的小镇,有许多驻兵,尤其是那些朝气蓬勃的骑兵制服给她留下了深刻的印象,这无疑也成为此后几十年里著名的镶边服装的灵感来源。20多岁时,夏奈尔遇上了富有的骑士卡佩尔,1908年,在这个人的资助下,夏奈尔开了第一家帽子店,她的帽子宽大实用,受到了许多妇女的欢迎。

1912年,趁热打铁的夏奈尔又在法国上流社会的度假胜地——诺曼底海边小城开了自己的第一家服装店,很快,她极富个性的运动衫、开领衬衫、短裙、男式雨衣受到了时髦女郎的注意。不仅如此,为了扩大宣传,夏奈尔让自己的姐姐穿上自己设计的新式服装,到城里最繁华的地方吸引妇女们的注意,这差不多是最早的一种广告形式了。夏奈尔的事业越来越成功。

1918年,夏奈尔的亲密爱人卡佩尔因车祸遇难,但夏奈尔依然坚强地发展自己的事业。1924年,她推出了著名的黑色小礼服,掀起了世界服饰的革命。她强调的是舒适性、方便性和实用性。在第一次世界大战期间,男士上战场,女士负起持家工作的责任,职业妇女渐渐兴起,因此需要较实用实际的服装,夏奈尔的服装正好符合这个趋势,她的事业也蓬勃发展。

第九章
红颜不老,梦想在心中流淌

第一次世界大战后,夏奈尔认为手工定做服装不适合大众需要,虽然手头上有当时保持约200位名女人的订单(包括伊丽莎白·泰勒、英格丽·褒曼),她还是决定投入成衣这个市场,这让夏奈尔企业成为数一数二的服饰大企业。

夏奈尔并没有满足自己取得的成绩,自1920年开始,夏奈尔开始提倡整体形象,这当然是从头到脚的,因此还包含配件、化妆品、香水。对她来说,一个女人不该只有玫瑰和铃兰的味道,香水会增添女性无穷的魅力。于是,她推出了"夏奈尔5号香水",这是第一支由服装设计大师推出的世纪经典香水。当著名的好莱坞影星玛丽莲·梦露用性感而充满磁性的声音对全世界说:"夜里,我只'穿'夏奈尔5号",全世界都为之疯狂。

在一次记者会上,一位记者向新加坡的首富郭令明提问道:"您认为成功商人最重要的特性是什么?"郭令明回答说:"必须对他想做的事情有热情,没有热情就不会去长期的投入,也就没有创造性。一旦有了热情,就会超越自己的能力。"郭令明的回答告诉我们一个道理,热情是成就事业的灵魂。黑格尔说过:"没有热情,世界上就没有件伟大的事能完成。"

的确,热情是一种状态,是一个人获得成功的原动力,是一个人成就事业的源泉。无论是做人还是做事,热情都是不可或缺的条件,热情就像发动机一般能使电灯发光、机器运转,能激励人去唤醒沉睡的潜能、才干和活力。热情使莎士比亚拿起了笔,在树叶上记下他燃烧着的思想;热情使哥伦布克服了艰难险阻,享受了巴哈马群岛清新的晨曦;热情使人们剑拔弩张,勇于为自由而战;热情使樵夫举起斧头,执著于人类开拓文明的道路;热情使伽利略举起望远镜,让整个世界为之震惊。因为热情,人们在不断地革新和创造着这个世界。可以说,热情是

最美不过
林徽因

这个世界上最大的财富。没有了它,世界上任何一件伟大的事都无法完成。其实我们每个人都会拥有热情,所不同的是,有的人的热情能够维持30分钟,有的人能够保持30天,但一个成功的人却能够让热情持续30年,甚至一生。

拿破仑·希尔曾说:"如果要获得成功,那么就需要对一个领域足够了解,热爱并保持热情,如果想要创新,就要站在巨人的肩膀上。"

蒙田声称:"没有热情的人一无是处。"一个充满热情的人,他的感知能力会增强,视野会扩大,他能够看到别人无法洞悉的美丽与优雅。工作生活中的劳累、困苦、艰辛以及烦扰都会消除。

我们最初进入一家公司开始工作的时候,我们对工作充满了新奇和兴趣,可是天长日久,曾经热情高涨的工作激情哪儿去了呢?曾经那个在工作中激情飞扬的自己哪儿去了?是谁偷走了我们工作的激情?热情的消失几乎是每个年轻人工作时必然遇到的问题,因为工作日复一日、年复一年,上班下班总是忙忙碌碌,似乎也找不到多少不平凡的业绩来。

很多人在选择工作时,往往由于种种现实的局限,所选的工作可能并非自己所爱。因此,工作起来就会感觉动力不足。也有一些人虽然选的是当初所爱,但长时间重复同样的事情也难免令人感到厌烦,于是,对待自己的工作不再像当初那样满腔热情,慢慢变得麻木了。

然而,工作热情是工作能力的前提和基础。一个人有才干而缺乏热情,什么事都干不好、干不成,其工作成果可想而知;而一个充满热情的人,却能干好他力所能及的每一件事!

那些有所成就的人,几乎都有一个共同的特质:无论他们从事哪种职业,也无论他们的才智高低,他们都对自己所从事的工作抱有极大的热情,这是促成他们取得不凡成就的主要因素之一。林徽因之所以在建筑行业拥有那么大的成功,就是因为她的热情,而她对文学和艺术的热情同样也让她在这些领域内享有盛名。

第九章
红颜不老,梦想在心中流淌

5.构筑梦想,做一个有价值的女人

有人说,在那个年代,林徽因身上最异于和优于普通女人的地方,便是独立自主。这个精灵一样的女人,自小养成了一种独立自由的思想意识,让她能够自由地掌控自我命运,安排自己的人生方向。

她出身名门,祖父是前清翰林,父亲是民国初年闻名仕林的书生逸士,浓厚的书香氛围使林徽因早早就具备了扎实的文学根底。她16岁便随父亲游历西欧。随后,又同梁思成赴美学习建筑,较早地接受了西方文化的熏陶。东西方文化的共同滋养,让林徽因成了传统与现代特质兼备的女性。她具有传统女性温婉优雅的气韵,举手投足间尽显大家闺秀的风范,但又具备现代独立的个性。她的儿子梁从诫说:"(林徽因)一生中很少表现出三从四德式的温顺,却不断在追求人格上的独立和自由。"这种对人格上独立自由的追求,让林徽因在22岁时,便构筑了自己的梦想,确定了自己一生所要努力的方向,那便是她最为看重中的专业——建筑学。

从此之后,林徽因便向这个理想不断努力。先是赴美国宾夕法尼亚大学攻读建筑学,回国后,又毅然担负起用科学地实考察来重新发现中国建筑的民族伟绩这一项艰巨的爱国任务。作为中国建筑学的开拓者,林徽因在这个领域取得了巨大的成就,发挥了极大的个人价值。

1928年,新婚不久的林徽因、梁思成受聘于东北大学,他们共同创建了中国大学里的第一个建筑系。创建之初,全系教员仅林、梁夫妇二人,林徽因讲授雕饰史和建筑设计,随后又讲专业英语。她对工作倾注

最美不过
林徽因

了极大的热情，几乎每晚都替学生修改绘图作业，每每到深夜才回家。繁重的工作再加上东北严寒的气候，她感染了肺病。

随即，因为对梦想的热爱，林徽因又拖着病躯陪梁思成外出考察中国的庙宇等古建筑。她的付出超乎一般人的想象。那个时候，交通不便，她身体好一点，便会外出。在五六年的时间里，林徽因的足迹遍及六七个省份，北京八大处，山西大同的华严寺、善化寺及云冈石窟，太原、文水、汾阳、孝义等县的四十多座寺庙殿阁，河北以及苏州的寺庙，包括开封、山东、陕西等地的诸多古建筑，都留下了她的身影。

野外考察古建筑的生活异常艰苦，常常要担心每顿餐饭的来源。当时的交通很不发达，行路大都靠原始的大车与毛驴，风尘扑面，颠颠簸簸，目的地一般都在很偏远的深山荒野。而林徽因，一个身患肺结核的弱女子，却如男人一般，餐风宿雨，爬梁上柱，以坚韧与乐观的个性坚守着自我理想。

在实际工作中，梁思成因为事务繁多，总是无暇顾及具体的设计工作，他主要承担了组织领导的责任。实际的设计任务以及具体的工作都需要林徽因亲自完成。后来的国徽设计工作，便是由林徽因首先提出，并勾画成草图的。

在人民英雄纪念碑的设计上，林徽因倾注了自己的智慧，她和梁思成共同主张，人民英雄纪念碑的设计应以碑的形式为主，以碑文为中心主题。用传统方式设计人民英雄纪念碑，能体现出中国人的精神。她说："任何雕像或群雕都不可能和毛泽东亲题的'人民英雄永垂不朽'和周恩来亲题的碑文相比。"后来，计划委员会采用了他们建议的设计方案。林徽因的追求也因此被永久定格在了历史的记忆里。

到离开的时候，能为这个世界留下印记，能让这个世界因我们的曾经来过而更加精彩，这是多么美好的事情。

第九章

红颜不老,梦想在心中流淌

除了建筑方面,在诗歌、文艺方面,林徽因也做出了不凡的成绩,成为那个时代不可多得的才女。

要做林徽因一般的女人,就要努力做一个有价值的女人。古今中外,那些有才华、受欢迎的女人,是将价值作为其一生永恒的目标。她们有追求,能构筑自我梦想,并在梦想的道路上下不懈努力,释放出自己最大的价值,并在不断地进取和成绩中获得肯定和自我完善。

拥有梦想的女人,就像一只拥有矫健翅膀的鸿雁,可以自由翱翔;拥有梦想的女人,就像一叶逍遥的轻舟,可以乘风破浪;拥有梦想的女人,就如一朵在四季绽放的鲜花,永远娇艳动人。梦想经过女人天性浪漫的大脑,可以为生活点缀一抹绚丽的色彩。

1958年,一个叫钟彬娴的中国籍女孩出生在加拿大东部的城市多伦多。小学四年级的时候,这个女孩非常渴望拥有一盒包含有120色的画笔。父母看的出来她对画笔的渴求,于是就和她达成一个协议:如果她的考试能够全得A,他们就给她买一套!为了得到那套画笔,小彬娴一直把自己关在房间里温习功课,什么生日派对,什么网球比赛,她统统置之不理。到了年底的时候,小彬娴终于交了一份写满"A"的成绩单给父母,如愿以偿地得到了自己梦寐以求的120色画笔。

20岁的时候,钟彬娴从美国普林斯顿大学的英国文学专业毕业。很快,她就进入布鲁明百货公司上班,成为一名最基层的售货员。凭借着自己的努力和对工作的一腔热情,12年之后,钟彬娴开始负责起公司所有的女装业务。

34岁时,钟彬娴与比她年长15岁的布鲁明百货公司CEO麦克·古尔德结婚了。为了避嫌,在结婚后的第二年,钟彬娴就辞职离开了这家公司,并着手寻找另一个新的企业。

在选择再就业的过程中,雅芳作为生产化妆品的百年老店获得了一直从事女装业务的钟彬娴的青睐。她很快就加入了雅芳。

在钟彬娴刚加入雅芳不久,她与CEO吉姆曾有过一次会面。那一次,钟彬娴去他的办公室里汇报工作时,看到一块装饰板上印着四个足印:猿猴、男人的光脚、男式皮鞋和一只高跟鞋。上面还带有一个题词:这是领导权的演变!不经意间,吉姆对钟彬娴说出这样的话:"我完全相信,在未来的10年,一定会有一位女性来领导雅芳!"听完CEO的这番话,钟彬娴的内心澎湃极了,她在自己的心里深深地埋下一个梦想。

仅仅一年的时间,钟彬娴就凭借着丰富的管理经验和卓越的能力成为雅芳公司的领导核心之一。在接下来的日子里,她的职场生涯一直都是顺风顺水。

1997年,CEO吉姆打算退休,钟彬娴和其他两个人成为雅芳CEO的候选人。这个时候的钟彬娴已经是雅芳的COO(首席运营官),负责雅芳的很多事务,并被业界人士所熟知。可以说,她已经在美国企业界放射出相当惊人的光芒。

可是,杰出的表现和外界的肯定仍然敌不过女性在职场中的劣势。一直觉得自己是CEO最合适人选的钟彬娴最终还是与这个职位擦肩而过。另外一个名叫查尔斯·佩林的男性担任了新CEO的职务!董事会选择查尔斯·佩林的原因就在于:雅芳的百年历史上不曾有过一名女性CEO!

董事会的这次决定,给了钟彬娴很大的冲击。在她绝望的时候,其他企业代表纷纷上门来找她,都想聘请她担任他们的CEO。面对这样挫折之后的盛情邀请,钟彬娴在痛苦挣扎之后,面带微笑地一一回绝了:"名称、头衔比不上我对雅芳的热情!"

正是这种热情,钟彬娴一直默默地坚持了下来。

1999年,雅芳遭遇了一场危机:股票一落千丈!到了11月,公司第

第九章
红颜不老，梦想在心中流淌

四季度的销售和盈利急剧下滑，股票猛跌了50%！之后不久，首席执行官查尔斯·佩林引咎辞职，雅芳陷入了生死攸关的时刻，董事会不得不物色另一个CEO人选。这时，他们想起了钟彬娴。

钟彬娴得知董事会要她临危授命带动雅芳的时候，没有丝毫怨言，挑起了这个重担。由于之前钟彬娴在企业界声名好，再加上她对雅芳进行的种种改革，雅芳的危机很快就化解了，并逐步走向成熟。当这场危机结束的时候，钟彬娴忍不住来到前CEO吉姆坐过的那个办公室里。看着墙上的那四个足印，她觉得吉姆的那句话犹如在耳，他肯定不知道，当初在听过这句话后，自己曾定下这样一个梦想：要成为雅芳百年历史上的首任女性CEO！

钟彬娴接任雅芳CEO的时候，只有40岁。在谈到自己成功带领雅芳走过艰难困境之后取得成功时，她说："我始终忘不了小学四年级的那件事情，父母亲早早地就在我的脑海里灌输了要坚持梦想、追求完美的信念！"就是这种执著的坚持，钟彬娴终于实现了深埋多年的梦想！

女人须知，要成为一个有价值的人，就必须构筑一个伟大的梦想，它能让你避开脚下绊人的荆棘杂草，避免跌倒在污浊的泥潭之中。不放弃梦想的高度，我们一定能将不琐碎的日子堆砌起来，铸就人生的金字塔，并在塔顶品读自己与众不同的人生。

毋庸置疑，不放弃梦想的高度，是实现人生意义的重要元素，是构建女人强大影响力的重要根基。

第十章 清如秋水，闲庭信步品味人生

　　无论在何时，她的生活中都跳动着快乐的音符，给人以感染和向上的激越。她大度、通情达理、善解人意，以其特有的宽厚、细腻、善意去宽容别人、接纳别人、感觉别人。

　　同时，她又自信、坚韧，不会轻易被挫折伤痛所击倒，不会沉迷在戚切的自艾自怜里，更不会桎梏于凄美的文字和伤感的情绪里，不会反复舔舐自己的伤口。

　　女人当如林徽因，既可以看尽青春年少的繁华，又能甘心归于生活的平淡……

第十章
清如秋水,闲庭信步品味人生

1. 扮演好各种角色

有人说,人生就好像一场戏,每个人都适合自己的角色,要想让整个戏剧浪漫精彩,就需要每个角色将自己最闪光的亮点和最出彩的地方都发挥出来,这样,你的人生才是完美的。

莎士比亚说过,"世界是个大舞台,世间的男男女女无非演员而已。他们要么粉墨登场,要么悄然而去,每个人终其一生竟可以扮演多种不同的角色。"在人生的大舞台上,每个人都有着自己的个性,每个人都在扮演着自己的角色。

有人说过一条很有哲理的生活准则:和大人一起时像大人,和孩子一起时像孩子,和狗一起时像狗。在各种环境中扮演着自己不同的角色,工作时严谨上进,娱乐时轻松活泼,交际时自如优雅,面对家人时充满爱意。这不是见风使舵,而是一个在社会中能够生活得有意义的人必须遵循的行为准则。

林徽因之所以在现当代被人一再提起,是因为她在每一个方面都做得超乎人想象的完美。在祖父母面前,她是一个乖巧听话、聪明伶俐的好孙女;在父亲面前,她是一个聪颖能干且能与父亲平等交流的好女儿;在母亲面前,她是一个让人骄傲自豪的乖女儿;在弟弟妹妹面前,她又是一个懂得照顾人的好姐姐;在恋人面前,她是个百里挑一的好恋人;在朋友面前,她还是个能言善辩、思维敏捷的好朋友……

这么多的身份,这么多的角色,她都一一扮演,并几乎能令所有人都满意,这在一般人看来是不可想象的。因为每个人都有自己的个性,都有不容于他人的一些特质,能得到高度一致的认可,确非易事。

最美不过林徽因

费慰梅在回忆录《梁思成和林徽因——一对探索中国建筑的伴侣》中说:"当时,徽因正在经历着她可能是生平第一次操持家务的苦难。并不是她没有仆人,而是她的家人包括小女儿、新生的儿子,以及可能是最麻烦的,一个感情上完全依附于她的、头脑同她的双脚一样被裹得紧紧的妈妈。中国的传统要求她照顾她的妈妈、丈夫和孩子们,监管六七个仆人,还得看清楚外边来承办伙食的人和器物,总之,她是被要求担任法律上家庭经理的角色。这些责任要消耗掉她在家里的大部分时间和精力。"

显然,各种家庭事务消耗了她大量的时间与精力,"她是被要求担任法律上家庭经理的角色",因为身份角色的转变,她不得不面对诸多的家庭事务。

"她在书桌或画板前没有一刻安宁,可以不受孩子、仆人或母亲的干扰。她实际上是这十个人的囚犯,他们每件事都要找她做决定。当然这部分是她自己的错。在她关心的各种事情当中,对人和他们的问题的关心是压倒一切的。她讨厌在画建筑草图或者写一首诗的当中被打扰,但是她不仅不抗争,反而把注意力转向解决紧迫的人间问题。"费慰梅写道。

当一切问题如潮水般向她袭来时,她没有逃避,也没有被折腾得焦头烂额,她理得清哪是重点,哪是急迫需要解决的问题。无疑,她是一个有责任心的女人,她把喜好和工作暂时放在一边,专心去处理家里的事情。

当然,除了家庭角色,林徽因处理感情问题也是一样的精彩与恰到好处。

在徐志摩逝世4周年的时候,林徽因写了一篇《纪念志摩去世四周年》的散文。文中写道:"但是我却要告诉你,虽然四年了你脱离去我们

第十章

清如秋水，闲庭信步品味人生

这共同活动的世界，本身停掉参加牵引事体变迁的主力，可是谁也不能否认，你仍立在我们烟涛渺茫的背景里，间接地是一种力量，尤其是在文艺创造的努力和信仰方面……你并不离我们太远。你的身影永远挂在这里那里，同你生前一样的飘忽，爱在人家不经意时莅至，带来勇气的笑声也总是那么嘹亮，还有，经过你热情或焦心苦吟的那些诗，一首一首仍串着许多人的心旋转。"

她对昔日的恋人还是充满了热情，并没有一丝冷漠。

但看得出来，林徽因将徐志摩的角色牢牢定位在"朋友"上，她也很好地扮演了"朋友"这一角色。她站在朋友的立场替徐志摩说话，甚至为他辩论是非，用的都是非常中肯的语言。

在丈夫梁思成那里，她获得了"文章是老婆的好，老婆是自己的好"这样至高的认可。梁思成曾这样对林徽因说："拉斯金的演讲词中说：'真正的妻子，她无论走到什么地方，家便围绕着她出现在什么地方……'对于我来说，你就是我的中心，你在哪里，我就要跟随着你去哪里，你在哪儿，我们的家就在哪儿。你就像是我的心灯，让我再也不是孤单一个人面对黑夜了。"看来，林徽因十分称职地扮演好了妻子一职，否则梁思成不会对她如此"俯首听命"。

在朋友那里，沈从文说她是"绝顶聪明的小姐"，萧乾称林徽因是"聪慧绝伦的艺术家"，费慰梅则认为，林徽因"能够以其精致的洞察力为任何一门艺术留下自己的印痕"。甚至，连冰心也说："她很美丽，很有才气。"她认为林徽因"俏"。

在孩子眼里，"她是一位用对成年人的平等友谊来代替对孩子的抚爱的母亲"。梁从诫在回忆中写道："她的诗本来讲求韵律，由她自己读出，那声音真是如歌。她也常常读古诗词，并讲给我们听，印象最深的，是她在教我读到杜甫和陆游的'剑外忽传收蓟北''家祭毋忘告乃翁'，以及'可怜小儿女，未解忆长安'等名句时那种悲愤、忧愁的神情。"

当然，在父亲林长民和公公梁启超那里，林徽因更是无可挑剔。

米兰·昆德拉说："女人的一生，就是从上一个家到下一个家。"在女人的一生中，要扮演很多角色，不同的角色对女人就有不同的定位和要求。面对不同的角色，女人就会负有不同的责任和义务。若想扮演好各种角色，需要有大智慧。

人生就是一场戏，而且是一场没有彩排的绝版演出。在这场戏中，我们必须恰到好处地找到自己的角色，并且还需要在不同的场合迅速及时地转换我们的角色。就像在篮球场上打球一样，不停地转换角色，防守、突破或是协防，优秀的球员一般都是那些能够跟上形势变化的人，他们能不停地及时转换自己在球场上的角色。生活中也是这样，例如，我们在父母面前是女儿，在儿女面前是母亲，在丈夫面前又要扮演妻子的角色，在老板面前是员工，在下属面前是上司……在不同的人面前，我们的表现也是不一样的，其实也就是在演不同的角色。

如果在人生的剧场中的某个场合下，却找不到自己应该扮演的角色，或者找错了自己的角色，那样我们的境地就会变得很尴尬。所以，面对不同的人，我们的角色也会发生变化，不可能是一成不变的。

作为女儿，要灵动贴心，在父母面前要学会撒娇。对于父母来说，会撒娇的女儿能得到更多的疼爱。有人说，女儿是父亲前世的小情人。所以，无论多严厉的父亲，面对女儿时，心都是柔软的。所以，作为女儿，要用你的灵气，用你的娇嗔，让父母见到你时，忘却所有的疲惫与辛劳，一定不能拒他们于千里之外。

作为恋人，要学会等待，懂得妩媚娇羞。女人陷入爱情后，容易失去理智，把一切抛在脑后。所以，聪明女人不会用"我要你立刻出现在

第十章
清如秋水,闲庭信步品味人生

我面前""爱我就不要走"来试探男人,这样做只会降低自己的优雅和高贵。要给彼此多一些时间和空间,温柔地等待,完善自己,不做费心的管家和愚蠢的怨妇。要珍惜相见时的每一秒,拿出最好的精神状态,在短暂的约会里提高爱的品质,给双方留下最美的记忆。

作为妻子,要学会宽容,懂得体贴持家。当爱人变成丈夫,撕去恋爱时那层朦胧和美好时,爱情升级为亲情,就不能再奢求所谓的浪漫和惊喜。现实生活中,夫妻之间不可能没有分歧和争执,那就别再像恋爱时那样等待他先投降来哄你,何不先用沉默让自己显得更有修养一些?多想想对方的好、对方的不易,想想那些曾经的温存与甜蜜,容忍是一个妻子的最大美德。

作为母亲,要学会引导,懂得坚强睿智。从一个女孩儿变成一个孩子的母亲,让自己成为一个磁场,吸引孩子自然而然地学习你、效仿你、仰视你、尊敬你。母亲对于孩子成长的作用是不可估量的,母亲的这门课程足以让一个女人学习一生。

作为下属,要学会观察,懂得谦虚谨慎。尤其是在做新人的时候,一定要虚心观察,用心学习。谨小慎微、如履薄冰,这样才能让路越走越宽、越走越远。

作为领导,要自信优雅,学会关怀。做领导难,做女领导更难。威风八面是男人的专利,女人的资本是高贵典雅。既然已经高高在上,就不要再挂着一张冷峻的脸让自己变得孤立无援。你可以运用女性特有的柔和,真诚地关心照顾身边的人,感动他、融化他,让下属心甘情愿地为你鞍前马后。

作为朋友,要学会倾听,懂得善良平和。能得到朋友的信任,是一生最大的财富。静静地倾听他的喜怒哀愁,真心地为他欢笑泪流,然后用心温暖他,帮助他。要善待这份难得的友情。在你需要他们时,你的朋友也会一样回报你。

扮演好生命中的每一个角色,是尊重别人,更是尊重自己;是对别人负责,更是对自己负责。

有一种说法,娶一个好女人会福及三代人,未来竞争是"娘与娘"之间的竞争,的确是有一番道理的。女人扮演好母亲的角色是一种历史的任命,母亲对孩子成长的作用不可估量。当然,身为一个母亲,要懂得去忍,懂得去爱,因为无知的爱等于伤害。"言教不如身教,身教不如境教",自己永远做孩子心中最好的榜样,给孩子创造一个良好的成长环境,孩子将来才能出类拔萃。

当然,我们也要扮演好朋友的角色,朋友是我们一生最大的财富,我们要与朋友和谐相处,永远做别人的"资产",永远给朋友以正能量,坦诚相待,永远珍惜与朋友之间难得的友情。

2.生活就是在风花雪月与柴米油盐中穿行

有人说,林徽因就像一袭华美端庄的旗袍,既宜室宜家,又倾国倾城。那合体的裁剪,精美的软缎面料,是如此地贴近肌肤,又像隔着淡漠老旧的岁月,回望100年前的经典。但就是这样的一位女子,却可以与常人谈天说地,亲密得无任何距离。她的才情,她广博的见闻,与理智高远的胸怀,却又让人觉得是无法企及的遥远。

在家国两昌时,她优雅得体,是文化沙龙上高谈阔论、口吐莲花的女主人,是诗人笔下绝美的风景;而当时运不济、落魄潦倒时,她可以

第十章

清如秋水，闲庭信步品味人生

挎着提篮上街买菜，挽起袖子下厨房照顾全家老小，与寻常妇女并无二致。这样能将风花雪月与柴米油盐融为一体的女子，实属难得。

她是美人，又是才女，但她既没有像那些美人一般不食人间烟火，也没有像才女一般清高得让人难以捕捉。她富有亲和力的笑容，融化了诸多文人墨客的心，是众人热烈追捧的对象。她耐得住学术的清冷和寂寞，又经受住了生活的艰辛和穷困，穷乡僻壤、荒寺古庙中不顾重病、不惮艰辛，与梁思成考察古建筑。早年名门出身，经历繁华，被众人围着羡慕的是她，战争期间繁华落尽困居李庄，亲自提了瓶子上街打油买醋的还是她，这样一个既能在风花雪月中体验浪漫，又能于柴米油盐中感悟幸福的女人，着实难得。

林徽因本身就是一首美妙的抒情诗，她的曼妙多姿，她的云淡风轻激发了大诗人的情韵，亦让她在康桥边经历了一场如梦如幻的爱情。

徐志摩说："我想，我以后要做诗人了。徽因，你知道吗？我查过我们家的家谱，从永乐以来，我们家里，没有谁写过一行可供传颂的诗句。我父亲送我出洋留学，是要我将来进入金融界的。徽因，我的最高理想，是想做一个中国的汉密尔顿。可是现在做不成了，和你在一起的时候，我总是想写诗。"

"有一天下起了倾盆大雨，你去温源宁的校舍约他到桥上看虹去，有过这样的事吗？"林徽因这样问他。徐志摩点了点头。

"你在桥上等了多久，看到虹了吗？"她问。

"看到了。"

"你怎么知道一定会有虹？"

"呵！那完全是诗意的信仰。"

最美不过林徽因

　　这段饱含诗情的对话简直浪漫极了,完全是在浪漫国度的倾情流露。

　　然而,聪慧的她何尝不明白,人的一生终究不可能永远地在梦境中游历,风花雪月终究抵不过一粥一饭。因此她说:"道德不是枷锁,而是对生命负责的态度。我不是没有来,只是无缘留下。"

　　这可以理解为她对那段浪漫故事作的一个浪漫式的收尾。她并不是不懂浪漫,也并不是不够浪漫,只是她更懂得浪漫与现实之间的关系,更懂得如何维护浪漫与现实之间的距离,保证自己不会越界,不会被浪漫"绑架"。

　　显然,对林徽因而言,浪漫,适可而止,不必做得淋漓尽致。

　　于是,她选择了能让她活在现实中的梁思成,她向来是个理性的女人,徐志摩有家庭和子女,有万千的仰慕者,他的爱太过浮华,总归少了些现实的沉淀,这样的爱是经不起任何现实风浪的袭击的。爱情开始是浪漫的,但终究还是归于平淡,当激情随时间退化成柴米油盐酱醋茶的时候,爱情很难再泛起涟漪的浪花。有些人,是用来一起经历一段岁月的;有些人,是用来念起和遗忘的;有些人,却是用来陪伴和相守一生的。

　　对此,曾有人如此评价林徽因的选择:她选择了一栋稳固的房子,而没有选择一首颠簸的诗。与徐志摩在一起享受了风花雪月的浪漫,又与梁思成在一起,体悟到了志同道合的默契。她似乎很早就明白,风花雪月的浪漫固然是美丽的,但终究是镜中花、水中月,徐志摩带给她的只是潮湿的雨季,新月朦胧的夜晚。而梁思成给她的却是心灵的畅快与灵魂的默契,生命的共振,柴米油盐的安稳和踏实。一个女人能同时享受浪漫与现实,这样的人生可谓是无遗憾的。

　　可以说,林徽因一生都在追求风花雪月的情致,浪漫更是其内在

第十章
清如秋水,闲庭信步品味人生

的一种特质。在徐志摩死后,她曾说:"理想的我老是希望着生活有点浪漫发生。或是有个人叩下走进来坐在我对面同我谈话,或是同我坐在楼上炉边给我讲故事,最要紧的还是有个人要来爱我。我做着所有女孩做的梦。"她做着浪漫的梦,但她却很清醒。面对诗人的爱,她很明白:自己只是诗人想象中完美的女神。她也是人,任她红颜如花,也终有人老珠黄的一天;任她才高过人,也终会生老病死。当恋爱的风花雪月转变为婚姻生活的柴米油盐,徐志摩是否还会像当初一般爱她,宠她?她很怀疑,也不想用一生去赌这个答案。

她嫁给梁思成,却是从现实的角度考虑的,因为他不善言谈,亦不是浪漫主义者,有的只是让人踏实的成熟和稳重,相对于徐志摩来说,林徽因无疑是聪慧的。她的聪慧,在于她总能在人生最为关键的时候,清醒理智,懂得选择。

对于女人来说,风花雪月带给我们的是唯美、纯情,风月无边的想象和意境,是那种不浸染任何世俗的高与远,拥有这种情怀的女子是富有诗意的,也是招人喜爱和爱恋的。在年轻的时候,经历一场风花雪月的爱情,写一段醉心的文字或诗歌,在以后久远的岁月中,在平淡如水的生活中,不经意间勾起自己无限的臆想,让人陶醉与痴恋,便是人生一个极大的乐趣。

一个女人为柴米油盐而奔波,那是最基本的生活条件的必须,是存活的基础。可以说,柴米油盐是基础和保证,而风花雪却是属于高层次的追求和憧憬,是在柴米油盐得到了充分保证前提下的精神升华。一个女人只有经过柴米油盐的生活打磨,才更能体会风花雪月中的绵绵情致的美好。就如林徽因一般,她嫁给梁思成后,在时运不济的日子里,她一样地与妇人一般过寻常日子,打理家务,做饭缝衣。在昆明街头,她曾提了瓶子打油买醋,亦曾在灯光下为儿女缝制衣服。同时,她还挽了袖子下厨房,为一家人张罗饭菜。她曾告诉沈从文说:"我是女

最美不过林徽因

人,当然立刻变成纯净的糟糠。"正因为经历了这些生活的打磨,才让她以更为乐观的心态去面对生活中的所有不幸和晦运。

在东北的时候,时局混乱,但却不影响林徽因发挥浪漫的特质。她说:"当时东北时局不太稳定,各派势力争夺地盘。一到晚上经常有土匪出现(当地人称为胡子),他们多半从北部牧区下来。这种时候我们都不敢开灯,听着他们的马队在屋外奔驰而过,那气氛真是紧张。有时,我们隔着窗子往外偷看,月光下胡子们骑着骏马,披着红色的斗篷,奔驰而过,倒也十分罗曼蒂克。"能够把土匪的马队形容成"罗曼蒂克",恐怕也只有林徽因能做得出来吧。

在我们常规的意识里,浪漫与世俗是一对反义词,一个浪漫女人的眼睛里一般容不下世俗的人与事,而在世俗女人的生活里又难以上演浪漫。

女人世界里的浪漫,并不一定全是风花雪月,也不全是烛光晚餐、鲜花玫瑰,而在于生活中的一点惊喜,一点风情,一点关怀,甚至一个会心的微笑。或者,在一个美丽的夜晚,为自己点燃一盏小桔灯或一支蜡烛,静静地坐在沙发上细细地品着香茗,慢慢回忆过去的风华。或者静静地观赏一部韩剧,流几滴入情的眼泪。自己的故事,别人的故事,真实的故事,虚构的故事,都无所谓了,只是沉浸于那份浪漫里,享受那浪漫的片刻时光,仅此而已。

我们还可以选一个有纪念意义的夜晚,和心爱的人一起站在阳台上看星星,因为我们知道,爱是浪漫的情调,而心是浪漫的终点,一段音乐,一支玫瑰,一杯咖啡,一个香吻,就能满足我们对浪漫的渴求。我们不必奢求太多,因为浪漫本身是简单的。

在丈夫或孩子生日时,我们在餐桌的水晶花瓶里插上一把鲜花,

第十章
清如秋水,闲庭信步品味人生

或亲手烹饪出一桌色香味俱全的饭菜,然后静静地看着他们大口小口地吃完,互相笑着的瞬间就是我们最大的浪漫。我们也可以想象,到老了的时候,挽着老伴儿的胳膊,在广场上跳舞,在小区的小道上散步,坐在小亭子里一起回首往事,也或者两个人只是静静地坐着,相视而笑,浪漫之情油然而生。

我们可以像林徽因那样,把浪漫融入到世俗里,没有全然的浪漫,也没有绝对的世俗。不用太刻意,只需要一颗细腻而柔和的内心,只需要心中充满爱,只需要全身心地投入到生活里,用心体验生活的细节与方方面面。

风花雪月从来就是用来想象的,而柴米油盐一直都为人所拥有!女人要明白,真正的浪漫是爱到最深处时情感的自然流露。生病时的那份焦急,跌跤时的紧张兮兮,天冷时那一件要添的衣,相牵时那一种疼爱的语气,淡淡然,却充满着情意。浪漫到了极致,就是在平淡中表达真爱和关怀,就是用不经意的点滴彰显对方就是你的唯一。不需要蜡烛,不需要熏香,只要彼此一个凝视的眼神,一个会心的微笑,一次不舍的拥抱,一声轻喃低唤,爱就在平淡而久长的浪漫里冶炼成金。

3.善待那些爱你的人

爱上一个人是一种感觉,而忘记一个人也许需要一生的时间。所以,善待爱你的人吧,不要让他在岁月的风雨中独行,在寂寞的夜里对月难眠,在生命的天空失去色彩……

最美不过
林徽因

我们生活在物质繁华的时代里，人和人的不同，对于感情方面的立场、观点、做法都不同；个人环境、背景、现况的不同，做法也不同。有时候我们不能时时做到最好，但我们可以努力去做最好的！

世界上女人很多，美丽的、温柔的、聪明的、可爱的……每个人的一生都要经历爱和被爱。在这两种浓烈的感情中，女人更容易热烈地绽放自己。大多数女人都愿意享受"被爱"时的感觉，这种感觉让女人自信，使女人的心情莫名其妙地变好。女人在这种情感氛围中，能感受到被重视、被期待……

很多女人都会处于一种自己最不想进入的尴尬状态：自己死心塌地爱着的男人，却偏偏对另一个女人满怀期待，而自己身后肯定也会有至少一个愿意为自己默默付出、痴痴等候的男人。浓烈的感情，本应该是一件极其美妙的事情，可是最后的结局却都是唱着伤感的歌曲，独自守着仅有的那一点点回忆。所以，为了让自己以后的回忆不要太过苦涩，女人，一定要善待那些爱我们的人。

作为民国时最令人瞩目的女性之一，林徽因大抵是没有出现过这种我爱你你却爱着她的窘状，她永远都是最受欢迎的。她的幸福在于，她所爱的，大都是爱她的，而且他们在爱她时都是坦坦荡荡，所以令她倍感珍惜，即使自己不爱，即使不能爱，也懂得珍惜这份难得的情缘，也会善待那些爱她的人。

初遇徐志摩时，她还懵懵，对爱情一知半解，这个男人那份热烈的爱，惊坏了这个天真的孩子。收到对方热情如火的情书时，林徽因不知所措，连回信都不敢，父亲替她代笔，委婉地拒绝了这段错缘。之后，她更是随着父亲远遁千里，从英国到国内。没有指责，没有愤慨，也许是有着女孩淡淡的欣喜和骄傲，她对他一直保持着兄长的尊重，这使他们在以后的岁月里中，能在一个安全的距离里相互凝视、彼此珍惜。

第十章
清如秋水,闲庭信步品味人生

金岳霖,那个据说爱了她一辈子的男人,相见时她已为人妇,有着美满的家庭、爱自己且爱着自己的丈夫。这个男人的感情永远是温婉如玉的,他那样静静地驻守着她,宛如她是这个世界上最珍贵的奇珍。他们是知己,总能接上对方的思绪,好像本是一体,竟然如此默契。但她保持着自己的最高理智,妥善地处理着自己有点纷乱的感情,对金岳霖,对自己的丈夫,都保持着她最大的尊重。

也许是由于她得到的爱太多,当时或是之后的岁月里都不乏贬斥她的声音出现,是不屑也罢,嫉妒也罢,她从来不曾在乎过,她只知道,要善待爱自己的人。后人想起她来,发现她竟然是令人难以想象的完美,很少有人能在这些错综复杂的感情中滤清自己,但她却能把这世界上最难处理的感情处理得如此滴水不漏。

世人大概觉得,既然无法相爱,便不能相对。不能给予对方想要的爱情,就只能从此陌路。其实,如果有一种更好的处理方式,以一种不伤害对方的方式出现,岂不是更好吗?

然而,这世上好多女人坐在一起,或炫耀或轻视地说出令她们不屑一故的男人对她们的示爱;然后她们会哈哈大笑,笑得极其的夸张和讽刺。爱是平等的,从来没有高低贵贱之分,爱你的人可能其貌不扬,可能身无分文,可能木讷至极,甚至是臭名远扬。你可以瞧不起他,但你不能轻视这份爱,不管你接不接受。不论是男人还是女人,在心里,脆弱程度其实都差不多,只是坚强的程度不一样罢了。所以,为了自己的心,请善待爱你的人。

女人天生就是需要爱。许多女人不能选择自己最爱的人,就会自然而然地挽起最爱她的人。她要演给她心里的他看,骗过了她心里的他,也骗过了把她放在心里的他。这种欺骗,令三个人的感情支离破碎,爱她的那个男人信以为真,以为自己"守得云开见月明",把自己的

所有感情全部释放出来。只是女人的眼神仍是没有热度,让男人以为自己没有做到最好。为了她,他可以改变自己的一切。而对于这一切,女人心中的那个他会真心地祝福他们。直到这一刻,女人才明白她的"他"是真的不爱她,这令她泪如雨下、心碎俱裂,再无心演戏。于是,她对着那个爱自己的男人说:"我从未爱过你,我们分手吧!"男人沉默良久,说:"好!只要你感到幸福!"女人毫无留恋地转身离去。男人追上去问出自己一直想问的话:"你真的没有一点点爱过我吗?""对不起"!一句简单的"对不起",怎样愈合内心的伤?如果说,从一开始便拒绝一个男人,让他没有期待、一直悲哀,那是女人的性格;可是,这样若即若离,没有一个成形的理由和目的去伤害一份真挚的感情,便是人格问题。

女人,一定要学会善待爱自己的人,这也是对自己的一种爱。

不论你们能否走到一起,爱你的人可能不是你最关注的人,但他最关注的人肯定是你;不论那你们是否还会联系,爱你的人肯定不是你最惦念的人,或者你早已把他遗忘,但他最惦念的人一定是你。当然,你或许收不到他的信息;因为他不想去惊扰你,只会把一切祝福放在心底,默默传递。直到某一天,你们擦肩而过,你才想起他;直到你守着你自己的幸福,逐渐老去……

所以,女人请一定要善待爱你的人!因为他们那样不求回报地为你付出青春,用灵魂呵护你的伤痕,甚至为了你放下男人的自尊。所以请善待她们,不要辜负爱。

第十章
清如秋水，闲庭信步品味人生

4. 经得起繁华，归得了平静

一个守得住人生的繁华，却又能甘心归于平淡生活的女子，是最让人佩服的。不可否认，林徽因是个淡然的女子，在任何情况下，都能坚守"自我本色"，不娇柔，不造作，在繁华里能放下身段，回归真实，与人为善，清醒且理智地活着。在平淡中又能委曲求全，坚持自我追求，永不放弃，成就人生的辉煌。

林徽因是一个出身于官僚知识分子家庭的大家闺秀。梁从诫说："我的外祖父林长民（宗孟）出身仕宦之家，几个姊妹也都能诗文，善书法。外祖父曾留学日本，英文也很好，在当时也是一位新派人物。"她有着不凡的家庭背景，嫁的丈夫也是名流之子，所以说她是一个从繁华中走出来的女子。

在1924年4月23日泰戈尔访华之际，当时的上流社会惊叹她是"人艳如花"。她20岁就以才貌双全闻名于当时的北京上层文化圈，仅仅用业余时间便创作出了极具专业水准的文学作品，在京派作家圈中拥有不可替代的地位。

她是中华人民共和国国徽和人民英雄纪念碑的主要设计者之一，她把自己置身于男性主流社会中，并获得了至高的殊荣与赞叹。她24岁被聘为东北大学建筑学教授，45岁时被清华大学聘为一级教授，在自己的专业上取得了卓越的成就。

这是一个集万千繁华于一身的奇女子。她在"太太的客厅"里也是出尽了风头，她似乎是为繁华而生，又为繁华而存在的，总是一个群体

最美不过
林徽因

的中心人物。

像林徽因这样的"万人迷",大概不能承受过于平淡的生活,但她确实能够过平淡的日子。

在避难期间,她和梁思成住在只有几十户人家的小村子,所租住的农舍很简陋,外面下大雨,里面就下小雨,是老鼠和蛇经常光顾的地方,甚至连吃水用水都要到村外的水塘去挑。据说林徽因第一样买回的物品是一口近一米高的陶制大水缸,用来储存挑进屋里的日常用水。到了晚上,只能靠菜油灯照明。

他们在一只三条腿的火盆上支一口锅,在锅里做饭。用煤灰和泥做成的煤球就是他们做饭的燃料。他们必须天天外出买食物,因为那里没有任何冷藏设备,走的是土路,天气干燥的时候,路上尘土飞扬,下雨天则满是泥泞。

那个地方,没有布,没有电话,没有交通工具。这位名门闺秀,从繁华生活里走出来的留洋才女,在那一段时间里,似乎变成了一个男人。她甚至要自己爬上房顶修葺他们的住所,她俨然成了一个地地道道的农村妇人。

李健吾曾在《林徽因》一文中说:"我最初听到他们的信息,是有人看见林徽因在昆明的街头提了瓶子打油买醋。"然而那个时候比起在昆明时,则是差了不知多少。

梁思成因为车祸受伤,后遗症会不时发作,因此不能干体力活儿,于是操持家务的重担就落到了林徽因身上。但林徽因也并不是擅长所有的活儿,她在给费慰梅的信中说:"每当我做些家务活时,我总觉得太可惜了,觉得我是在冷落了一些素昧平生但更有意思、更为重要的人们。于是,我赶快干完了手边的活儿,以便去同他们'谈心'。倘若家务活老干不完,并且一桩桩地不断添新,我就会烦躁起来。"

第十章
清如秋水，闲庭信步品味人生

这样的生活何止是平淡，简直是困苦交加，时刻都在考验着她的忍耐极限。

很难想象，这是曾经的林徽因，她虽习惯了"天堂"式的生活，但在"地狱"式的日子中也并没有倒下，而是坚持着走下来，一坚持就是整整6年。

而且，并不仅仅是平淡，还有危险。林徽因在给费慰梅夫妇的信中写道："日本鬼子的轰炸或歼击机的扫射都像是一阵暴雨。你只能咬紧牙关挺过去，在头顶还是在远处都一样，有一种让人呕吐的感觉，尤其是当一个人还没有吃过东西，而且今天很久都不会再吃任何东西的时候，就是那种感觉。"

林徽因已经承受住了这样的极限，能"咬紧牙关挺过去"。但她并不是全然将自己埋没于这些平淡中，她还要振作起来，不能让平淡吞噬了一切。

她总是把两间简陋的房子收拾得干干净净，她也经常会在窗台上的玻璃瓶里插上从田野里采来的鲜花，她与当地的百姓相处得极为和谐，他们总是愿意靠近她，向她讲述他们的故事、分享他们的快乐，甚至还时不时地把他们所拥有的"稀缺物品"赠送给她。这样一来，看上去平淡得几乎让人窒息的生活又恢复了生机，为她那段人生增色不少。

是的，人生聚散无常，起落不定，或许今天繁华万千，明天平淡就会降临，如果只经得起繁华，却归不了平淡，那恐怕意味着将会有无尽的痛苦与挣扎来到你身边。

有位长者说："我们今生这几十年时间，各种人我是非，贡高我慢，无明烦恼，家庭纠纷等等，这一切的一切，都钻到我们的脑子里，挤得满满。既然装得满满的，要再装什么，就装不进去了。"倘若我们的心

最美不过林徽因

附着在金钱、名位、幸福等繁华意象上,我们还怎能容得下平淡?

如果林徽因放不下繁华,放不下身段,恐怕她早就被那段痛苦的日子所打倒,又怎会拥有后来的辉煌?

一位饱经沧桑的哲学家说过这样一句话:"年少的时候,总觉得人生应该像大海一样波澜壮阔才不枉走一生。但经过几十年的风风雨雨之后,才恍然大悟:人生中精彩的事占5%,痛苦的事也占5%,剩余的90%全部都是平淡。只可惜,人们往往会为了那5%的精彩而整日劳累奔波,为了那5%的痛苦而不停地怨天尤人,却忘记了在90%的平淡中享受生命的快乐与幸福。"由此可见,平淡才是人生的主题,而一个人只有经得住人生5%的繁华处的尊贵,才能在90%的平淡中享受真实的快乐与幸福。

在如今这个眼花缭乱的社会,女人极容易陷入诱惑和迷茫。其实,人越是处在繁华中,越要保持清醒和理智,这样才能守得住亦能享受得到人生的精彩。

其实,人生所有的繁华终究只是过眼云烟,无论我们如何不舍,那些被万千人追捧和簇拥的日子与身影终究会成为永久的过去。我们唯有经得起繁华,待烟花散去,再以平常心回归平淡,并懂得在平淡中体味幸福,我们的人生才精彩。

对于每个人来说,繁华的日子总归是短暂的,人生更多的是平淡的日子。当繁华来了,我们不骄;当繁华褪去,我们又不躁,始终以一颗平淡的心去面对世间万物,得意时不忘形,失意时也不过于悲观。如此这样,我们才能领略到繁华处的精彩,亦才能在平淡中体会生活的真实美丽。

守得住繁华的尊贵,受得了流年的平淡,并不是一种消极的处世思想,是阅尽沧桑后的醒悟,是了然于胸的大度,是不以物喜、不以己悲的超脱。做这样的女人,便可以脱离心中的一切不甘,获得无比

第十章
清如秋水,闲庭信步品味人生

洒脱的人生!

做个"经得起繁华,归得起平淡"的女人,始终有颗平淡而细腻的心,才能在平平淡淡的日子里享受一份宁静的美丽。我们需明白,平淡永远是生活的真味,所以我们当知足、返璞归真,享受平淡的生活,因为快乐也正是来自心灵的宁静与充实,来源于繁华过后的平淡。

5.爱孩子的前提是尊重

在每一个家庭中,每个孩子都是一个独立的个体,而并非是父母的私有财产。作为一个个体,他们也应该得到应有的尊重,这就是家庭教育极为重要的另一个方面。

林徽因身为母亲,在对待教育孩子的问题上,就遵循这一教育原则。她与父亲一样,极注重孩子的教育,却又不将孩子捆绑在身边。受西方文化熏陶的她,在极早的时候,便将孩子放在与自己平等的位置上,给予其极大的尊重。他们既是母女与母子,亦是师徒和心灵上的朋友。

林徽因的长女梁再冰于1929年8月在沈阳出生。但这之后不久,林徽因就因肺病回到北京香山休养。初为人母的快乐,使她内心充满了喜悦和温情,也激起了她写诗的灵感,她在这期间发表了许多诗作。1932年,儿子梁从诫出世,母爱弥漫的林徽因怀着喜悦的心情,为儿子写下《你是人间的四月天》,这首诗也成为经典。

最美不过
林徽因

住在北平东城北总布胡同的时候,林徽因与亲友在四合院里高谈阔论,谈论诗文,从不避讳自己的孩子,让孩子们也享受到良好氛围的熏陶。卢沟桥事变后,林徽因一家也在战乱中颠沛流离,从北京南下到长沙,又辗转到了昆明。当时的梁从诫才八九岁,林徽因经常给他朗诵她喜欢的文章。她将《唐雎不辱使命》这篇晦涩的古文,读得绘声绘色,使英雄胆气的唐雎、前踞而后恭的秦王在孩子们的印象中栩栩如生,听来简直似一场电影。

在昆明待了三年,他们又来到四川宜宾附近的一个小村——李庄。这时的林徽因卧病在床,但她在病榻上依旧读了大量的书,其中包括许多俄罗斯作家的作品。她非常喜欢屠格涅夫的《猎人日记》,并要求15岁的女儿梁再冰和12岁的儿子梁从诫也当功课去读,还要他们一句句地去体味屠格涅夫对自然景色的描写。她还教他们她自己新看的英文书《米开朗琪罗传》,两个孩子不懂英文,看不懂原著,她就朗读并讲解给他们听,给他们详细动情地讲述了米开朗琪罗为圣彼得教堂穹顶作时的艰辛。

林徽因的这种教育方式,也赢得了女人和儿子的同学的赞同,他们都由衷地羡慕他们有这样一位好母亲。虽然她几乎不给孩子们讲小白兔、大灰狼之类的故事,她给他们买大量的书,要他们自己去读,同时也以她自己的作品和对文学的理解来代替稚气的童话,就像对成年人一样来陶冶孩子幼小的心灵。她用对成年人的平等友谊代替了对孩子的抚爱,这种灵魂上的对等与尊重也令两个孩子没有束缚地长大,在人格和心灵上成长得更加完善。

1940年,女儿梁再冰在日记中说:"下午妈躺在外面晒太阳,样子很快活,她问我功课完了没有,我说,完了。其实我只做了日记,什么也

第十章
清如秋水,闲庭信步品味人生

没做。她平常很少问我功课,因为她信任我,我却利用她(的信任)来骗她,唉,我真不该! 我想去做功课但《七侠五义》迷住了我,我想收心,但收不回……当时我妈大概希望我能够主动给她当个小帮手,帮她一点忙,我就老爱看书,爱看小说。"

我们在忙碌的时候,可能都希望孩子能帮上一点小忙,但孩子总是调皮,遇到这样的情况,母亲或许会变得很生气,甚至指责孩子。但林徽因的做法却很独特,她给整日埋头看小说的女儿画了一幅漫画,题写——"喜欢读书的你必须记着,同这个漫画隔着相当的距离,否则,最低限度,我一定不会有一个女婿的!"真的是好可爱,令我们想到她的思维总是和孩子处在同一个频率上,而不是用大人的口吻去要求孩子。

这就很容易让孩子接受,她自己就会反省,而且我们都知道,指责往往于事无补,还会招致孩子的反感。

无疑,这位母亲给了孩子正确的位置,她只是负责给孩子指引一些方向,让他们从小就知道做自己该做的事情,而不是像我们很多母亲那样,总是替代孩子做一些事情,以至于孩子认为那是妈妈该做的,而不去承担自己应该承担的责任和义务。

梁再冰在《我的妈妈林徽因》中说:"我的妈妈是一个不大寻常的母亲。像所有的妈妈一样,她爱自己的女儿,但她给我的爱可能比一个普通的妈妈更多、更深;她是我的第一个老师,领着我从少不更事走到长大成人,但她以自己的文化修养和学识留给我的精神财富,远比其他任何老师留给我的要丰富、持久;她也是我的朋友,是我最早和最特殊的朋友,同其他朋友相比,她是一个更能给我以支持、启发和鼓励的朋友。"

我们常会说"子不教,父之过。"但孩子缺乏良好的教养,也往往有

最美不过林徽因

母亲的责任。

给孩子饭吃,他会长大;传授给孩子正确的观念,他会长得伟大。林徽因就是一个给了孩子正确观念的母亲。我们也常听人说,"一个手巧的母亲可能会有一个手笨的女儿,而一个母亲如果不是那么手巧,她的女儿可能会是一个手很巧的孩子"。因为孩子小的时候,母亲总是喜欢替代孩子的一些行为,比如孩子摔倒了,本来应该是他自己学着站起来,但母亲迫不及待地就跑去扶他,久而久之,孩子就会认为母亲扶他起来是应该的,而自己站起来是不应该的。这样的孩子在长大之后不易承担责任,而这些往往是母亲的不当教育造成的。

梁再冰说:"我……变成了妈妈的朋友,妈妈在同朋友相处时,无论对方为何人,都是平等相待的。于是,我在不知不觉中追随着她的阅读范围和思索路线,同她一起进入了一个比我的日常生活广阔得多的世界。"

一个母亲,能取得孩子如此的认可,的确不容易。孩子能认为她是个出色的母亲,对林徽因来说已经是很大的成功了,而孩子却认为她不光是个好母亲,还是自己的人生的导师、朋友,这就塑造了她伟大母亲的光辉形象。

不可否认,每个母亲都爱自己的孩子,但是,爱的方式多种多样。生活中,一些母亲通常会打着"爱"的旗号,对孩子的言行进行粗暴地干涉。为了达到教训孩子的目的,经常会明确或含蓄地威胁孩子,最终给孩子的心灵带来伤害,这其实是一种错误的爱。

女人要做林徽因式的合格的母亲,要懂得时时尊重孩子。要用爱心和耐心蹲下来与孩子对话,使孩子感到他与你是平等的。不要将自己的意愿强加给孩子,要更注重心灵上的引导。懂得尊重孩子的兴趣爱好,听孩子喜爱唱的歌,看他们最爱看的动画片,参与他们之间的游

第十章
清如秋水，闲庭信步品味人生

戏。同时，赏识孩子的才能，善于发现他们的闪光之处，并给予由衷的肯定和在赞扬。同时，也要客观地评价孩子的行为，不要对其进行粗暴地干涉。

当然，还有一个非常重要的观念，"言教不如身教，身教不如境教"。人都是环境的产物，我们需要给孩子营造一个好的环境，在潜移默化中去影响孩子，让孩子幼小的心灵获得一些自觉的意识和行为，这样时间久了，孩子就会养成良好的行为习惯。

命好不如习惯好，能让孩子养成好的习惯是父母一生最大的福气。

高尔基说："爱孩子，这是连母鸡都会的，但教育好孩子却是一门艺术。"无知的爱有时候是一种伤害，爱孩子需要有丰富的知识、有正确的观念，否则就有可能变成一种伤害。

总之，爱孩子，就不要以爱的名义捆绑他们。放开手让他们做自己喜欢做的事，这样才能让孩子的身心得以良好和健康地成长。

6. 在感性与理性之间优雅地穿越

林徽因是感性和理性的完美化身，古今中外，没有哪个女子能像她一般，能恰到好处地把握住感性和理性的"度"，在事业和情感中优雅地穿越，不受一丝伤害和不留一丝遗憾地完成了完美人生的一次次的华丽转身。

她顺风顺水地出国留学，经历了一场浪漫感性的爱情，最终又理性转身，回归现实，结婚生子，过平常日子。在大学授课时，她的

最美不过
林徽因

感性风采令诸多学生为之着迷、倾倒。但是她却用理性,一转身扎进建筑世界里,开始了锲而不舍地钻研。当她在建筑方面取得了不凡的成就时,当人们惊叹她的理性的智慧时,她却又以纤纤玉手,用富有浪漫色彩的悟性与感性,写下了富有灵性的语句,在当代文学史上留下了浓墨重彩的一笔。当人们因为一首《你是人间的四月天》而深深折服于她的浪漫的才情时,她却又以严谨务实的秉性与理性的才思,完成了《论中国建筑之几个特征》等著作,成就了她建筑家的卓越。

同时,在感情中,她能用感性召来美好的爱情,亦能用理性选择值得依靠终身且与自己有着共同志向的丈夫。在长久的岁月中,她不仅极好地处理了与丈夫之间的关系,又以理智的自制能力,将其与爱慕者之间的距离拿捏得恰到好处。

林徽因的少女时代与徐志摩有过一段真挚的情谊,年方十六岁的她,远渡重洋,遇到一个风度翩翩的才子,如果说一点不动心,可能不太现实。徐志摩也肯定给林徽因带来了一段快乐的时光,而徐志摩对林徽因的爱也是真切的,如若不然,他也不会为了得到她的允诺,硬逼着怀了孕的发妻离婚,并且在报上刊登离婚通告,成了中国离婚第一人。如此高调地离婚,自然是为了给林徽因一个明确的态度,促使她下决心走进他的生活。

作为一介女子,又是豆蔻年华,当然有着感性的萌动,但最终理性占据了上风。后来,林徽因曾对自己的儿女说:"徐志摩当初爱的并不是真正的我,而是他用诗人的浪漫情绪想象出来的林徽因,而事实上我并不是那样的人。"可见,林徽因当时对来自徐志摩的爱已然有了清醒的判断。

事实不光如此,徐志摩已经结婚不说,当时门当户对的梁林两家

第十章
清如秋水,闲庭信步品味人生

之前就有婚约在先。除此之外,林徽因在英国已决定学习建筑学,并且她一生中确实一直把建筑学当作自己的主打事业在做,大诗人徐志摩不大可能为她去学建筑学,而梁思成则很爽快地答应了她。

林徽因的理智简直是出类拔萃的,她与梁思成不仅有良好的感情基础,又志趣相投,徐志摩的爱热烈狂放,有着瀑布般的豪情,梁的爱却如涓涓细流,舒缓而悠长。一个是瞬间的精彩,一个是永久的相守,她作出了理性的判断,从而成就了感情生活与事业的平衡。

林徽因与梁思成看似四平八稳的生活并未平静,一个痴情的金岳霖闯进了他们的世界,这对林徽因来说又是一个莫大的考验。她的感性使她无可救药地被金岳霖吸引,又为他而深深陷入痛苦,甚至不能自拔,而她的理性又让她和他保持着足够的距离,一直都没有行为上的"犯错"。

林徽因把自己的真实感受告诉了丈夫,在这一点上,她是理性的,也是感性的。理性的是她在心理上没有私设感情的"橱窗",感性的是她像小女孩一样向爱人坦露心扉。所以她获得了金岳霖对她的倍加呵护和梁思成的终生相伴。三人间彼此信任有加,甚至夫妻二人吵架时,她也是找理性冷静的金岳霖充当说客。

左手理性,右手感性,不偏不倚,这是一个女人的智慧。

有人说,如果林徽因更感性一些,或许她就成了陆小曼,同时还可能仅仅是一个卓越的诗人和作家,如果她更理性一些,可能她仅仅会成为一个建筑学家,而她的诗作与那些闻名于世的爱情故事可能就不会发生在她身上了。

行走在理性和感性之间,成就了林徽因一生的传奇。

能够将建筑学家的求实精神和文人的浪漫气质糅合得浑然一体,在古今中外的历史上,恐怕是不多见的。林徽因将文学与建筑学融合得十分完美,她在《深笑》一诗中写道:"是谁笑成这百层塔高耸,让不

最美不过
林徽因

知名鸟雀来盘旋?是谁笑成这万千个风铃的转动,从每一层琉璃的檐边摇上?"此诗将古塔、檐边等建筑元素融入了诗作中,别致、新颖而充斥着灵动的韵味,采用感性的笔法将富有理性色彩的建筑元素融入了作品。

林徽因在《平郊建筑杂录》中说:"无论哪一座巍峨的古城楼,或一角倾颓的殿基的灵魂里,都在诉说,乃至于歌唱。时间上漫不可信的变化,由温雅的儿女佳话,到流血成渠的杀戮……眼睛在接触人的智力和生活所产生的一个结构,在光影恰恰可人中,和谐的轮廓,披着风霜所赐。"建筑是凝固的音乐,她能把枯燥的学术论文写成活灵活现的美文,赋予那些木石结构以灵性,用理性的思想奏出了感性的韵律。

林徽因在《你是人间四月天》中写道:"我说你是人间的四月天;笑音点亮了四面风;轻灵在春的光艳中交舞着变。"这无疑是种感性的表达,这种感性就是一个女子真性情的体现。

她没有选择徐志摩,却给了他足够的关注与欣赏;她没有选择金岳霖,却给了他充裕的敬仰与尊重,她较好地把握着建筑与文学之间的尺度,感性十足,却从没有放弃理性。她将自己的理性散播于中国的15个省、200多个县,理性地实地勘测了2000多处古代遗存建筑和早期造像石窟。

能够兼顾到理性与感性的人生是美满的人生、和谐的人生,这些,林徽因做到了。

林徽因是感性的,她以秀美的姿态,伴着康桥的夜雾,落进了徐志摩的诗页之中。她又是理性的,在古雅的庙殿,低头认真地测量时,便又被绘入梁思成的图纸,成就了完美的事业。她以理性战胜感性,与金岳霖保持着最纯真的关系,他们之间的情谊被赞为"人与人关系臻于

第十章
清如秋水,闲庭信步品味人生

最美崇高的境界",从而收获了终生的幸福。古今中外,没有哪个女子能这样洒脱地在感性和理性之间优雅地穿越。

女人当如林徽因,要恰到好处地拿捏感性和理性的尺度。一位哲人说:"男人不需要有深度的女人,只需要有弧度的女人。女人如果不性感,就要感性;如果不感性,就要理性;如果不理性,就要有自知之明;如果一样都没有,那会很不幸。"作为一个女人,太过感性或太过理性都不能算作是完美的女人。女人要在拥有感性的同时,在大是大非的问题上能保持理性,这样才是一个聪明和智慧的女人。

女人大都是感性的,因为女人都爱做梦,尤其愿意做爱情的美梦。这时候,女人最容易会让感性将理性淹没。于是,她们会将一切看淡,为感情付出所有。感性让女人变得可爱、撒娇、温柔、吃醋,这样的女人,很容易因为缺乏理性而失去理智,甚至失去自我。

当虚幻与缥缈的美梦破灭后,才明白是感性让自己受到了伤害,所以说,感性能将人带到美梦的氛围中,让人发现生活最表层的光彩,它最容易使人陶醉与麻木,最终也最容易让人受到伤害。所以,女人在感性之余,还是多一些理性为好。

何为理性?理性即能看清楚事态和物质的本质,是人对待一切事物时所处的理智、清醒、内涵、思想的成熟体现,有针对性地做出判断和决定的行为。就像林徽因一样,如果能在感性和理性之间优雅地穿越,既能理性也能感性,才是最成熟、最完美的女人。

所以,作为女人,无论你多么的感性,千万不要将理性丢掉。无论感性让女人多么可爱,多么受欢迎,也不要忘了理性。因为理性可以让女人趋于成熟,理性可以让女人免受伤害。

在情感上能适时保持理性的女人,在任何时候,都懂得恰如其分。他们懂得自尊自爱,当爱来的时候小鸟依人,当爱走的时候,坦荡挥手,微笑离开。他们在任何时候,都会将女人的本色发挥得淋漓尽致,

最美不过
林徽因

但当遇到大事时,却又能不动声色,安定从容。她们永远懂得自己该做什么、不该做什么,所以很少做错事,能抓住人生的机遇,握住属于自己的幸福。

可以说,理性的女人是聪明而睿智的,感性的女人是可爱而温顺的,如若能将理性与感性融于一身,互相弥补,在拥有一个冷静而智慧的头脑的同时,再兼具一份女人独有的天真和妩媚,便是一个完美的女人。

·作者简介·

韦甜甜,香港大学新闻与传播专业硕士、心理学硕士。曾做过电视媒体记者、广播节目与公关活动主持人,现于香港某知名企业担任高管。人如其名,有一张甜甜的嘴,能言善辩,时而犀利,时而温婉。力主女性要学会投资自己,做美丽与智慧并存的高身价女人。代表作:《做有气质的优雅女人》、《做会说话的智慧女人》、《跟林徽因学做才情优雅女人》。

·亮点采撷·

她,让徐志摩痴狂,让金岳霖终身未娶,却选择同梁思成在穷乡僻壤、荒寺古庙中考查研究中国古建筑。

在民国时期的著名才女中,林徽因比张爱玲、萧红等更幸运。她的一生,爱情的浪漫和性格的独立,仍可作今天这个时代的女性榜样。此去经年,愿她的诗情、画意,能够化作一片完美的阳光,温暖你我。